南国牡丹

— 李仙花 —

广东省戏剧家协会 ◎ 编著

中国戏剧出版社
CHINA THEATRE PRESS

图书在版编目（CIP）数据

南国牡丹：李仙花／广东省戏剧家协会编著． -- 北京：
中国戏剧出版社，2024.6
ISBN 978-7-104-04852-7

Ⅰ.①南… Ⅱ.①广… Ⅲ.①李仙花－生平事迹
Ⅳ.① K825.78

中国版本图书馆 CIP 数据核字（2019）第 168319 号

南国牡丹：李仙花

责任编辑：肖　楠
项目统筹：李　静
责任印制：冯志强

出版发行：中国戏剧出版社
出 版 人：樊国宾
社　　址：北京市西城区天宁寺前街 2 号国家音乐产业基地 L 座
邮　　编：100055
网　　址：www.theatrebook.en
电　　话：010-63385980（总编室）　010-63381560（发行部）
传　　真：010-63381560

读者服务：010-63381560
邮购地址：北京市西城区天宁寺前街 2 号国家音乐产业基地 L 座

印　　刷：廊坊市印艺阁数字科技有限公司
开　　本：787mm×1092mm　1/16
印　　张：16.25
字　　数：180 千
版　　次：2024 年 6 月　北京第 1 版第 1 次印刷
书　　号：ISBN 978-7-104-04852-7
定　　价：198.00 元

版权专有，违者必究；如有质量问题，请与出版社联系调换。

编委会

顾　　　　问：程　扬　王　晓
主　　　　编：王垂林
副　主　　编：郝　勇　林金洲　王育平　张广武
执　行　主　编：谭　臻　胡　琦　徐　青
编委会成员：魏瑞新　黄丽华　饶锦丰　嵇　兵
　　　　　　朱　江　刘井亮　黎本洪　林　涵
文字搜集、整理：李　英
图片摄影、整理：胡耀均　张耿基　沈蔚林

李仙花

李仙花，著名广东汉剧文武花旦兼青衣，国家一级演员，中国戏剧梅花奖"二度梅"获得者。中共十七大代表，广东省政协第九、十、十二届委员，全国三八红旗手，中宣部文化名家暨"四个一批"人才，享受国务院特殊津贴专家，广东省"十大杰出青年"、先进工作者。现任中国文艺志愿者协会副主席、广东省文艺志愿者协会主席、广东梅花戏剧团团长。曾任广东省文联一级巡视员，广东省文联党组成员、专职副主席，广东省妇联兼职副主席，广东汉剧院党委书记、院长等职务。

李仙花 1973 年考入梅州戏校，1978 年毕业分配到广东汉剧院工作。后就读于中国戏曲学院导演系本科、中国戏曲学院首届京剧研究生班。她唱腔浓郁醇厚，表演娴熟细腻，扮相端庄俊美，文武双全，独树一帜，自成一派，是广东汉剧第三代掌门人。从艺五十年来，领衔主演了《蝴蝶梦》《白门柳》《金莲》《章台青柳》《花灯案》《包公与妞妞》《张协状元》《百里奚认妻》《阴阳河》《改容战父》等五十多个剧目，塑造了一系列成功的艺术形象，荣获第十一届、十八届中国戏剧梅花奖（广东省首位"二度梅"），第五届、十三届中国戏剧节"优秀表演（主角）奖"，先后十多次获得省级表演一等奖。她勇于开拓创新，不遗余力地对传统广东汉剧进行"创造性转化，创新性发展"，将广东汉剧的当代精品之作《白门柳》《蝴蝶梦》《金莲》搬上了大银幕，填补了广东汉剧电影近半个世纪的历史空白，为广东汉剧艺术的传承和发展做出了重大贡献。

李仙花同志不仅是广东汉剧的领军人物，而且是广东戏剧界的一面旗帜。作为曾经分管广东省剧协的省文联领导，她狠抓人才建设，通过"少儿戏剧小梅花荟萃""中青年戏剧演艺大赛""民营剧团表演培训班"等品牌活动，贯通了"广东戏曲人才生态链"。特别是由她策划组建的"广东梅花戏剧团"，承担起"下基层文化惠民"和"走出去文化交流"的重要责任，取得了良好的社会效益，在海内外赢得较高声誉。

李仙花既有突出的专业素养，又有过硬的政治素质和组织管理能力。连任广东省文艺志愿者协会主席期间，充分发挥自身艺术专长和社会影响力，带领全省文艺志愿者深入贯彻习近平新时代中国特色社会主义思想，到广大山区、农村、特殊群体中开展讲座、支教、演出等志愿服务，让优秀的精神文化食粮惠及于民，自觉担当了举旗帜、聚民心、育新人、兴文化、展形象的使命任务，践行着"从人民中来、到人民中去"的从艺之路。

"南国佳卉，别样仙姿"。1993年，戏曲理论家、教育家、活动家、中国戏曲学院原院长朱文相先生题词

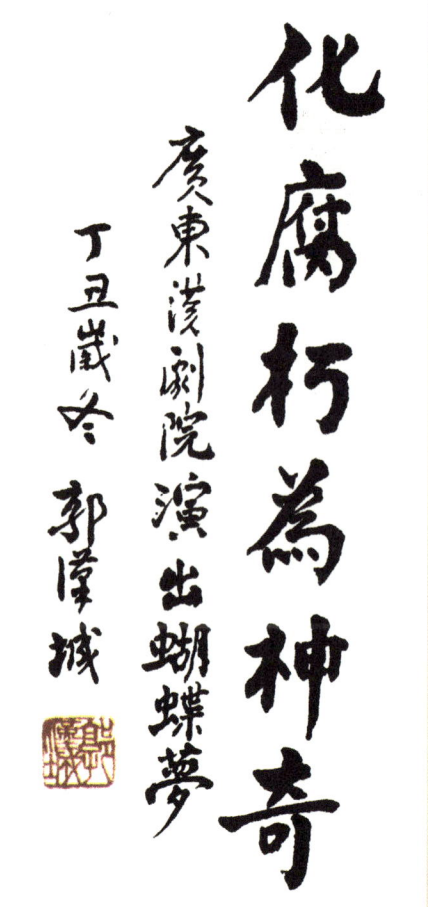

"化腐朽为神奇"。1997年，戏剧理论大师郭汉城先生题词

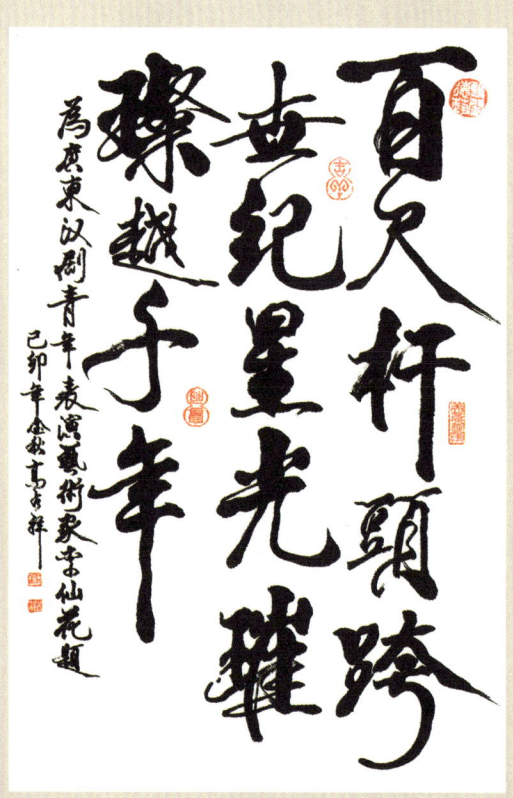

"百尺竿头跨世纪，星光璀璨越千年"。1999年，中国文联原党组书记高占祥同志题词

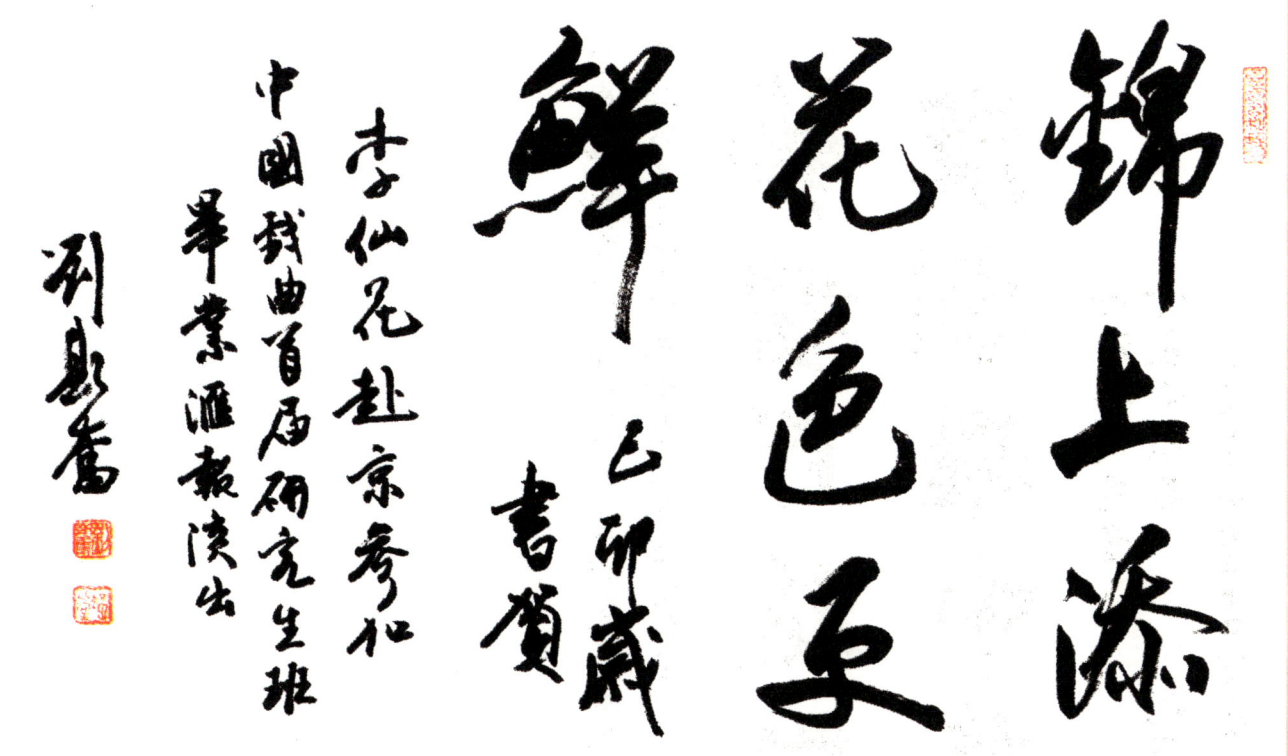

"锦上添花色更鲜"。2000年,茅盾文学奖得主、广东省委宣传部原副部长、广东省文联原主席刘斯奋先生题词

"德艺双馨"。2014年,广东省文联原党组书记程扬题词

"艺坛百花艳，汉剧耀中华"。1997年，香港嘉应商会原会长余国春题词

"汉剧翘楚，菊苑奇葩"。1998年，中国剧协原分党组副书记、秘书长，戏剧评论家王蕴明题词

序 一

南粤仙花　品艺齐佳

在全国上下深入学习贯彻党的十九大精神，新时代要有新作为，启航新征程的时刻，举办李仙花广东汉剧传承与发展艺术研讨会，很有意义。我们这两年来推出了一批研讨会，首先从新闻界开始，逐渐延伸到艺术界。仙花同志这个研讨会开得正是时候。这是我省坚持以习近平新时代中国特色社会主义思想为引领，建立文化自信，培育当代文艺名家大师，推动中华优秀传统文化创造性转化和创新性发展的有效举措。在此，我谨代表省委宣传部，对各位专家的到来表示衷心的感谢，对我省推出更多文艺名家大师表示热切的期盼！

广东汉剧被誉为"南国牡丹"，其历史悠久，魅力独特，在粤东有着深厚的群众基础，是岭南文化的瑰宝，是表现和传承中华艺术的重要载体。仙花同志作为我省戏剧界领军人物，广东汉剧第三代掌门人，锐意创新，自成一家，梅开二度，是很可喜的，让我们看到了广东汉剧人才梯队和开拓创新的发展实践。仙花同志勇攀艺术高峰，培育艺术新人，在推动优秀传统文化创新方面也作出了表率。我们期待她百尺竿头，更进一步，从广东走向全国，成为响当当的艺术大师。

我们应该为广东的文化艺术做一些抢救性的工作，如开研讨会、出作品集、拍纪录片。另外，也要培育即便是小荷才露尖尖角，或者已经在一定范围内形成相当实力，还可以再催发一下的苗子。再添一把火、使一把劲，不是揠苗助长，而是要为他们进一步的发展，为他们开宗立派、成名成家打造平台，营造氛围。从去年开始，一系列的研讨会效果很好。中国（广州）国际纪录片节是国家新闻出版广电总局（今国家广播电视总局）批准的行业盛会，基本上是南派纪录片的天下，海内外都认可南派纪录片的品牌。同时我们也出了一批人才，以马志丹为代表，把广东纪录片的实力打出来。

还有陈星工作室。在省委宣传部支持下，依托这个工作室在佛山建立了岭南方言文化博物馆。昨晚我在飞机上已经十点多了，看到微信群在用各种广东方言读余光中的《乡愁》，节目是由南方卫视陈星工作室制作的。今天还在广为传播，我忍不住给相关人员发了短信提出表扬，用方言来读《乡愁》本身就蕴含着乡愁，由广东广播电视台制作的，要将此品牌打出去。这几场研讨会开下来感觉效果很好，出乎意料。

习近平总书记强调，繁荣发展社会主义文艺必须造就一大批"德艺双馨"的名家大师。总书记在党的十九大报告当中，在中国文联、作协换届开幕式上的讲话，在繁荣哲学社会科学工作座谈会上的讲话，在一系列会议上都强调要造就一大批"德艺双馨"的名家大师。当前文艺事业处于历史发展的最好时期，这是能够出名家大师的时代，也是一个必须出名家大师的时代，关键是要出人才，有好人才来支撑。广东美术百年大展，我们评选出了二十一位百年来引领中国美术发展的名家大师，二十一位广东人。当时中宣部部长刘奇葆同志和文化部（今文旅部）各部门领导去看，在中国美术馆大厅里面，看到这二十一位大师心里相当震撼，一个个都是不得了的。奇葆同志说："怎么这些都是广东人？！"一个地方的文化实力是靠人才的，没有名人支撑是不行的。这次广东在全国"五个一工程"奖中涌现了一批作品，在全国排名是靠前的，但是在成绩面前我们也在反思，广东仍然呼唤名家大师。

就拿戏曲来说，中央出台了相关的政策，广东这一两年来出台了《关于促进地方戏曲传承发展的实施意见》《广东省粤剧保护传承规定》，省财政每年拿出一千六百万元专项资金扶持地方戏曲界人才的发展。我们组织开展广东文艺终身成就奖、"德艺双馨"中青年作家、艺术家评选活动，包括当代岭南文化名家出版工程，组织文艺名家系列研讨会，李仙花广东汉剧传承与发展艺术研讨会也是这个系列之一，另外还有青年人才扶持计划等。但毕竟我们是搭台的、营造氛围的，最主要的还是要靠中青年艺术家们自身的努力。广东一定要按照总书记强调"走在前面"的要求，在出作品、出人才、出名家、出大师方面，我们一定要努力走在全国前列。

文艺家要努力追求"德艺双馨"的崇高境界，要做"德艺双馨"的实践者、引领者，推动社会主义文化大发展大繁荣。德是做人之本，艺术家要立艺先立德，为艺先为人，不断提高自己的思想修养，强化仁德修为，做到创作与修身共进，人品与艺品齐佳。我们欣喜地看到，名家大师讲品位、讲格调、讲责任，自觉抵制庸俗、媚俗，做到谦虚谨慎、自律自重，以良好的形象赢得社会的认可。只有坚持把思想道德修养作为立身和创作之本，在不断提高艺术水平的同时，努力提高道德修养和思想品格，才会成为人格魅力与艺术魅力俱佳的名家大师，才能产生真正的传世佳作，创造经典的艺术形象。我们一定要有拿出扛鼎之作、传世之作、不朽之作的决心，传承传统、勇于创新，传统表演是历代活生生的艺术家才情、智慧和经验的体现。

在传承的基础上创新，仙花同志做得很好。同时我们必须适应新时代，服务当下，呼吁传统戏剧有时代风采和韵味。这方面我觉得广东汉剧做得很好，在仙花同志的带领下，传承与创新并举，培育了一批新人，推出了一批新作，赢得了观众的喜爱。希望仙花同志继续努力，勇攀新高峰，早日成为开宗立派、享誉全国的名家大师，也祝愿新时代广东的名家辈出，人才蜂拥。

最后，感谢各位专家光临这次研讨会，祝研讨会圆满成功，谢谢大家！

（作者慎海雄，现任第二十届中央委员，中央宣传部副部长，中央广播电视总台台长、党组书记，兼任中央广播电视总台总编辑。2017年12月15日，李仙花广东汉剧传承与发展艺术研讨会在广州举行，作者时任广东省委常委、宣传部部长，在会上作了发言。本文根据发言整理，标题为编者所拟。）

序 二

南国一枝花

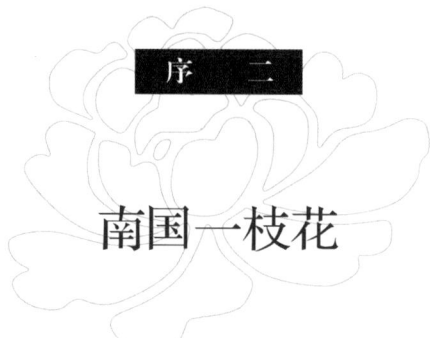

李仙花，当代广东汉剧的领军人物，岭南戏曲的杰出代表。她十岁从艺，四十多年来醉心于汉剧艺术的传承与发展，屡创佳绩。1993年荣获第十一届中国戏剧梅花奖，被赞誉为广东首位"梅花公主"。1999年毕业于首届京剧优秀中青年演员研究生班，是广东戏曲界第一个拥有研究生学历的演员。2002年荣获中国戏剧梅花奖"二度梅"，成为广东首位"二度梅"得主。

在我的记忆中，最早看李仙花的戏是在1997年10月的广州，第五届中国戏剧节上。当时我还在中国文联工作，应邀前往广州观摩。那届戏剧节在广州"世界大观"拉开帷幕，盛况空前。仙花主演的《蝴蝶梦》，推陈出新，唱做俱佳，有"化腐朽为神奇"之妙。剧中她一人分饰"扇坟"少妇和庄妻田氏两个性格反差很大的角色，兼容了青衣、花旦、刺杀旦等不同行当的表演，这对于仙花本人和汉剧艺术都是极大的挑战。可贵的是，她准确地把握不同人物的情感和行为特征，善于将行当技巧融入剧中人物的性格和情感之中，表演细腻生动，获得了很好的剧场效果。当年的李仙花还很年轻，《蝴蝶梦》的成功充分显现了她的艺术潜力和创新能力。

我到中国戏剧家协会后，因为戏剧工作和剧目创作的原因，与仙花有了更多的交往，她给我留下了三点深刻的印象。一是仙花是一个永远都闲不下来的人。无论是担任广东汉剧院院长，还是广东省文联专职副主席，举凡新剧目创作、剧院建设、广东省青年戏曲人才的培养等，她都是要操心的。二是仙花是一个做事有着坚韧毅力和非常较真的人。即便是到了行政工作岗位，也始终坚守着她所痴迷的汉剧艺术，特别是创排《金莲》时已奉调广东省文联，她频繁往返于广州和梅州，吃过常人所难以吃的苦，对剧目反复打磨，从不满足。好作品也正是这种锲而不舍、精益求精开出的精神之花。从《金莲》的首演到后来的不断加工提高，几个版本我都看过，对于仙花及其《金莲》只有钦佩和感动。三是仙花更是一个酷爱学习、善于总结、独立思考、有艺术理想和执着追求的人。2013年是中国戏剧梅花奖创办三十周年，中国剧协举办了系列庆典活动，我主持编辑出版了三十年来梅花奖获得者生平及剧目的大型画册《梅花谱》，同时还邀请获奖者撰写纪念文章。在诸多梅花奖演员的纪念文章中，李仙花的《回望，感激——献给"梅花奖"创办三十周年》给我留下的印象最深：同事叫她"戏痴"，家人说她是"戏疯子"，老师和同学们称她为"戏魔"，戏剧同人说她是"戏狂"，新岗位上大家说她是"戏骨"，这正是李仙花的自我写照！没有"痴""疯""魔""狂""骨"，就没有李仙花，就不可能有她今天的成就。这篇颇有分量的回顾文章是用功、用心写的，情真意切，感人肺腑。

四十多年来，仙花正是把大家对她的各种称谓，看成对她汉剧事业的褒奖和激励，始终坚持"艺术之路何其修远，当以梅花精神自勉"的求索精神。2017年12月，广东省委宣传部和省文联召开"李仙花广东汉剧传承与发展艺术研讨会"，与会专家对于李仙花的成就做了系统的总结。我因特殊情况未能亲临盛会，甚是遗憾。多年来，我也一直在支持她，支持她的新剧目创作，支持她拍摄汉剧电影《白门柳》。对于广东本土文化来说，汉剧来自北方，属"外江戏"，故有"南国牡丹"之称。牡丹显富贵，红豆最相思。汉剧在广东扎根、开花、结果，形成了能够与粤剧、潮剧并称的广东三大剧种，实属难得。研究戏剧发展历史的人都知道，一个剧种的形成和兴盛，一定要与当地的风土民情相融合，与艺术家的创作和优秀剧目的涌现分不开。显然，代表性艺术家及其优秀剧目对于剧种传承发展具有重要作用。与会专家康保成先生说得好："广东汉剧这个'外江戏'就是皮黄南传保存下来的一个丰硕成果。这个硕果由于有了广东汉剧院，有了李仙花，有了这么好的剧目，当然还有其他条件，才能成为广东第三大剧种，粤剧、潮剧、汉剧才可以并称。"

由此可见，李仙花在当代广东汉剧传承发展史上有着重要的地位。回望李仙花的汉剧之路，她天资聪颖，出身汉剧世家，小时候就跟着作为汉剧演员的母亲下乡演出。十岁入戏校，毕业后进入广东汉剧院，向名师学习。进入中国戏曲学院本科和研究生班学习，为她以后的发展打下了深厚的理论和创作根底。她申报梅花奖，演出了三折古装戏，《百里奚认妻》以唱功为主，《改容战父》以武功为主，《阴阳河》以技巧做功为主，充分凸显她年轻时就打下的扎实戏曲功底。她精心创作的《蝴蝶梦》《白门柳》《金莲》等一系列优秀剧目，在当代戏曲界产生了积极的影响，从中我们也能够清晰地看到，仙花多年来坚持艺术理想，勇于挑战，追求创新，喜爱创作独特的、复杂的、有挑战性的女性形象，并形成了自己的独特表演风格，丰富和发展了广东汉剧艺术。

这本《南国牡丹——李仙花》正是一部关于李仙花汉剧艺术颇具总结性的论文集，总结她五十年来汉剧艺术成就，对于广东汉剧今后的健康发展有着特别的意义。全书图文并茂，内容丰富，既有对李仙花艺术道路的总体概述，又有对她代表性剧目的精彩分析，还有她本人的从艺心得。这些文章写作时间跨度长，文章作者既有郭汉城等戏剧大家，也有青年作者和汉剧爱好者，分别从不同的角度对李仙花的汉剧艺术和优秀剧目做了精彩的分析和总结。如郭汉城先生对于《蝴蝶梦》"化腐朽为神奇"的精彩点评，对于仙花的表演艺术给予了详细阐述。如原小说作者刘斯奋先生对同名汉剧《白门柳》高度赞赏："我的小说《白门柳》改编过戏曲、话剧、电视剧等，就我本人来说我觉得汉剧改得最好。很多人把柳如是看成是品德高尚的李清照一样，但她绝不是李清照。她就是一个风尘女子，很有气节，很有才情，是一个复杂的人物，应该比李清照更复杂一点，几个改编都没有抓住这一点，汉剧就抓住了，抓住了柳如是的风尘态。"又如仙花创作《金莲》的过程中，遇到过某些质疑甚至批评，戏曲理论家康式昭先生撰文《勇攀险峰的挑战者》，给予该剧充分肯定和高度评价："谈到仙花这次甘冒风险的选择，我想说，胆识基于见识，见识推升了胆识。她在努力'挑战自我'和'超越自我'，那种不甘颠沛的决心和气概，让我重新认识了她，了解了她。一出戏，读懂一个人，难得，也值！"的确，要认识和读懂李仙花及其汉剧艺术，可以从仔细研读《南国牡丹——李仙花》一书开始。

广东汉剧在李仙花的带领下曾经有过辉煌的昨天，我相信，我更期待，在李仙花的带领下，广东汉剧将有更加美好的明天！

季国平
戏剧博士、研究员
中国戏剧家协会原分党组书记、副主席
2020年2月15日于北京

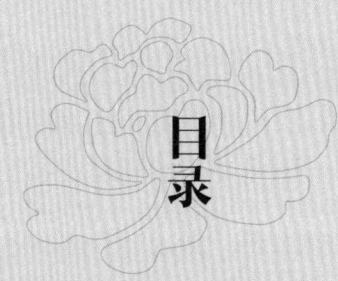

目录

序一　南粤仙花　品艺齐佳　　　　　　　　　　　　　（慎海雄）1
序二　南国一枝花　　　　　　　　　　　　　　　　　（季国平）5

第一篇　逐梦而来

（一）梦在童话里　　　　　　　　　　　　　　　　　　　　003
（二）梦在传说中　　　　　　　　　　　　　　　　　　　　008
（三）梦在殿堂里　　　　　　　　　　　　　　　　　　　　019
（四）梦在初心中　　　　　　　　　　　　　　　　　　　　034
（五）梦在征途上　　　　　　　　　　　　　　　　　　　　041

第二篇　方家评"仙"

（一）守本·传承　　　　　　　　　　　　　　　　　　　　048
从李仙花上大学说起——兼谈戏曲演员的艺术征程　　　（朱文相）050
耕种南国扬汉帜，香飘玉宇乘梅风——致李仙花的一封信　（朱文相　宋丹菊）056
精湛的演技　　　　　　　　　　　　　　　　　　　（吕育忠）059
功夫不负有心人——李仙花排练《阴阳河》　　　　　（王小蓉）061
古调新声入剪裁　　　　　　　　　　　　　　　　　（谢彬筹）063
求渊求博的李仙花　　　　　　　　　　　　　　　　（周　桓）068
"南国牡丹"绽新蕾——记广东汉剧演员李仙花　　　　（吴善忠）070

（二）博采·借鉴　　　　　　　　　　　　　　　　　　　　072
化腐朽为神奇——广东汉剧院演出《蝴蝶梦》　　　　（郭汉城）074
为皮黄声腔的"认亲"欢呼　　　　　　　　　　　　（周育德）079
人生的悖论——观广东汉剧《蝴蝶梦》札记　　　　　（黄心武）082
看李仙花演出《蝴蝶梦》　　　　　　　　　　　　　（春　阳）087
不断追求新境界——记广东第一位戏曲表演研究生李仙花　（易　木）090
寻找鲜花绽放的感觉——记广东汉剧演员李仙花　　　（颜全毅）092
戏剧唱腔的标杆——李仙花　　　　　　　　　　　　（温恒泰）096

（三）突破·创新 … 100

一部注重人物深度刻画的好戏——试析广东汉剧《白门悲柳》的人物塑造 （蔡 健）102
灵动和谐的美 （于耳和）106
百尺竿头跨世纪——记中国戏剧梅花奖得主李仙花 （蓝 空）108
勇攀艺术高峰——记汉剧表演艺术家李仙花 （钟洁华 黄小贝 钟雪玲）111
柳如是：广东汉剧旦行表演的又一挑战与收获 （颜全毅）113
从"恶"的嬗变到灵魂的自赎——新编广东汉剧《金莲》赏析 （张利珍）117
勇攀险峰的挑战者——从《金莲》看李仙花 （康式昭）128
南粤大地的汉剧之花——记党的十七大代表、著名汉剧表演艺术家李仙花 （张俊彪）135

（四）融合·发展 … 139

广东汉剧出了个李仙花 （赵景勃）141
古调仙声：广东汉剧艺术家李仙花的旦行表演艺术 （王 馗）146
"戏"与"影"的结合 （赵 达）157
《白门柳》：广东汉剧的电影之美 （谭 政）162
光影放大的生动心灵展示 （崔 伟）165
广东汉剧"仙派"呼之欲出 （李 英）168
李仙花广东汉剧传承与发展艺术研讨会评述 182
能追无境之景，始成非凡之艺——评李仙花表演艺术 （王琴 徐青）201

第三篇 仙花论艺

继承、借鉴、创新——我在《蝴蝶梦》表演上的探索 （李仙花）209
中国文艺报专访——广东汉剧电影白门柳 （李仙花）214
回望，感激——献给梅花奖创办三十周年 （李仙花）220
文艺志愿服务要赢得人民更多喝彩 （李仙花）224
关于汉剧传承发展的思考 （李仙花）228
高标逸韵君知否 梅花清气满乾坤——庆祝中国戏剧梅花奖四十周年 （李仙花）234

附录

李仙花艺术年表简编（1973—2024） 239

后记 244

第一篇
逐梦而来

汉剧仙派
艺术大家李仙花

生逢盛世，时不我待。人生有梦就会神采飞扬，有梦的人生就能多姿多彩。一路走来，李仙花的梦想时而远、时而近，时而飘忽、时而清楚，时而触手可及、时而渺无边际。与其说那梦想是目标，倒不如说是个大方向，或者说是在追逐小目标的过程中，随着李仙花的"野心"不断膨胀，更大的目标像束极亮的光，又总在更深远处闪耀，引领她。她义无反顾，追逐着那束光，成就了些传奇和辉煌，串起这些由远及近、逐渐宏大的目标，不难发现，那绮丽发光者就是李仙花怀揣"振兴汉剧梦"，一次次创造舞台神话，一步步攀向艺术巅峰的人生轨迹。

李仙花出身汉剧世家，自带戏剧基因。母亲邱桂芳早年就是广东大埔汉剧团的台柱子，工坤生，业界威望颇高。她是由母亲带着走进汉剧艺术大门，母亲就是她的启蒙老师。随后也一直有名师指点、名校培植、名宿加持。

（一）梦在童话里

八岁的李仙花学习雷锋日记的照片登上了《人民画报》封面

天朗气清，惠风和畅的一天，大埔汉剧团小剧场热闹得像过节一样。原来是排练间隙，看小仙花在舞台上跑圆场玩儿。只见小台步蹭蹭如风行水上，小黄裙飘飘翩若惊鸿。略带羞涩的大眼睛闪烁着渴求知识的光芒，灵动俏皮充满激情。

在大家鼓掌叫好声中，小仙花又接连展示了云手、拉山、提筋、卧云、朝天镫等戏曲基本功，一招一式像模像样，惊得老团长下巴都快掉地上了，直夸妈妈邱桂芳教育得好。谁知道小仙花一点儿都不买账，说不是妈妈教的，是自己和剧团的叔叔、阿姨们偷学的。

妈妈笑她不谦虚，她竟然不服劲儿，完完整整地展示了一套起霸，严丝合缝，分毫不差。这下在场的男女老少都醉了：嘿，还自带锣鼓点儿！于是争先恐后地教她技巧，谁知她模仿力极强，一学就会。

这孩子，天才！

大家捧着小仙花肉嘟嘟的红脸蛋儿亲啊捏啊：活宝啊，你喜欢唱戏吗？

喜欢！

为什么喜欢？

爱美！

好！！老团长当下拍板，从今以后，你就是我们的编外演员，剧团凡是有娃娃生的戏，首选爱美的小仙花。

那年，李仙花五岁。

多情的梅江水，孕育着新希望。山川秀丽的梅州五华，就是一代汉剧名伶李仙花梦开始的地方。

在小学时，她就自带背景，品学兼优不说，多才多艺的特长已锋芒毕露，小小年纪就是学校文艺宣传队长，八岁那年，学习雷锋日记的照片还登上了《人民画报》封面。

不知是冥冥之中早有安排还是纯属巧合，机遇来得刚刚好。李仙花才上小学四年级，梅州市戏校第一次到五华县招生，听到这个消息后，她欣喜若狂，缠着母亲要去参加考试。

一石激起千层浪。学校的老师和校长提出反对，这么优秀的三好生，难得的好苗子，将来大有前途，去唱什么戏啊？

家里人也不赞成，爸爸和哥哥、姐姐都认为她太小，学唱戏吃苦受累不说，还很难有出路。

妈妈原来也是认为她可爱，带她登台玩玩票而已。如今见她又哭又闹，坚决要去学戏，就问她缘由。

仙花的回答简单直接：因为美。

戏曲舞台上布景美、道具美、行头美、戏妆美，就连刀枪把子、翎子、马鞭都那么美。

听她一口气说了那么多美，语无伦次地表达着对戏曲的挚爱，妈妈笑了：每个孩子都自带衣饭碗儿，这个仙花啊，是打骨子里喜欢戏曲，可能天生就是为唱戏来的。

于是妈妈牵着仙花的小手，把她送进了考场。

机会都是留给有准备的人的，这话一点也没错。梅州戏校首届招生，社会轰动，有点儿文艺细胞的少年精英都踊跃参加。仅五华县就有400多名孩子报名考试，大有千军万马过独木桥之势。几轮残酷的淘汰，最后只有李仙花一人脱颖而出，被梅州戏校高分录取。

"桐花万里丹山路，雏凤清于老凤声"，一切归零，重新开始。这个倔强的客家姑娘，有了第一次凤凰涅槃、浴火重生的经历。

那年，仙花十岁。

戏班戏校对于一般孩子来说，那就是修罗场、受难地，清贫枯燥的生活、严苛的管理、残酷的竞争、高强度的基本功训练和远超人体极限的"绝活儿"锤炼，令人不寒而栗、望而生

刚入戏校的小仙花就受到广东汉剧大师黄桂珠的青睐

练功场上（从前往后第二个）

畏，是多少演员嘴里"不死也要脱几层皮"的恐怖地界。

可李仙花却认为戏校就是幸福园，是游乐场。

（左图）与侯穗珠老师一起，（中图）与刘志群老师排练《挡马》

六年戏校时光，她基本是围着教室、练功场、食堂、宿舍转，算上剧场观摩看戏，也就是五点一线，那是她人生最快乐的时光，似乎从来没发过愁。

为什么要发愁呢？有这么多有趣的东西要学。

于是仙花自带出场音乐。一天到晚乐呵呵的，不是仰着脖子唱曲儿就是勾着脑袋踢腿，不挑吃不挑穿，傻修傻练傻乐呵，很少上街也不怎么回家，身上的练功服湿了干、干了湿，脚上的练功鞋只见小，只见破得快。

魔鬼集中营式的科班训练，她却能以苦为乐、乐在其中，聚沙成塔、破茧成蝶。

也许就是应了行里那句话：祖师爷赏饭。她身体先天条件太优越了，无论是力度、软度和韧度，学习任何功法都游刃有余。

练早功、吊嗓子，她风雨无阻；把上把下稳扎稳打；把子功、毯子功精益求精；"二难四险"她敢打敢冲。

天分加上勤奋，戏剧演员基本功那点儿难度根本没法满足她追求新鲜刺激的激情。

恰逢少年，雌雄难辨，文武化旦本门功法悉数掌握后，她就憨憨地笑着，跑去和男生一起练毯子功、练刀枪把子、拼绝活儿，够胆勇气足，总爱和"高手"过招。谁的什么功厉害她就去和人家比什么功，你小翻能翻多少她就必须比你翻得更多。你高台跟头下蛮子？她站在两张叠起高桌上愣敢倒趴虎往下扎。凭着力量胆量到处挑战，找人比武，逼得师兄师弟们翻到晕倒转到吐蹭破皮，还有软趴虎磕破嘴的，最后甘拜下风，甚至都怕了她，给她起了个"小魔头"的绰号。

老师怕出危险，再三叮嘱她不准再练私功，规定更不能动不动就找人比武、过招。

不准比试功夫，有劲儿没地方使啊。那个年代演戏也有诸多禁忌，传统经典剧目都禁演，全国上下只有八个样板戏，神圣、高级。仙花生来爱冒险，玩儿就玩儿更高级的，唱样板戏，模仿偶像刘长瑜！演铁梅、演阿庆嫂、演柯湘，惟妙惟肖，俨然小刘长瑜，人称"戏校李铁梅"！

地区校园文艺汇演之前，著名汉剧大师黄桂珠校长给仙花补了胭脂，扎紧辫稍的红头绳，捏着她红彤彤的脸蛋儿，笑着对大家说：不疯魔不成活嘛，仙花生来自带仙气儿。这孩子不光有天分还这么勤奋，以后想不成角儿都难。

那年，仙花十五岁。

在侯穗珠老师的指导下练功

（二）梦在传说中

在梅州戏校，李仙花一待就是六年。戏校毕业，进入广东汉剧院，一切水到渠成。拜院长梁素珍为师，让她的汉剧表演艺术发展如虎添翼，实现了首次飞跃。

拜师那天，李仙花的妈妈正装出席，谦逊地对梁素珍大师说：从今天开始，仙花就是你闺女了。

"一个好演员啊，要求太苛刻了，大多数有一好没两好，多少都带点儿遗憾。有好相貌的没有好嗓子，有副好嗓子的没有好身段，有好身段的没有好功夫，有身功夫的做派又不行。艺

1988年，李仙花（后排中间）在广东汉剧院拜梁素珍为师

术总有缺憾，无数大师毕生追求，也只能无限接近完美，其余的也只能将就啦。我们仙花就不一样哦，生来靓妹，又鬼灵精，唱念做打都很厉害，这是什么啊？这就是全才，天才！这是汉剧院的宝。"

汉剧院梁素珍大师心直口快，颇有大侠风范。

对收李仙花为徒，她引以为人生第一快事、幸事，对自己的爱徒从来都是褒奖有加，逢人就夸，直言不讳。业务上更是倾囊相授，春风化雨，言传身教。

作为汉剧院院长，排练、演出再加行政事务繁忙，白天没时间教，那就利用晚上和节假日加班开小灶。

除了梁大师好为人师、爱徒心切，最主要的还是李仙花学戏的痴迷，孜孜以求、锲而不舍、不厌其烦地像牛皮糖一样黏着梁院长，对于汉剧表演，她有太多的为什么、怎么办要问。

上班时间解答不完，那就坐上自行车后座一起回家，一路走一路教；带到家里在饭桌上教；吃完饭在灯下教；上床要睡觉了，老师边帮着掖被角还教个声腔技法；就连去走亲戚也带着，来回的路上师徒俩不停地一问一答、说说唱唱。在汉剧院其他人眼里，仙花是标准的"跟屁虫""小尾巴"。梁大师的三亲六故仙花都门儿清，亲戚们知道梁大师有个称心闺女是她的徒弟，叫李仙花。哪次走亲戚没带她，亲戚还会纳闷：哎？仙花呢？仙花怎么没有来啊？

从戏校毕业以后，仙花十六岁就跟着梁大师，大师确实是知无不言言无不尽，从功法上、唱腔上、思想上、艺术上、为人处事，各方面全方位地熏陶。

院长格外的关注到宠爱的地步，难免会招来同辈的羡慕嫉妒。

梁大师理直气壮：那又怎样？孩子这么刻苦用心地学，我能不教吗？人生有为才有位，舞台上出色才能出位。

那时候梁大师演主角，就指定仙花在身边演丫鬟，梅香啊、秋香啊，仙花也是自带气场。在舞台上除了保证分演角色不出差错，还能一心两用，零距离观察老师怎么演戏，怎么控制气息神韵，细微的手眼身法步加舞台调度，常常一目了然，烂熟于胸。

天才就是天才，仙花悟性好，基础功扎实，很快就进入角色，梁素珍大师的很多拿手戏她都能接得住了。

"小荷才露尖尖角，早有蜻蜓立上头。"踏梦而来的少女仙花头角峥嵘、出类拔萃，如饥似渴地汲取着艺术养分，静静等待着绽放的时机。

机会来了。那是一次完美的救场。

20世纪70年代，戏剧是很火爆的，演出任务也非常繁忙。当时汉剧院一下乡演出就是几个月甚至半年都不回家，梁院长带领大家扛着背包，风尘仆仆，一路颠簸劳碌，走村串巷地演出，条件十分艰苦。

那天，在李仙花老家五华县城，上演大戏《林昭德与王金爱》。

与梁素珍大师的师徒情缘

梁素珍老师亲自担纲主演女主角王金爱。因为演出任务太繁重了，梁大师劳累过度，临上妆前高血压犯了，突然感觉浑身不舒服，天旋地转，头晕恶心，心慌慌站不起身来……

当时票已经全部卖出去了，多方协商丝毫无用，五华的观众难得看一场广东汉剧院的大戏，说什么也不肯退票。

当时女主角没有B角配置，全院只有梁老师一个人能担纲主演。这可怎么办啊？！当时后台立刻炸了营了，大家面面相觑，束手无策。

"老师，要不我来试试吧？"李仙花也不知道自己怎么鼓起一股勇气，自告奋勇地扯着梁素

饰《徐九经升官记》里的书童，与师傅梁素珍在一起

珍的袖子说。

就这一句话，真好似滚油锅里倒了一勺井拔凉水，暴烈沸腾了，后台当时一阵哄笑。

梁老师愣了一下：我的乖孩子啊，你哪里来的这个胆量啊？你行吗？我都没看你排过，你也没怎么跟我学过，虽然平时只教了你一点唱腔，一出大戏你要演起来谈何容易啊。

小仙花的倔劲儿上来了，晃着梁大师的胳膊央求：院长、老师、师父，您就让我试试吧。以前您在演出的时候，我站在您旁边演梅香，你的台词、唱腔、台位、调度、表演我全都记下了，不信咱试试看嘛……

她信誓旦旦，梁大师将信将疑，叫来乐师响排了一折，嗯？！滴水不漏。前台在催，没时间了，救场如救火，死马当活马医吧。

大师就是大师，关键时候真敢给徒弟顶雷：让李仙花上，出了问题我负责。

然后，轻轻一拍她的后背：仙花，演出火了是你的，演砸了是我的。上吧，记住哦，一定要淡定。

锣鼓铿锵、丝弦悠扬，仙花伴着节奏像花蝴蝶一样飘上了舞台，唱念做表满宫满调，一上去就很淡定。

梁大师倒不淡定了，她先是强撑着站在侧幕条旁边抖，心里七上八下的，生怕徒弟出点问题，后来紧张得站不住了，就让人搬了张凳子坐着抖，浑身像筛糠一样抖，感觉那颗心都抖在嗓子眼儿了，咳嗽就能蹦出来。自己演了大半辈子戏都没这么紧张过。

越紧张吧，那几个好事的还在梁大师耳边嘀嘀咕咕：你也忒胆大了吧？出一点问题，那后果就不堪设想了。

人家和咱们签了合约的，观众是来看你梁素珍演王金爱啊，这个生瓜蛋人家不知道的，你就这样大胆放她上去？

正七嘴八舌，梁大师一回头，只一眼，都闭嘴了，静场。

留她自己抖到谢幕。结果李仙花还真是争气,如有神助一般,演得丝丝入扣、滴水不漏,一点差错都没有出,完美!谢幕时台下一片叫好声。

梁大师感动得热泪纵横,挽着仙花再三向观众致谢,搂着亲、抱着亲。对台下观众语无伦次地隆重推介:这就是我的徒弟李仙花。你们不认识吧?今天首次登台主演这出大戏,靓妹吧?从此你们都会认识她,她是戏鬼来的,五华妹,仙女!

台下当时就炸开锅了,哎呀,这个小姑娘是很好的材料,今天第一次唱主角,就唱这么好,今后肯定会不得了!

演出成功,完美救场。观众充分认可,同事心悦诚服。

那年,仙花十八岁。

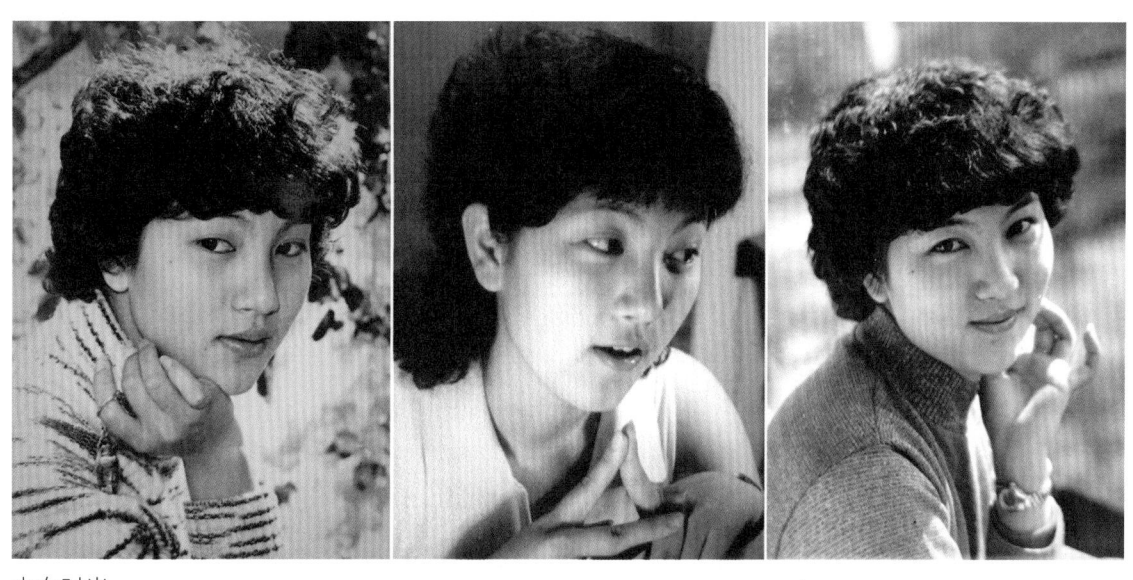

少女时光

临危救场,一炮打响。一时间在梅州地区、粤东客乡,都知道汉剧出了个李仙花,是戏鬼戏精,过目不忘,学啥会啥,演啥像啥……那点儿传奇事迹家喻户晓,越传越神。

梨园名宿、业界大佬都纷纷给梁大师打电话祝贺:你这个徒弟真了不起啊,这么小就这么有出息,名师出高徒啊。

大师身心愉悦之时,为仙花的艺术发展做了系统的规划,那就是鞭打快牛,响鼓须重锤。《状元媒》《百里奚认妻》《齐王求将》《闹严府》《王昭君》《贵妃醉酒》《花灯案》《貂蝉》《燕双飞》《千里送京娘》《包公与妞妞》,一出大戏接着一出大戏给她压,从唱功、做功到踩翘、扎靠、打出手，从文武花旦到大青衣，全方位在舞台上锤炼，积累舞台经验和表演技巧，把自己多年研修的汉剧艺术的精髓如竹筒倒豆子般倾囊相授。

如此高密度的排戏档期和高强度的排练演出，一般人早就手忙脚乱、头晕脑涨、头重脚轻了。可每次李仙花都能以最短的时间背会台词，练好唱腔，记好台位调度，不仅把主角演出彩，还能抽空盯别人的戏，及时补救提词儿。

好多客家乡亲跑几十里山路，起早贪黑、忍饥挨饿，就为了看李仙花，听几段汉剧唱儿。当时梅州地区有句俗语："阿公阿婆不顾家，只因追看李仙花。"

戏剧就是角儿的艺术，没有真本事硬功夫，永远站不到台中间。

事实胜于雄辩。

在残酷竞争的现实前面，大家羡慕嫉妒不恨，"戏霸"凭的是真材实料，技不如人，只得佩服梦一样的李仙花，成就着一个个梦一样的舞台佳话。同事们对她的博学强记和非凡的艺术天分佩服得五体投地，人前背后半誉半毁，都戏谑地称她"戏老虎"。

仙花憨憨地笑着，无所谓。依然练功，排戏，演出。

梁素珍院长听到这个绰号还挺高兴："戏老虎"好，比戏鬼好听，有霸气！

梁素珍大师对徒弟仙花真的是关怀备至，体贴入微。业务上精心辅导，事业上真心扶持，生活上也是事无巨细，为仙花把关定向。

男大当婚女大当嫁，一个金柚飘香的季节，仙花带着男朋友陈勇超登门拜访，让师父给把把关。陈李两家本是世交，青梅竹马两小无猜，小陈又在海关工作，好一对郎才女貌的神仙眷侣。

毛脚女婿上门，祝贺祝贺！祝贺归祝贺，梁大师硬逼着小陈承诺，保证全力支持仙花的戏剧事业，不能拖后腿。仙花生来就是为唱戏的，十指不沾阳春水。

霸道的师父，苛刻的条件，被爱情冲昏头脑的阿超哥竟然欣然承诺。

五华阿哥硬打硬，吐口唾沫就是钉。

这承诺，一辈子没变。

爱情、婚姻、家庭、事业，顺风顺水。仙花的表演艺术日臻完善，舞台上驾轻就熟，顺理成章成了汉剧院名副其实的当家花旦。

青春年华

斗转星移，时过境迁，改革开放之初，人心思变，汉剧院的经营模式也变得活泛，还像模像样地成立了歌舞团，唱流行歌、跳迪斯科、玩摇滚，下海演出。

二十岁出头，蓓蕾初放，青春正浓。谁不说仙花比画报女郎还靓？有人说她是《红楼梦》里的王熙凤，有人说她胜《西游记》里的玉兔精，但她就是认准了汉剧这条道儿不放。

这在当时可是大时髦。不少稍有姿色的演员都想挤进歌舞团，去工厂、企业、歌厅走穴挣大钱。无论是相貌身材还是声腔，抑或舞蹈功力、江湖名气，李仙花都是歌舞团的大牌首选。

可不管团长、经理怎么动员，仙花就是不动心、不眼红，不追求摩登，依旧老老实实踏踏实实一成不变地练功排戏。

生就的穷命，傻瓜。

傻就傻，反正就喜欢唱戏。

到时候了，扛起背包，按时和师父一道下乡唱戏，穿州过府，辗转颠簸。

这段时间，梁大师更是把她当亲闺女待，当真知己处。同吃同住同排练同演出，台上台下、茶余饭后、床头炕尾，如点点滴滴涓涓细流，大师把她的梁派艺术掰开揉碎了传授给仙花，关键细微处，师徒二人还仔细揣摩推敲。

一个谦虚谨慎，勤学好问；一个诲人不倦，慷慨无私。

演出继续，情感深沉，仙花汉剧艺术造诣突飞猛进。

慢慢地，每到一个演出场地，乡亲们高接远迎，问候梁素珍大师是充满尊敬，呼唤李仙花是饱含激情。

大师欣慰了：仙花，你出师了。

仙花吓了一跳：师父，您是不是不要我了？

大师高深莫测地笑笑。

假以时日，等李仙花在剧院真正名正言顺，剧院上下关系顺溜了，舞台气场凝聚足够了，梁素珍大师不失时机地整合剧院优势资源，为她量身打造了一出岭南掌故、汉剧大戏《花灯案》。

凭着精心打造的这出处女作，李仙花走出梅州、冲出粤东，在省城一炮打响，李仙花的名头开始响彻云山珠水。

后来就势不可当、所向披靡，《花灯案》参加省各种艺术节、艺术大赛，拿金奖拿到手软；李仙花参加各种艺术汇演、比赛，金牌从来就没落过。

与此同时，市委宣传部又给她压担子，力排众议，让她成为汉剧院有史以来最年轻的青年团团长……

于是，掌声鲜花赞誉铺天盖地，报纸电台争相报道。有称赞她"文武昆乱不挡，唱念做打俱佳"；汉剧戏迷们更加夸张，将

跟梅州的艺术家在一起（前排右一）

广东汉剧 轰动香港

• 郭秉箴

广东汉剧是广东的四大剧种之一，长期在粤东客家地区活动，与外间的交流不多。今年六月，应旅港嘉属商会的邀请，首次赴香港演出。剧团先后在香港新光戏院和九龙大会堂演出八场，场场爆满，座无虚席，引起香港观众的热烈反响和舆论界的高度评价。

这次演出的剧目有传统戏《秦香莲》、新编广东民间掌故喜剧《花灯案》和从京剧移植的《徐九经升官记》，还有一台折子戏《时迁偷鸡》、《盘夫》、《打洞结拜》、《海舟过关》。四台戏各有不同特色，都博得热烈的掌声和喝彩。在香港中文大学讲授元明戏剧的梁沛锦先生说："我看过许多剧种的《秦香莲》，但从来没有这样激动人心，不能小看广东的地方戏。"香港的著名粤剧演员罗家英、李宝莹说："粤剧丢失的许多老传统，在汉剧中还保留着。近年来很多内地剧团来港演出，演的都是老戏，你们不但有老戏如《秦香莲》，又有新戏《花灯案》，真不简单！"

这次赴港演出的广东汉剧团是从广东汉剧院演员中挑选组成的，老中青"四代同堂"，也引起香港观众的浓厚兴趣。第一代是解放前成名的，如黄桂珠（任艺术顾问），第二代是五十年代初登台的如梁素珍等，第三代是六十年代入团或汕头戏校汉剧科的学生吴衍先等，第四代是七十年代后期梅县地区戏校毕业生，其中杨秀薇、刘孟慈、梁莲香、李仙花被称为"四朵金花"。她们年龄都只二十一、二岁，却在许多剧目中担任了角色。通过"四代同堂"的阵容，和起用"新秀"挑大梁的鲜明事例，具体生动地体现了在戏曲改革中贯彻党的文艺方针所取得的巨大成就。

广东汉剧在港演出的成功与香港客家观众对广东汉剧的热爱和支持是分不开的。这次演出还促使旅居香港东南亚各地的客家同乡实现了从未有过的大聚会、大团结，一股爱国爱乡的热情空前地高涨，形成了旅外同乡亲友为加速实现祖国的四化贡献力量的一股动力，大大激发了香港和东南亚的乡亲们爱国、爱乡的热情。

在《花灯案》中李仙花饰陈彩凤（右），徐景清饰王大儒。

《人民戏剧》1982年第11期报道

她誉为"汉剧皇后""广东汉剧第一花旦",说她天生就有"仙气",是广东汉剧的传奇!

那时,仙花二十多岁。

树大招风,盛誉越大背后的阴影就越大,出于各种目的,李仙花的负面消息一直没停止过。

老团长余耿新义愤填膺,在一个重大场合疾声呼吁:广东汉剧七十年才出一个李仙花!这是汉剧院的财富,客家人的宝贝!我们每一个有良心的人都必须尽力保护她。

然后语重心长地找仙花拉家常:我说仙花啊,社会评价这么高,你千万不要骄傲。艺无止境,越是演,戏越是深奥。所以你要继续努力,继续学习。

那晚,李仙花在梅江边独自散步,没缘由地尽情号啕大哭一阵后,坐在如水的月光下,凝神定气思考了好久好久。

那感觉,好像一脚踏空了,失重、失控、惊恐,恰如一名剑客,师父已倾囊相授,同门无出其右,江湖之大,天高地广,何去何从?

艺术之深奥,博大精深,该怎么办啊?

仙花此时和江湖大侠独孤求败一样,悲伤和恐惧袭上心头。

艺术拒绝平庸。

自己才二十多岁,广东省里很多艺术奖都拿了,在粤东地区甚至广东戏剧舞台上可谓大红大紫,拿奖拿得手软,是好事吗?她彷徨了。

接下来自己的路该怎么走呢?

她眼前光亮一闪,野心顿时膨胀,又孕育着一个更大的梦想。

（三）梦在殿堂里

那晚，李仙花与师父同榻而眠，黑暗中犹豫再三，还是向梁素珍大师吐露了心声：师父，其实我心里一直有个梦想，到戏曲最高学府，中国戏曲学院去深造……

梁素珍大师一点儿都不淡定，没有处变不惊，当时所说的话语无伦次缺乏逻辑没法做参考意见：你这个孩子就不是静止的，这是有追求的，叫作艺无止境。有这种很旺盛的对艺术的追求，就是不满足于现状，你一步一步都不满足，永不满足的……好事儿！

仙花心头一喜：那您同意了？

大师顾左右而言他：人生苦短啊，一个戏剧人的艺术生命更短。

母亲也帮忙做工作："少戏子老郎中"

与师傅梁素珍

才值钱啊，一个演员能站在舞台中央的位置能有多久呢？花无百日红，人无再少年啊，到时候人老珠黄了，一脸褶子都挂不住粉了，唱戏谁爱看呢。你有今天的成就不容易，想过你还能红多久吗？

仙花心里一沉。

大师理顺了情绪：成名成角儿的机遇难寻，转瞬即逝啊。

仙花虽倔强，却不敢硬杠，只是弱弱地呢喃：我想要更大的舞台。

大师叹口气：再大的舞台又能怎样呢？这个地方戏曲呢，就是有地域性、草根性、民族性，一方水土养一方戏。能在一方红透、红久，是咱做戏的人一辈子的奢望，不信问问你妈妈。

仙花倔起来死倔死倔：我觉得咱们汉剧还可以更美。

大师语重心长因势利导：那你就加油啊，移行换步，把汉剧打磨得更精致。

仙花咬着下嘴唇发狠：所以我要上学，去中国戏曲学院深造。可是我文化程度太低了。

大师再次语无伦次，母亲也似乎理屈词穷：有志气啊，说明你有智慧，还有你挺虚心。但是去上中国戏曲学院要参加全国统考啊。文化课怎么办？你不学你再聪明也没用啊，你若肯下功夫，按理说把它拿下来了，那就成功了。所以这点上，作为一个艺术家，文化底子差点儿也没什么。你今天能够成为艺术家，也不是天上掉下来的，是你自己努力得来的啊。确实，你有自身的那种对艺术孜孜以求的毅力，好事儿。

仙花不依不饶：那就是你答应我考中国戏曲学院了。

大师心里慌慌的：那就试试吧。

仙花一咬牙：试试就试试！

要参加高考，而且报考的是导演本科，谈何容易！李仙花十岁进入梅州戏校，文化相对没有系统地学习，虽然戏校也开设文化课，但毕竟都认为舞台表演技术是王道，文化高低不是重点。再说少年戏校生活，总结一下就是练功蹦蹦跳跳，练唱说说笑笑，文化课趴着睡觉。不睡觉行吗？半大的孩子起早贪黑练功，体力一直处于透支状态，坐着上文化课眼睛都睁不开，即便睁着眼也像听天书。

所以，仙花想考入戏剧最高学府，在当时无疑是天方夜谭。更何况她当时已经有孕在身呢？

人才就是人才，李仙花就有这股狠劲。为了心中更大的梦想，凭着对艺术的执着和坚强的毅力，她拼了。

李仙花和妈妈在一起

为了她，妈妈也拼了。

仙花下定了决心，妈妈就去创造有利条件，扫清障碍。老人家动用一切关系，聘请到梅州东山中学几位资深教师辅导，从初中课程开始，一点一点开始恶补。

既然怀孕了，没法登台唱戏了，仙花就有了一段时间系统学习文化知识，开小灶啊，开夜车啊，夜以继日连轴转，先死记硬背再融会贯通，在倒计时的紧张模式下争分夺秒，疯狂进补。别人胎教是听音乐，她倒好，就差头悬梁锥刺股了，头上勒着绷子，埋在书堆里背啊记啊推理啊演算啊，在怀孕过程中和时间赛跑，知识一天天增长，课程一章章攻下，肚子一天天变大……

预产期和考期几乎同时到来。预产期本来是七月下旬，但是学习强度和心理压力太大了，也许是儿子赶着凑热闹，急着要出来，临考那几天，胎动厉害。折腾！

该进考场了，李仙花像大肚子将军，走路都看不到自己的脚了，人很辛苦，情形很危险。妈妈确实是她坚强的后盾，一路保驾护航，吆喝开道，亲自扶着她进考场。

到了门口，警卫不让进，说家属不让进考场。

仙花气喘吁吁气宇轩昂：我就是考生，看准考证！

警卫一脸懵圈：肚子这么大，还参加高考？

仙花脸一红，小娇羞：要你管！

考场内，仙花肚子太大，胳膊不够长，叉着腿左侧写一会儿再扭到右侧答一题，粗气直喘大汗淋漓，监考老师看着都累，比她还急。

炼狱般的考场，修行般的高考，梦魇般的煎熬，仙花终于挺到了结束。

高考结束第七天，突然提前分娩，儿子呱呱落地，母子平安，有惊无险……

阿超哥口念阿弥陀佛：姑奶奶，你咋不在考场里生呢？

仙花一脸骄傲满口娇嗔：讨厌！

皇天不负苦心人，"戏老虎"再显霸气，利用生孩子的空当竟然恶补文化，考上了中国戏曲学院。喜得贵子又金榜题名，双喜临门，奇人奇事奇迹！

汉剧院有些人不以为然，撇着嘴说：疯婆了。

仙花怀抱着儿子，反反复复端详着通知书，心里说不出那是什么滋味，应该是酸甜苦辣，五味杂陈吧。一方面很兴奋，梦想终于实现了；另一方面，看看嗷嗷待哺的儿子，一个多月后就要离开他了，总不能抱着儿子进京读书吧？边喂孩子边听课，像什么样子，怎么办啊？

李仙花全家福

拿着录取通知书抱着儿子，仙花当时唰唰流泪，自言自语：孩子才这么小，我就要离开他，痛苦啊，揪心啊，舍不得。可是又能怎么办？

儿子好像懂事一样，对着妈妈哇哇大哭。抗议。

阿超哥是五华阿哥，承诺过梁大师的就不会反悔，可第一次当爸爸没经验，心慌意乱的，当时他眼泪也在眼眶里打转。

人生岂能多如意，凡事只求半称心。

在这个关键时候，又是妈妈，妈妈是仙花艺术成长过程中最坚强的后盾，接过外孙子抱在怀里：女儿，你去，你这么辛苦考上了，你没有理由放弃，你有你的梦想，孩子我帮你带。

就这一句话，仙花止住了泪，铁定了心。

儿子满月，亲朋来贺。梁素珍大师一脸正色，非得让仙花写下保证书，保证学业完成后，一定回到梅州，振兴广东汉剧。

仙花欣然应允，庄重签字。

很多人对梁大师说风凉话：你这个徒弟算是白培养了，多年心血白费了，扑棱棱，飞走了。

梁大师言语怯怯：签了保证书了，肯定会回来。

汉剧院的一帮看热闹不嫌事儿大：保证书有个屁用！好不容易到首都北京发展了，傻瓜才会再回山沟沟。

梁大师脚软软的嘴硬硬的，言语依然犀利：我的徒弟我知道，肯定会回来。

众人起哄：打赌？

梁大师脖子一梗：打赌就打赌！

呼啸而去的列车，仙花倚窗而望，眼前山峦起伏，眼里热泪止不住地流……她流着泪心里默默地感谢，只有感谢。感谢爸爸妈妈，感谢恩师，感谢亲爱的阿超哥，感谢襁褓中的儿子……她没有一丝愧疚，从内心觉得她就是为汉剧而生的，为艺术而生的，潜心学艺是她强大的精神支撑，这样一想就再也找不到愧疚的理由。家里给了最大的支持，免去了这些后顾之忧，自己必须迎难而上，学有所成。

灵魂找到归属，思想方舟就载稳了躯体。常香玉大师说过"戏比天大"。对，其他都是小事儿。

于是，泪痕凝成了坚强。仙花这只火凤凰再度涅槃，北上求学是未知，一切从头开始！

无独有偶。多年后，广东资深戏剧评论家王丁丁也这样说：李仙花就是为汉剧而生的。天要她做戏，地要她做戏，一天不做戏，她便会生灾作难。

就这样，为了汉剧梦，李仙花做出了艰难的抉择，舍弃了温暖小窝的天伦之乐，躲避开丈夫期待的眼神，放下怀里嗷嗷待哺的婴儿，只身进京求学，这一去就是八年。在常人眼里，她够狠、够绝、够傻。

与老师同学在课堂上

艺术拒绝懒散。来之不易才会倍加珍惜，李仙花觉得自己好不容易才来到学院，就应该比别人付出更多，所以很珍惜在中戏的每分每秒。基本上没有周末的概念，晚自习也在练功场度过……

名人就是名人，那光环是自带的。

仙花在中戏也很快就出名了。突然有位产妇来上学，不新鲜啊？准确点儿，就是个刚生完宝宝坐完月子就撂下孩子来求学的，不另类啊？

每到一处，仙花似乎自带出场音乐，一众人等争相打听争相观看。

女同学敬佩啊，仙花刚出月子，哺乳期的客家女，长腿细腰，那大眼睛水汪汪的，小嘴巴红嘟嘟的，鹅蛋脸儿粉扑扑的……

男同学惊奇啊，一切为了艺术，这就是传说中的雅典娜女神吧？

校长啊，老师啊，一下子就被仙花这种积极求学的精神所感动，愿意教，真心教，常规课程外，他们还主动额外给仙花加小灶。

怎么能这样啊？刚到学校，仙花一天到晚就觉得委屈。想妈妈哭，想阿超哥哭，想宝宝哭，想起家乡的美食也哭。

吃惯大米的岭南姑娘，天天吃北方的面疙瘩，谁受得了啊？

不敢停下来，一静下来眼泪就不争气。那就练功，作死地练。

饭堂，每次同学们基本上都吃得差不多了，仙花才大汗淋漓，一身湿透的练功服，穿一双花鞋，两手端着饭盒扭着台步目不斜视幽灵似的飘进来。

男生女生眼珠子掉一地。同学老师津津乐道。尤其是男生，很多年之后依然历历在目。

饭菜不合口味吃不饱怎么办？练功场上的女汉子、舞台上的拼命三郎也有露怯的时候，仙花连简单的饭菜都不会做。要是阿超哥在就好了，他厨艺不错。可当时仙花只会炖汤。买一块羊肉洗净，放两片生姜一通炖，不会切就不切，火到羊肉烂。只喝汤，肉分给同学们吃。

有羊肉吃，仙花的挚友多起来。

有汤喝，营养跟上了，开练！时不我待，作死地练。

一到练功房，所有的苦累伤痛都忘了。就剩激情，还有愉悦。

那会儿，仙花真体会到了什么是山里面的女娃娃，就像刘姥姥进大观园那种感觉。眼睛不够用啊，好多电视上、报纸上、杂志上的明星大腕，就在自己身边，都是自己的同学，那些传说中的戏剧名角儿大家，都是自己的老师！天啊，真不敢相信。自己太渺小太微不足道了，于是，在大学校园里，在知识的海洋里，她就像海绵吸水一样，使劲吸啊、吸啊、吸啊，贪婪地吸。

艺术拒绝虚假。李仙花在戏剧的象牙塔里潜心静修，系统汲取着经典艺术的养分，点滴印证戏剧科班程式化表演的至臻至善，在大师们的言传身教中溯本求源。

除了校园进修，周末仙花还自己请老师开小灶，学京剧传统的剧目，经常省吃俭用，自己掏钱投师求教，对艺术的投入是毫不吝惜，虽然带薪攻读，但是她的工资全部都投入到学戏上

得到赵景勃老师的悉心指导

了。找王派大师王小蓉学《阴阳河》；向宋派大师宋丹菊学《改容战父》；央求昆曲名师沈世华教授《百花赠剑》。还追着梁谷音老师拜师学昆曲《寻梦》，这场梦一寻就是二十多年，成了不可或缺的良师益友。

沧海横流，方显英雄本色。入学之初，于少非导演慧眼识珠，让仙花领衔主演非遗"活化石"元杂剧《张协状元》，在人民大会堂一炮走红，光彩夺目，在京城戏剧界引起轰动。

光阴荏苒，一晃两年。第十一届中国戏剧梅花奖评选即将在全国展开。老师跟院方的领导提出，让仙花去争这个梅花奖。

仙花连忙摇手：我啥都不会啊，没准备……

宋丹菊老师主动请缨：我教你一出宋派的东西，宋派的《改容战父》，《改容战父》的戏确实是文武花旦的扛鼎之作，文武兼备，扮相飒，起点高，难度大，技巧多，精品力作。

王小蓉老师说：要来点难度性的、技巧性的绝活儿。老师看仙花这么能吃苦，就建议她拿下《阴阳河》。

《阴阳河》？老师都惊呆了。难，太难了。

《阴阳河》这出戏在京剧里面失传了，它难在哪里呢？它主要难在鬼步扁担功，绝活。

明知山有虎偏向虎山行。

仙花就爱啃硬骨头：行啊老师，既然前辈都敢去挑战它，我作为后辈从避免失传的角度，挽救它，抢救它，我试一试。

就这么一句"我试一试"，让李仙花做了很久噩梦。单就扁担功，李仙花就练了半年。这个绝活旁人从来没有接触过，没有录像模仿，没有资料参考，只凭老师口述，她去生啃这块"硬骨头"，失败、失败、失败，反复在失败中重复枯燥动作，领悟技巧，揣摩其中的奥妙，期待着破茧成蝶……

磨破了十几双花鞋，摔烂了六副木桶，依然一筹莫展。

"戏老虎"也有崩溃的时候，仙花气急败坏地把木桶砸在地上，哭了。

王老师爱怜有加：那怎么办，真的不想练了？

仙花跌坐在地上，抱着膝盖哭得花枝乱颤。

老师也真的被她感动了，妥协：也真是难为孩子了，要不咱换个戏吧。

向昆曲大师梁谷音学习表演

不换。

仙花这个人就是这么犟，"戏老虎"的虎威从来不倒：你越难，我越要向你挑战，就不相信拿不下来，既然前辈可以拿下来，我为什么不能？！

王老师道出真谛，我没法给你示范，但是你记住要领，步随气走，意在气先。心稳、意稳、气稳、步稳、形稳、节奏稳。鬼步要风摆荷叶，换步移行，脚动肩平身腰不晃；扁担要随气息走，动在意先，气沉丹田。上提下撑以情带声。

我的天啊，高深高深太高深。本来还清楚，越说越糊涂。这是武林秘籍嘛，要不就是乾坤大挪移？

老师一通点拨后，负手而去。

哭够了，接着练。

窗外的郑智化在唱着：他说风雨中这点疼算什么，擦干泪不要怕，至少我们还有梦……

对，有梦！

哪怕桶摔了无数次，又乖乖地拿起来继续练。魔怔了。走路都练鬼步，花鞋、球鞋、体操鞋，都不知磨烂了多少双。

与宋丹菊和梁素珍两位老师

不仅在练功场练，练功场晚上只是有限的时间，到时间管理员要熄灯落锁。于是仙花就把桶带回了宿舍，晚上睡不着，半夜就在走廊里练。

有个同学半夜起来上厕所，看见走廊上影影绰绰、飘飘忽忽一袭白衣，大叫：鬼啊！

宿管来了：干嘛，谁啊，大半夜不睡觉？

仙花半点儿没受影响，依然神神叨叨在那练。

你别说，《阴阳河》是鬼戏，中戏一闹鬼，仙花终于找到那感觉了，好像感天动地鬼上身一样。桶不掉了，似乎粘在肩上了，而且很轻松地驾驭了，跑着、站着，就像在云里飘、雾里转，像精像灵、如鬼似仙。

王晓蓉老师闻讯赶来，撩起仙花的衣领一看，肩膀后颈肿得老高，心疼得一把把她抱在怀里，热泪横流：我的儿啊……

她欣慰地哭了又哭，逢人便说：活儿成了！我就没见过这么执着，这么能吃苦的孩子。

考虑戏的平衡，得演三个折子戏，还有汉剧《百里奚认妻》，一个传统戏基于唱功为主的。于是就唱、念、做、打齐活了。《百里奚认妻》就是唱，《阴阳河》主要是鬼步和扁担功绝活，《改容战父》是文武花旦的戏，俏花旦的唱儿加刀马旦的硬功，极高的技巧，有难度，那就全面展示了仙花的功力。

艰难困苦、玉汝于成。

在仙花紧锣密鼓准备比赛的时候，又碰到了揪心的事。让她一生中不能释怀痛心疾首的事。

儿子患了重病。宝宝那时还不

1994年第4期《中国戏剧》公布第十一届梅花奖获奖名单

到三岁，其实在医院已经住了三四个月了，父母和先生为了仙花去争奖，一直不敢告诉她，怕打扰她。临近参赛的时候，汉剧院来助演的姐妹说漏了嘴。

仙花一听，撕心裂肺地哭，当时就想放弃了，坚决要回去看孩了。

校长老师苦口婆心、好言相劝：大赛排期已定，"争梅"已经不是你一个人事儿了。以大局为重吧，汉剧院那么多人来，你不可能丢下他们不管，没有退步了，你只有往前冲了。

仙花最终决定以大局为重。一咬牙，拼了。

福无双至祸不单行。不为人知的是，第一次争梅花奖，其实李仙花是带伤上场比赛的。《改容战父》剧目中，要展示椅子功，就是在椅子把上单腿站立做很多高难度动作。有一次，她在晚上练得疲劳过度，也是思念儿子分了神，突然失手从高背椅子上摔了下去，当时就疼昏了过去，不知过了多长时间，醒过来一看，腿竟然站不住了，撕心裂肺地疼。一个人，爬着、爬着，不知道怎么爬回去的，当晚膝盖就肿得老高。第二天到医院一检查，十字韧带撕裂，需卧床静养一个月。仙花傻了。

那时候时间很紧张，腿一瘸一瘸练不了，那就练上身，练手法，练唱段儿，练眼神儿。到参赛之前，依然疼痛难忍，只好打封闭。当时身上疼，心里更疼。腿伤疼得锥心刺骨，心里的疼是儿子病重，仙花简直快崩溃了。

沧海横流方显英雄本色。强大的信念，支撑着"戏老虎"，破釜沉舟，又没有退路了。上！就是倒也要倒在舞台上……

后台化妆时还一瘸一拐，大家都为仙花捏着一把汗。可是锣鼓一响，她就像打了鸡血，音乐把腿上的伤、心里的痛，一切纠结全熨烫平了，天大的灾难暂时先搁开来了，全神贯注演绎着剧中人的喜怒哀乐和恩爱情仇，完全是无我的境界。

大赛精彩，夺梅梦圆！首都各大报纸浓墨重彩报道：李仙花表演过程中，掌声响起三十多次，导板就喝彩。仙花云步出场，移步不换型，恰似在云朵中飘飘而逸，掌声排山倒海！精湛的演技征服了首都的专家和观众。看到失传多年的传统京剧名篇《阴阳河》又以汉剧形式重现舞台，他们欣慰，他们流泪。有位专家流着泪说：他还是在新中国成立前看过前辈演过此戏，没想到又在仙花身上重现神风，了不起了！厉慧会上、宁丹萍、王小蕾、忽是散、刘琪等诸位老师更是动情地把仙花苦练基本功的情形讲了又讲，都打心里佩服仙花。

那年，第十一届梅花奖的最大亮点，竟然是地方戏争得梅花奖榜首。仙花独占鳌头。时任

时任广东省省长黄华华祝贺广东汉剧《蝴蝶梦》演出成功

文化部常务副部长高占祥为她题赠"秀质原殊众，嘉名合是仙"，可谓对这位出类拔萃的文武花旦兼青衣的出色演员的极高首肯。

首届本科如期毕业，仙花百尺竿头更进一步，稍加努力，考上了中国戏曲学院首届京剧研究生班，继续深造，先后苦读八年。八年国戏求学，李仙花充满激情，像在爬云梯，更像朝圣者转山，无意留恋身边的美景，虔心转着经筒、精心编织着戏剧的宏愿美梦，奋力攀爬艺术的巅峰。

李仙花一直是一边上学一边搞创作，寒暑假就回到汉剧院演出、排练。而且经常自加压力，挑战极限，不难的东西还不愿意去啃。一旦遇到难度很大、很有嚼头的题材，就迎难而上，在攻坚克难中提升艺术的价值。

2000年仲春，仙花研究生毕业，要拿出作品来汇报，拿什么呢？

她又萌发了一个艺术跨界融合的大胆想法，索性就用《蝴蝶梦》，京汉两下锅。郭汉城和龚合德两位戏剧大师全力支持,共同策划参赛相关事宜。

当时分管研究生班的中国戏曲学院副院长赵景勃也被震了一把,很惊讶:仙花这又是一个大的挑战,新奇、有趣,不妨一试。

试试就试试。

说干就干。仙花立即找到了同班同学,北京京剧院的当家小生李宏图。他也很兴奋,还犹豫啥啊,干就完了!

两人一拍即合,就用这个做毕业汇报大戏。

《蝴蝶梦》这个戏很有挑战性,是著名编剧盛和煜老师的大手笔,除了戏本身剧本很有内涵以外,演员在角色里面也很有挑战性,李宏

2002年,与京剧叶派小生李宏图在香港合作演出"京汉两下锅"《蝴蝶梦》

图唱京剧,仙花唱汉剧。都是一个人同时演绎两个行当,分饰两个角色。李宏图老生兼小生,分饰庄周和楚王孙;仙花俏花旦兼大青衣,分饰扇坟女和田氏女。京汉本来就同根同源,二人高度契合、大开大合、纵横捭阖、畅快淋漓,太过瘾了。

赵景勃老师看到作品如此精致,意气风发:大火啊,单做毕业的汇报演出可惜了,那就索性报"二度梅"。

这次"争梅"倒是没有费很大精力,两个老戏骨在台上飙戏,完全是享受演出,自己愉悦身心,在场的方家戏迷也大呼过瘾,说李仙花的唱腔非常清亮、华丽,而且兼有委婉、隽永的特色。抒情的时候能够像潺潺流水,澎湃起来也像疾风暴雨,激情四射。一通戏瘾过罢,仙花拿了"二度梅",李宏图也成功夺得了"一度梅"。

一出《蝴蝶梦》,轻摘两朵梅。潇洒!

中国文联原党组书记高占祥，中国剧协原分党组书记赵寻、原副书记王蕴明祝贺演出

参加第五届中国戏剧节，《蝴蝶梦》再度在京城戏曲界引起轰动，陶醉了几多名家。比赛结果既实至名归，又意料之外，竟然一举斩获七个一等奖，创下了广东汉剧院艺术发展的里程碑。

梨园耆老郭汉城欣然命笔：化腐朽为神奇！

(四) 梦在初心中

八年苦读，功成名就。那时的仙花，犹如深山修行多年、闭关圆满的大侠，身怀绝技、仗剑天涯。出山！

环顾同辈，只有天在上，更无山与齐。

因为优异的成绩，中直、宣传部门等单位向李仙花抛来橄榄枝。此等名利诱惑非常人能抵，然而她却毫不犹豫地婉言谢绝了，做出了让所有人大跌眼镜的抉择：重新钻山沟，回梅州市广东汉剧院！仙花表面淡定、内心坚定，为实现振兴汉剧的梦想，她义无反顾地背起行囊……

傻瓜！

仙花依旧憨憨地笑：我喜欢唱戏，别的不擅长。

在京城一样做戏啊，皇城根儿呢，天子脚下！平台能一样吗？

仙花一脸认真：广东汉剧就要回梅州唱，那方热土难舍离，客家父老乡亲才认汉剧。再说了，来时签了保证书呢，人得有良心。

大闺女要饭——死心眼儿！

仙花笑着幽了一默：师父和众人打下赌了，我要让她老人家输了，会被骂死的。

南下比北上轻快多了。归心似箭，彩霞满天。

倚着车窗，仙花一路规划着：除了要把所学的东西回报给组织，回报给汉剧，回报给家乡以外，还要为汉剧的生存、发展谋划，相信能挑起这个担子……

一腔英雄气，成就创业人。组织上还真重用。回到汉剧院，李仙花院长、党委书记一肩挑。

走马上任，才知道光环的背后，有多少无奈和辛酸。

那时的汉剧院真可谓火山口啊。

上任伊始，百废待兴。20世纪60年代兴建的汉剧院，破旧得成了违章建筑，排练场也破烂不堪,演员宿舍成了危房;办公条件艰苦,经济基础薄弱,仅靠政府百分之六十差额拨款度日;演员青黄不接,人才严重断层,全院百多人,年龄结构老化,那时候她回来算年轻的,都快四十岁了,后边怎么办?

当然,那时的李仙花已经不是单纯的"戏老虎"了。八年修炼,已经从敢打猛冲的闯将变成稳坐中军帐的元戎。

入帷称学者,上马即将军。仙花那时能文能武。

李仙花运筹帷幄,做了个"五年计划"。

与徒弟嵇兵、黄丽华和"幼苗班"的孩子

栽下梧桐树，引得凤凰来。要留住人才，工作环境先要改变。向市委、市政府强烈要求，打报告反映剧院的生存状况和发展前景。

人才匮乏怎么办？这是燃眉之急啊。招的幼苗班，要好长时间才能培养出来，培植周期太长，远水解不了近渴，怎么解决？

天无绝人之路。刚好碰到个机遇，湖北黄石市汉剧团解散了，黄石市戏剧学校的汉剧班毕业生没有去路。仙花喜出望外。通过考试，一下子招了二十多个好苗子，解决了断层问题，解决了演员的关键问题……

2005年，广东汉剧院与梅州市艺术学校联合举办五年制"汉剧幼苗班"，当年的孩子如今已成为汉剧院的青年中坚。

稳住神儿，仔细看，汉剧院还是一穷二白，剧院连一辆车都没有，办公车、送戏下乡车，啥也没有。

怎么办啊？

要！

演员的脸，赛铁板；脸皮厚吃个够，脸皮薄吃不着。

放下自尊自力更生，以前说话都脸红，只会憨憨地笑的仙花，三番五次跑政府有关部门，唐僧念经一样不停地诉苦，关键时候还得上手段，哭得梨花带雨，让领导看着心酸……

市领导觉得仙花太苦了，所以每次看到她来了都说：仙花来了，就是要钱来了。

他们也很理解仙花，很不容易。一个女人，一个艺术家，又不是为自己，而是为剧院建设，这样

时任梅州市委书记刘日知关心广东汉剧

到广东汉剧院新办公大楼建筑工地指导

进校园宣传广东汉剧艺术

四处求人。

梅州市领导也很给力，凡是仙花来了，他们都开绿灯。手上哪怕还有几万块钱都会拨给汉剧院，给了汉剧院，这些钱是真正干事的，能看得见成效的。

零敲碎打解决不了根本问题，没有系统规划走不长远。

汉剧要发展，汉剧院要壮大，硬件不硬就等于无源之水无本之木。怎么能够拴心留人呢？振兴汉剧的梦想压在李仙花柔弱的双肩上，让她透不过气，以前乐呵呵，不知道愁滋味的仙花，总皱着眉头……

那时候，仙花心里总在念叨：改变改变改变，不改变现状，人才留不住啊。

那时梅州的书记和市长很慷慨：行，重建汉剧院我们同意，地我们出，但是钱要你去筹啊。

重建汉剧院要多少钱啊，天文数字。

要仙花自己去筹，那不是西天取经吗？

怎么办啊？

取经就取经，再难也得办。

仙花当时倒是没有拍胸脯，拿着报告说：我尽力吧。

筑巢引凤，广东汉剧院办公大楼落成

仙花说的尽力就是玩儿命,"戏老虎"成了拦路虎。

去省城,找省长。

她真敢。

先后找过两任省长,两任省长都给了钱。但一算还不够,除了到处悲情演出、温情化缘,找乡贤筹资外,更是得到了市委市政府的高度重视,多方筹措经费、上下整合资源,苦心人天不负,硬是让她拿眼泪换足了资金。

终于把这个大楼盖起来了。设施齐全,宽敞气派。现在广东汉剧院大楼在全国依然数一数二。

解决了稳定人心,生存、发展的根基问题,人才怎么办?从湖北招过来的一批,再过几年要结婚生孩子了,后续乏力啊。

这样不行,根据仙花的规划,十年就要有一个新的阶梯出来,这才符合戏剧人才培养的规律。

跑市政府,打报告向市委市政府反映,赶快要招一批十岁的幼苗班,才不会断层。

政府工程是统筹兼顾的,这又要专项资金。梅州是老少边穷,财政很薄弱,红色苏区、革命老区每年都要转移支付,仙花一开口,难为了政府,梅州穷是秃子头上的虱子——明摆着的。没钱。

解决不了?那就继续跑吧。

仙花提出的方案,梅州政府研究了好几年,终于实现了,给了专项资金。

有了政府支持,仙花大刀阔斧,一口气招了五十名学员,加强师资力量,保证培训效果。

仙花心里是这样盘算的,演员队伍必须上规模成梯次,老中青结合才最完美。

大楼盖起来了,欣慰;幼苗班齐刷刷的,欣慰。然后工资差额呢?

差额工资太低啊,这又是一大块心病。

因为梅州的市场小,演员演出收入也很微薄,养家糊口都艰难,怎么发展汉剧啊?

接着继续呼吁。

终于得到了梅州市委市政府领导的高度重视和大力支持,从百分之六十解决到八十,八十以后解决到百分之百。力度不小。

全额拨款,稳住了人心,汉剧院基本上解决后顾之忧了。

仙花终于可以一门心思做戏了。一手抓创作,一手抓人才,汉剧院蒸蒸日上,欣慰。

(五) 梦在征途上

世事难料，造化弄人。经过八年的艰难困苦，基础设施齐全了，办公大楼盖好了，幼苗班也培养了，有了一定的规模，演职人员工资待遇也解决了，从差额搞到全额了，汉剧院生存和发展的条件全部具备了。当大楼建好，李仙花搬进去还没工作几天，2008年上级调令就来了，把她调到省文联任专职副主席。不在其位应该不谋其政了吧？李仙花却偏偏自讨苦吃，依旧为汉剧的繁荣发展魂牵梦萦。

仙花虽然调到省文联做专职副主席了。可在汉剧院还有个过渡，还兼了四年多的汉剧院院长，四百多公里的路程，她要经常两地跑，看着都辛苦，但仙花觉得为汉剧事业再苦都值得。《李坚贞》《章台青柳》《金莲》这三部大戏就是两地跑出来的精品。同时还跨艺术门类，拍摄了《蝴蝶梦》《白门柳》《金莲》三部高清数字戏曲电影，闲不住啊。

大力推动成立"广东梅花戏剧团"并担任团长。2012年5月23日"为人民放歌——纪念毛泽东同志《在延安文艺座谈会上的讲话》发表70周年大型文艺晚会"演出。时任广东省委书记汪洋和省领导观看演出

2014年5月，时任广东省委常委、宣传部部长庹震为"广东省文艺志愿者协会"授牌

回望来时的路，岁月没有给李仙花馈赠多少财富，最珍贵的，是她执着的初心。

守着这初心，追逐汉剧梦想，仙花一口气追了五十年，昔日舞台上跑圆场的小仙花，已经成了开宗立派的大宗师。如今广东汉剧"仙派"艺术麾下弟子个个实力不俗，名噪岭南。

可她归来仍是少女，台上激情四射，台下睿智达观。遇事憨憨笑，行路凌空飘。

著名导演王向明说：仙花不仅是一位大演员，汉剧艺术家，她的社会价值在于，她非常致力于把偏安一隅的广东汉剧在中国戏曲的大环境里面拉升，如何提升汉剧，如何给汉剧一个新的展示的平台，也就是说她脑子里有一个比较大的格局。

这可能就是仙花实实在在的大梦想。

盛世华章，精彩不断。在百花齐放、万象更新的当下，在中华民族伟大复兴的激昂进行曲中，仙花能有这样大的格局，敢把汉剧放在中国戏曲的大平台里去观照，出精品力作的意识如此强烈，视野之高，理想之大。既要在本地区发展，同时也要在中国戏曲这个大的环境里争得自己的艺术地位，这就是大宗师。这就是广东汉剧艺术"仙派"掌门人。

儿时霸主梦，老来良臣心。李仙花对汉剧艺术梦想的执着追求，支撑着她一路走来，越来越有理想，越来越有实力，越来越有成就。现在她心里有装着更大的梦，那就是整个广东戏剧传承与发展的大格局。为此，她致力于小梅花荟萃、中青年演艺大赛、民营剧团表演培训、组建广东梅花戏剧团……构建了一个促进广东戏剧繁荣发展的大平台。同时，她还擎起了广东省文艺志愿服务的大旗，投身到文艺志愿服务的行列，连任广东省"志协"主席。文艺志愿服务大多在边远山区和农村，大多需要驱车五六个小时才能到达，乡下的演出只能因陋就简，没有绚丽的灯光，没有华丽的布景，有时候在社区广场，有时在村委大院，有时甚至就在会议室、教室，时而烈日晒，时而倾盆大雨，然而无论何种情况，仙花都身先士卒、敢为表率。在一次讲座中，仙花深情地说："金杯银杯不如老百姓的口碑，文艺志愿服务让我觉得自己几十年的艺术追求有了归宿，也更有了创作的动力，我会不断地追寻下去、创作下去、表演下去、传承下去！"

与广东省文艺志愿者走进惠州参加"与人民同行"志愿惠民演出

现在对于仙花说，争奖不是目的，更多是想抓点真正精品、好的戏留下来，留给下一代。

李仙花生来就是不满足的人，骨子里就是爱做梦的人，为了艺术她就是这样，永不止步，不断地创新。

台上锣鼓敲，

激情似火烧。

嗓子一亮九转回肠响彻云霄，
唱念做表顾盼神飞惟妙惟肖。
哪管他大汗淋漓似水浇，
顾不得遍体伤病痛难熬。

台下一声好，
心潮逐浪高。
多少艰辛多少苦难身后抛，
南国牡丹总理赞誉肩上挑。
任凭他世事坎坷总难料，
只相信天地之间有公道。

戏比天大，
舞台乾坤小。
多少冷暖多少得失心知道，
兀自享受水袖飞舞凌空飘。
真沉醉耳听丝弦把圆场绕，
唱不尽盛世中华新风貌。

这段戏歌汉调，李仙花特别爱唱。

胡琦
广东省文联二级调研员，编剧、导演

祝你

仙花专场成功

别样仙姿

南国佳卉

朱丹 一九九三年五月一日

第二篇 方家评『仙』

（二）守本·传承

秦开五岭、客迁南疆、中州音韵、皮黄声腔。汉剧历史悠久，原以秦腔经襄阳南下演变出来的西皮为主要腔调，后来又吸收了安徽传来的二黄，清代中叶形成于湖北境内。乾隆年间，汉剧传入广东，俗称"外江戏"，以潮州为中心，以韩江流域为依托，最终落户梅州、大埔一带。因当地外籍文武官员的官邸戏园、商旅会馆多，读书人多，故在此扎根，并融合粤东民间音乐，形成自身的艺术特色，被称作"客家汉戏"。

"广东汉剧"是1956年为区别于"湖北汉剧"而定名，被周恩来总理誉称为"南国牡丹"，是国家级非物质文化遗产之一，广东三大剧种（粤、潮、汉）之一。其传统剧目有八百余出，擅演历史演义故事和民间传说，常演的主要有《昭君出塞》《百里奚认妻》《高皇过关》《齐王求将》《孝义流芳》《西厢记》《卖油郎独占花魁》《花灯案》等。其唱腔音乐包括二黄、西皮、大板等各种声腔，而以西皮、二黄为主，此外还有昆曲、民间小调和少量梆子曲调。其角色分为生、旦、丑、公、婆、乌净、红净七个行当，各行当唱腔均有明显特点，舞台语言沿用中州韵、普通话，表演中唱、念、做、打的程式十分丰富。

出身于广东汉剧世家的李仙花，正是因着梅州那片山、梅江那湾水、汉剧那古朴优美的做派，奠定了人格的底色和事业的初心。她对传统戏曲的热爱与生俱来并为之奋斗终生。

从李仙花上大学说起
——兼谈戏曲演员的艺术征程

朱文相

南国牡丹，盛开京华。广东汉剧优秀青年演员李仙花，荣获第十一届中国戏剧梅花奖。这是广东艺坛的骄傲，也是梅州父老的骄傲，更是精心哺育她成长的广东汉剧院的骄傲。李仙花是中国戏曲学院一九九三级的本科大学生，是我院在校师生中的第五朵"梅花"，因而，又是中国戏曲学院的光荣。

1991年夏，李仙花来到我院，先后在导演系和表演系进修。她给我的最初印象，是一位精明漂亮、善于交际的"南国"小姐。我问她怎么没下海，她说："有人曾出高薪，聘我当公关小姐。可我不愿意。现在，有'下海派'（谓经商），也有'上山派'（指攀登文化艺术高峰）。我就是想'上山'。"后来，她为了考大学和争取梅花奖，早晨骑车去校外补习文化课；下午学戏，练《改容战父》的椅子功，经常磕伤腿脚；练《阴阳河》的扁担功，颈背磨肿，皮脱了一层又一层；晚上还得复习文化，直到深夜。吃饭，饥一顿、饱一顿；由于水土不服，感冒、腹泻是常事。熬炼了两冬一夏，终于双喜临门，如愿以偿。她的勤奋、进取和毅力，使我和很多老师深为感动。如今，她在我院导演系一九九三级本科学习。来自八个地方剧种的十位女生，同住一间宿舍，还是上下床。

其中，有三位梅花奖得主，五位剧团主演，年龄最大的已三十一岁。若是在家，这些国家一二级演员，大多拥有三居室或二居室的生活空间。而在我院，她们白天要上八节课，晚上则蜷居这间宿舍里，复习、写作到半夜。有人把李仙花她们这些唱歌、拍片有条件，经商、公关有门路的演员，看作自讨苦吃的傻瓜，觉得她们已然名利双收，何必再上学清修。李仙花曾对我说："我从十岁学戏，走到今天这一步很不容易。既有自己的辛勤努力，更靠各级领导、老师、前辈的提携和剧院同人的支持。得了奖，我不能倚在荣誉的宝座上自我陶醉，也不能被掌声、鲜花冲昏头脑。我酷爱广东汉剧，就要以本剧种的兴衰为己任。我正是带着这种承前启

1993年纪念毛泽东诞辰一百周年李仙花演出专场《改容战父》中饰万香友

后的历史责任感上大学的。来学院进修两年，更觉天外有天，越学越感到不足。越学越感到戏曲艺术的博大精深。钻进去不易，跳出来更难。我们这一代是面向21世纪、继往开来的一代。毕业后回去，我要把学到的其他剧种的剧目、技艺以及文化理论、导演艺术等，充实到广东汉剧的宝库里。不仅要认真地继承，也要丰富、发展和创新。因为目标明确，所以才能以苦为乐、学而不厌。"古人云："自知者明，自胜者强。"从她的话里，我看到一颗自知自胜者的炽热之心。

当今之世，可谓群星灿烂。然而明星有两种：一种是恒星，像太阳那样光照人间，彪炳千古；另一种是流星，一闪而过，瞬息即逝，在历史上留不下什么痕迹。愿仙花这颗今日的希望之星，矢志不渝，百折不挠，成为戏曲史上的恒星。

我认为，一个优秀青年演员要成长为表演艺术家，乃六个方面的合力造就，可谓之"六合"，即天赋、勤奋、机遇、功夫、体验、文化。有人说，一流的演员，需要九十九分的勤奋加一分的天赋。这话不假。反之，光有九十九分的勤奋，而无这一分的天赋，也成不了一流的演员。所谓"天赋"，既指嗓音、扮相、身材等，也包括悟性、灵气（艺术细胞）以及心理素质等。而后者比前者更重要。如有的表演艺术家，嗓音、扮相、身材都不太理想，却能扬长避短，乃至化短为长，自成一派。这是因为他不仅付出了超常的勤奋，而且具有超常的悟性、灵气和心理素质。此外，机遇也很重要。比如，遇上好老师、好领导、好的艺术合作者，演上好的剧本、适合自己的角色，得到争奖、进修大学的机会等，关键是善于抓住机遇而不错过。正所谓机不可失，时不再来。当然，本人的主观条件不具备，再好的机遇也等于零。天赋、勤奋、机遇，说的是演员的主客观条件；而功夫、体验、文化，则是指演员的艺术造诣。综观许多优秀戏曲演员的艺术征程，其造诣的提高，大致可分为初、中、高三种境界，即技美之境、情美之境和艺美之境。

作为戏曲演员，首先要掌握唱、念、做、打及手、眼、身、步等各种基本功夫。功夫是戏曲表演的基础。功夫的高下，取决于演员的模仿力和表现力。苦练可提高模仿力，使各种功夫技巧做到准确、规范，即所谓学"数"（掌握表演技能）。而巧练才能提高表现力，使各种功夫技巧具有形式美感，令观众产生耳目之娱，即所谓学"术"（掌握舞台表演技法和取得理想的剧场效果之窍门、要领）。从功夫的角度而言，表现力的强弱是优秀演员与普通演员的分野。演员的功夫技艺达到可让观众赏鉴和品味的程度，此即技美之境。

优秀的戏曲演员与影视、话剧演员一样，同样要善于内外结合去塑造人物。这就必须掌握

《改容战父·斩情任侠》中饰万香友

在广东汉剧《宇宙锋》中饰赵艳容,黄小贝饰赵高

正确的体验角色的方法，戏曲的体验却又不同于影视、话剧，是表现性质的特殊体验。从生活到角色，必经程式的中介，求得内心节奏与音乐节奏、舞蹈节奏的浑然一致，从而成为一种经过技术固定化了的体验。戏曲演员必须锻炼自己对这种特殊体验的适应力，而优秀演员又总是在适应的过程中，激发出艺术的感悟力，即所谓艺术的感觉与悟性。从塑造戏曲角色来看，这是一种极为可贵的形象思维能力。凭着这种感悟力，表演才能由形似升华为神似，达到情美之境。

优秀的戏曲演员如欲攀上艺术高峰，成为真正的表演艺术家，必须提高文化水平，包括思想修养、理论修养和审美修养。对于演员来说，文化的提高不像技艺的提高那样效果显著。它给予演员的是攀登艺术高峰的后劲，是潜移默化的影响，其中最重要的是提高对于精粗美恶、文野雅俗的识别力，凝聚跃入自由王国，形成真美一体的创造力，从而使自己的表演独具特色、卓然成家，达到艺美之境。总之，文化修养是水，艺术创造是船，只有水涨，船才能高。如果说达到情美之境的演员，给观众留下最深的印象，是其塑造的某些栩栩如生的角色形象，那么，达到艺美之境的演员，留给观众印象至深的是他那鲜明强烈而又浑然完整的艺术个性所形成的风格美、流派美。

从戏曲界的现状看，青年演员的文化修养偏低，尖子人才也不例外。这是他们攀登艺术高峰的极大障碍，也是戏曲能否再度繁荣的潜在危机。这就是我们鼓励青年优秀演员上大学的主要原因。其实，我国有两百多戏曲剧种，两千多个专业戏曲剧团，二十多万名戏曲从业人员，能上大学的只占千分之一。面向多剧种，为京剧和地方戏培养有德有艺、有学有术，能继承、能创造的尖子人才，播星火以燎原，是中国戏曲学院的办学方针。为此，不但要招收四年制的本科生和两年制的专科生，实行普通教育与成人教育两条腿走路，而且从1995年起，还招收实践型、师资型和科研型的编、导、表、音、美各专业的硕士研究生。我院表演系专业主课的教学改革，是要突破以单纯剧目教学为主的模式，转轨为"双基"（包括剧目教学在内的基本技能训练与包括戏曲通史、通论及表演专业史论的基础史论教学）"一创"（开设"戏曲角色创造"等课程，以培养学生的艺术创造力）的"三驾马车"模式，以适应21世纪戏曲艺术的发展。

从李仙花上大学，兼及戏曲演员艺术征程的"三境六合"说，并谈到我院的办学宗旨和教学改革，是为了引起戏剧界朋友及各界读者对戏曲高等教育的关注。一家之言，未必正确，谨就教于同道、同好。

原载《广东艺术》1994年第2期

耕种南国扬汉帜，香飘玉宇乘梅风
——致李仙花的一封信

朱文相　宋丹菊

李仙花同志：

你好！热烈祝贺你考取中国戏曲学院表演系本科。回顾一年来，你在学院进修，边学戏，边练功，边刻苦补习高考文化课的情景，仍然历历在目。"世上无难事，只要肯登攀。"诚信斯言之不谬矣。

近期，你又荣任广东汉剧院青年实验剧团团长，并马不停蹄地为参加广东省艺术节及进京争取梅花奖而挥汗奋战，加紧排戏。预祝全力以赴，精益求精，稳扎稳打，圆满成功。

欣悉你们剧团，是梅州市首家与企业挂钩的文艺团体，是经广东省文化厅批准，在恢复青年实验剧团建制的基础上，与广东梅县东部经济发展总公司挂钩，共同组建的。我们非常钦佩贵省文化厅、贵院梁素珍院长及多位领导的改革气魄，也非常赞赏东部经济发展总公司总经理钟其奕先生的远见卓识。文企挂钩，相互促进，对于精神文明的建设，提高国民文化素质，具有重大的战略意义。当前，戏曲虽不景气，但我们既要从远处着眼，建立明智的振兴方略；又要从近处着手，采取切实可行的举措，这可用三十二字来概括，即"正视现实，灵活应对；以商补文，韬光养晦。稳住阵脚，积蓄精锐；寻求机遇，弘扬国粹"。贵院此举，达观通变，时之宜也。

你作为文企挂钩的创业团长和20世纪90年代的戏曲大学生，是继往开来的一代中坚。在激流勇进中，不仅要保持清醒的头脑，更要具备开拓的观念。

一曰群体意识。戏曲的继承与发展，要坚持民族性与时代性的结合。既要遵循戏曲以歌舞演故事、演人物的基本艺术规律，又要适应时代的进展和观众审美需求的变化与提高。戏曲舞台艺术现代化的核心问题，是从主角制下，表演领域唱、念、做、打的局部综合，走向导演制

与中国文联党组原书记高占祥、中国戏曲学院原院长朱文相、京剧"宋派传人"宋丹菊在一起

下,编、导、表、音、美整体的更高层次的综合,如近年来出现的京剧《曹操与杨修》、越剧《西厢记》等。因此。你作为团长,一定要全面地抓编、导、表、音、美等主创人员的培养,使之形成系列比的人才群体,凝聚为默契协作的强力集团。你也可以发挥桥梁作用,促成中国戏曲学院同贵省、贵院合作,举办对口的培训班、研习班,以职后教育提高专业人员的艺术素质。

二曰精品意识。对于剧团来说,所谓精品,即出尖子人才和精彩剧目,特别要出卓具艺术魅力而令观众风靡的好角儿。一个剧种或剧团的兴衰,虽有诸多因素,但有没有扛剧种大旗、挑剧团大梁的表演艺术家,却是关键所在。今年,中国戏曲学院导演系和表演系录取像你这样的一批地方戏的尖子演员,旨在为各剧种培养扛大旗、挑大梁的跨世纪的希望之星。明星虽少,但星星之火可以燎原。衷心期望你勇挑重担,百折不挠,扎根南国,弘扬汉剧,怀敬业之诚,持继业之坚,育兴业之花,结创业之果。

三曰超前意识。如今,在戏曲低谷期所积蓄的有识有志的青年英秀,乃是 21 世纪民族文艺复归期的中流砥柱。人在则艺存。他们在新世纪的上半叶,正可大显身手。你们剧团有了坚实的经济后盾,更要善于在休养生息中运筹规划,在艺术实践中磨戏练人。制订宏观战略,形成人才梯队。在你任团长期间，抓出人才，抓出好戏，抓出规划，则不负梅州父老乡亲的厚望、无愧汉剧师长同人的重托，就称得上种树掘井，造福后人。

四曰开放意识。21世纪将是东西方文化双向交流的时代。戏曲这一民族瑰宝，也必将同武术气功、中医针灸、中国餐饮等民族文化一样走向世界。随着戏曲的国际化趋势，我们的表演艺术家更肩负着"戏曲文化大使"的重任。不仅出国演戏、教戏，还要讲学、讲演。这就不是过去那种单纯技艺型的演员所能胜任，而要培养文化人型的新一代演员才能承担。中国戏曲学院表演系招收本科大学生的主旨之一，就是基于这种对外交流的开放意识。梅州是著名侨乡，侨居海外各国，特别是东南亚的华人，与广东汉剧有着天然的亲缘。故此，今后你作为文化人型的著名青年演员担当戏曲文化大使，向世界传播中华瑰宝，更将大有作为。天时、地利、人和，三者兼备，切望你珍惜机遇，奋发精进，力争工作、学习双丰收。企盼在今冬的首都舞台上，看到你们的精彩演出。

此致！

敬礼！

朱文相　宋丹菊

1993年8月31日

原载《中国戏剧》1994年第1期

精湛的演技 | 吕育忠

中国戏曲学院的李仙花新近在南宋戏文《张协状元》一剧中，声、色、艺俱佳，成功地塑造了质朴善良的王贫女的形象，不仅受到了广大观众的青睐，也得到了行家们的称赞。《张协状元》是我国现存最早、最完整的戏曲剧本。作为学术性的演出，无非是想通过舞台使人领略南宋戏文的风采、反思戏曲艺术的本质精神。然而，南戏的演出式样与表演形式，人们只能通过仅有的文字资料作出推断。这对作为汉剧演员的李仙花来说，无疑更是难上加难。笔者无意

1992年在人民大会堂参加学术复原演出"南戏活化石"《张协状元》，饰王贫女，京剧叶派小生江其虎饰张协

2023年12月,"戏从温州来"经典南戏走进粤港澳大湾区,与瓯剧全才小生方汝将重温经典

赘述其排演期间的艰辛,但李仙花确实为之付出了心血与汗水。为了解南宋戏文,她常常冒着酷暑骑车奔波于各大图书馆,光笔记就记了厚厚的一大本;为了体现南戏的质朴、细腻、典雅的风格,她设计了蝶步、雕塑般的造型及饱蘸深情的唱腔等表演手段来展现时空和人物心理。几经努力,几经拼搏,李仙花终于使王贫女的形象跃然舞台之上。

《张协状元》在演出形式等诸多方面的创新,自然会引起专家学者的关注,而李仙花在剧中的表演,确实显示出了她的创造性及精湛的演技,令人叹服。

原载《北京晚报》1992年11月14日

功夫不负有心人
——李仙花排练《阴阳河》

王小蓉

京剧传统剧目《阴阳河》，是已故京剧表演艺术家于连泉（小翠花）演出的代表剧目之一。剧情没有很大的跌宕起伏，其价值在于以跷功和扁担功来表现李桂莲这一个女性的鬼魂形象。由于旧本存在许多不健康的内容和情节，再加上扁担功难练，几十年来再没有出现在舞台上。

最近，我们对此剧做了全面构思和重新编写，去掉老本中不健康的内容和情节，增进和丰富了人物复杂的思想感情，使此剧从内容到表演均有了新的突破，剧情和人物的发展更趋合理。这出戏所塑造的李桂莲，既不是复仇的厉鬼，也非屈死压抑的冤魂；它通过三个年轻人的感情纠葛、人性与爱情的冲突，展现了另一种风格的人与鬼的故事。

戏中李桂莲有挑水桶的动作和技巧，都不是用双手来移转扁担和保持平衡，而是靠自己的双肩来变换扁担的位置，这种扁担功是该剧特定的舞蹈动作。看起来容易，练起来很难。演员在圆场中变换各种步法，表现人物在薄雾袅袅的环境中款款而来、飘飘而去，如行云流水（因为土地神罚她在阴阳河挑水百日受苦），把阴阳河水和人物的唱、念、舞、技合理地糅为一体，把舞台变成一个流动的空间，去展现李桂莲的动态美与流畅美。广东汉剧著名演员李仙花在排练这出戏时，认真研究每句唱腔对人物复杂心理的呈现，认真琢磨每段动作对塑造人物的作用。为了攻克扁担功这个难关，她强忍腰酸、脖子痛、双肩肿，滴着汗水一步一步反复练习。每种扁担技巧都要练上几百遍，扁担中间缠着的带子，被她双肩磨断几十条。难度大，她的信心更大，对艺术创造的无私奉献精神鼓舞着她百折不挠、苦学苦练。功夫不负有心人，她终于攻克许多技巧上的难关，以飘逸潇洒的高难度动作，创造了李桂莲这个独特的艺术形象。

李仙花在艰苦的艺术实践中努力奋进，勇于开拓，忠诚奉献，使广东汉剧这一古老艺术绽放出鲜艳的花朵。她在排练中还得到京剧前辈李金鸿、马盛龙先生的亲切指导。殷切地期望李

在广东汉剧《阴阳河》中饰李桂莲

仙花在今后的艺术实践中，更刻苦地练功学艺，更虚心地向前辈投师求教，更勇敢地探索创新，为发展繁荣广东汉剧艺术作出新的贡献。

原载《广东艺术》1994 年第 1 期

古调新声入剪裁

谢彬筹

1993年年底，广东汉剧院赴京推出了"李仙花演出专场"和"包公与妞妞"两场晚会，掌声阵阵，好评如潮。首都的戏剧专家在对这次演出做出热情充分的肯定之后，提出要认真研究广东汉剧的改革发展问题，深入细致地做好继承优秀传统和在传统的基础上改革创新的工作。有一位专家说他最满意的是《百里奚认妻》的演出，这出戏唱得令人心醉、心酸，最具广东汉剧的特色。三十多年前笔者看过黄桂珠、黄粦传演出的《百里奚认妻》，深感他们在继承和革新传统方面极有作为，现把当时的观感笔述出来，供广东汉剧院的同志研究问题时参考。

古调新声入剪裁，既能比较完整地保存自身丰富的艺术遗产，又能在传统艺术的基础上不断变化发展，这是一些源远流长的地方剧种能够保持旺盛生命力的重要原因。诗文随世，艺事亦然，"若无新变，不能代雄"。广东汉剧著名演员黄桂珠也曾讲过与此相同的话，她说："广东汉剧是一个古老的剧种，它有很多优美的表演艺术，程式繁多，也很凝固定型。但是，也要看到在我们的时代里，群众的思想感情起了变化，他们对艺术的要求，一天比一天高，如何满足群众的需要呢？我体会到，一方面要继承传统，另一方面也要大胆细心地革新传统，发展传统。"

1957年5月，广东潮、琼、汉剧团赴京、沪、汉等地演出，广东汉剧带去的是《百里奚认妻》《店别》《盘夫》三个折子戏，其中以《百里奚认妻》演得最多，最受欢迎，评价也最高。首都部分戏剧界人士在座谈广东汉剧的演出时，交口称赞他们既能继承传统，又能革新发展传统。一些同志激动地说："能在广东的一隅保留下这个古老的剧种是多么难得的事，汉剧有它特别成熟的地方。""汉剧被富有音乐天才的广东人民丰富了。""汉剧的韵调使人感到如梦般的美丽。"他们一致希望广东汉剧坚持发扬古调发新声的优良传统，争取艺术创造达到更高的水平。

在广东汉剧《百里奚认妻》中饰杜氏，黄超伦饰百里奚

说广东汉剧是"古调"，可以从这个剧种的历史源流来说明。广东汉剧与湖北汉剧、京剧等皮黄剧种同源，传入粤东各地后，初名外江班，后其声腔伴乐与当地语言、民间音乐相结合，发展成为具有鲜明地方色彩的流行于客家话地区的主要剧种，至20世纪30年代正式命名为广东汉剧。

从这个剧种的传统剧目《百里奚认妻》来考察，无论剧旨、文辞或音韵，都可窥见其淳朴风貌，寻到"古调"遗音。

主旨高尚。《百里奚认妻》是在中华人民共和国成立之前濒临失传的传统剧目，故事见《孟子·万章》或明代张伯起《炭廖记》，《列国演义》第二十五回、第二十六回，讲的是官居秦国左庶长（宰相）的百里奚，日夕思念失散三十年的妻儿，家院找来府中浣衣的贫妇为他唱曲散闷，这个贫妇通过弹唱一段琵琶词和一段琴曲表白身世，说明自己就是百里奚的发妻杜氏，百里奚欣然相认，夫妻父子团圆。这出戏的故事情节虽然简单，却是一首感人肺腑的歌颂古人坚贞爱情和高尚情操的赞歌。历经离乱、年过七十而位列上卿的百里奚，虽然穿的是玉带紫衣，吃的是山珍海味，但他富贵不忘糟糠妻，因为不知妻儿的存亡生死，终日里"如醉如痴""热泪淋漓"。当他一旦明白阶下唱曲的贫妇是自己的结发妻子时，连忙跪倒尘埃,抱头相认。杜氏初时不畏贫寒,鼓励丈夫"青云奋飞",不料夫妻别后音讯隔绝,她万里逃荒历尽风雨煎熬,因为寻觅夫婿而住寒窑、作倪衣,身虽贫贱而守志不移,终得夫妻团圆。这个戏正面歌颂了我国人民"富贵不能淫""贫贱不能移"的传统美德,引导人们追求精神生活的崇高境界,它像众多的优秀古典文学作品一样,具有陶冶性灵、纯化情操的美学价值。这出戏的文辞简明精练,重文采而不堆砌典故,言相思相忆之苦但哀而不怨、悲而不伤,杜氏唱的琵琶调"思夫"和琴曲"叹沦落",是全剧的精华,属长短句,古朴雅淳,词意隽永,听来俨然乐府、短歌行等古代民歌的风貌。请看琵琶调"思夫":"忆当年奴夫妇双宿双飞好比鸳鸯/今日里只落得形单影只磋叹凄凉/屈指数流年似水/三十余载漂泊他乡/想奴夫重义多情/既天赐良缘良缘何快尽/哎哟天哪……哎哟天哪……/怨苍天缘快尽当初何必相爱相亲/哎哟天……哎哟天……/似有缘似无缘咫尺天涯远天涯远/含泪……人。……哎哟人/到如今累得我万水千山到处寻/哎哟……薄情人/我好比浪打浮萍线断风筝/飘飘荡荡更谁怜。"

琴曲"叹沦落"的一些段落,也都具有同样的风采神韵,如:"叹沦落天涯辜负韶华两鬓摧/飘零无那憔悴/谁知是双栖巢燕/奈何飞去两分歧……/且高歌更含泪/心碎弦声催/无依漂泊诉不尽凄凉酸楚凄凉酸楚/弹也弹不开……/

广东汉剧《百里奚认妻》剧照

百里奚五羊皮／忆别时烹伏雌舂黄齑炊扊扅／今朝富贵忘我为忘我为！"

声韵纯正。1957年广东汉剧在武汉演出时，音韵学家黄家衡惊奇地发现，广东汉剧也能同京剧一样做到字正腔圆，人人皆懂。他研究的结论是：广东汉剧也能够在中原音韵的基础上运用湖广调，结合中州韵来唱念，不但会用四声周值的湖广调吐字行腔，有些同志还保持了中州韵而区别出字音的"尖、团"，他认为这是汉剧"最大的一个特点"。由于广东汉剧能够按照中原音韵的发音规律去唱念，当时观众中一位不识字的老太太看过演出后说，除个别广东方音较重的演员外，"其余演员的唱念完全可以懂得，而且听得非常亲切，觉得他们吐字也特别有劲"。田汉同志当年也指出，那时的湖北汉剧小腔多，不露字，过于追求形式美，感情反而表达不出来，所以他在送别剧团的赠诗中特别强调："年来汉剧（指湖北汉剧）流纤巧，古调应弹向楚都。"

广东汉剧这种古调源远流长，古朴淳厚，艺术遗产丰富，但它流入粤东地区之初，终归是一个外来剧种外江班，它之所以能在粤东安家落户、发展壮大，归根结底是与当地的民间艺术相结合，给原来的传统注入了新的血液，因而"古调"发出"新声"，成为那里人民群众喜闻乐见的民间艺术形式之一。以下剖析《百里奚认妻》一剧舞台表演艺术部分的发展变化，就可说明这个道理。

丰富了板腔曲调。一百多年来这出戏的基本情节和主题思想没有什么改变，但是历代艺人为了使这出情节比较简单的戏具有更加强烈的艺术感染力，着力通过唱这种艺术手段去描绘人物的复杂情感和深化主题思想，在安排板腔曲调方面有着许多发展创造。比如剧中的主要唱段"思夫"曲，在中华人民共和国成立之前是由相府的四个丫鬟去唱的，唱词内容与杜氏没有直接关系，到了20世纪50年代才改由杜氏唱这支曲子，把唱词同剧情紧密结合起来，深刻地表现杜氏思夫的凄楚、寻夫的艰难和认夫的急切心情。又如剧中"思夫"和"叹沦落"这两支曲子，原来是昆曲的曲调，后来艺人在昆曲的基础上吸收了一些潮梅民间音乐的素材，使二者极好地融为一体，听来更加哀婉痛绝，真挚动人。

发展了唱腔艺术。《百里奚认妻》在粤东传唱百余年，到了著名演员黄桂珠、黄粦传合演此剧时，唱腔艺术的创造可以说是达到了炉火纯青的境地，对于这出戏的艺术创造的目标，黄桂珠提出"要靠唱功和不多的动作来表达杜氏内心复杂的感情"，黄粦传追求的是"字字清楚，唱得有味儿"，在舞台实践中他们两位实实在在地达到了目标。黄桂珠的嗓音清亮圆润，声调婉转凄凉，吐字清晰，她演唱时以情带声，声情并茂，行腔持重有韵味，不尚花巧，在关键的地方使用反切音，更有强烈的艺术感染力。她以如泣如诉、一波三折的声腔，配合简练、含蓄的形体动作，成功地表现了人物贤淑文静的性格和千里寻夫的心情。黄粦传演唱时咬字清楚，喷口有劲，行腔苍劲持重，表情身段稳重洗练，十分契合百里奚老成持重、暮年伤颓的身份情感。当年看过他们演出的首都戏剧界的同志，给予"清楚、悦耳、地道、技巧很高"的评价，田汉同志称他们两位为"声乐家"，并以"琶声激越穿云汉，琴话低回泣鹧鸪"的诗句赞美黄桂珠的唱腔成就。

增添了伴奏乐器。广东汉剧原来的伴奏乐器比较简单，在后来的发展过程中逐步增加了头弦、大苏锣、号头等本剧种特有的伴奏乐器，衬腔托调，渲染气氛，使唱腔音乐体系更加完备，大大加强了唱腔的特色。有人曾经说过：广东汉剧音调之高，为我国地方戏曲之冠，用发音高尖、清脆透明的领奏弦乐的头弦去伴奏旦行和小生的唱腔，丝丝入扣，异常完美。作为配器之一的号头，音色高亢凄厉，用于烘托两军交战、法场行刑的气氛，极有效果。大苏锣是主要的打击乐器之一，用布裹松木敲击，边打边抚，打法讲究。其音色柔和，音波悠长，宜于表现文静深沉的戏剧气氛。在《百里奚认妻》中使用大苏锣，把凝重沉郁的意境，表达得十分细致。如百里奚在低沉缓慢的大苏锣锣声中登场，以龙钟老态踱至台口，若有所思地深深叹了一口气，人物尚未开言，就恰切地透露了沉重抑郁的内心感情。又如杜氏唱完"思夫"曲后泣不成声，百里奚未有相认的反应，杜氏想借谢赏的机会再陈情由，于是在隆隆作响的低沉凝重的大苏锣锣声中，鼓起勇气，一而再，再而三地拜伏在百里奚跟前，欲言又止，想说又不敢说，这时舞台上的音响、气氛，十分和谐地配合着人物的神情、举止，异常真切地表现出"似有缘、似无缘、咫尺天涯远"的意境。

"诗文随世运，无日不趋新。"地方剧种要振兴发展，也必须跟随时代前进，在"古调"之中发出反映时代精神的"新声"。"古调""新声"，相辅相成，发扬光大，永葆青春，这可以说是《百里奚认妻》能流传至今所给予我们的一种有益的启示。

原载《广东艺术》1994 年第 1 期

求渊求博的李仙花 | 周 桓

在广东汉剧《齐王求将》中饰钟离春

受经济大潮的冲击，传统戏曲开始低落，不少戏曲工作者或"下海"经商，或转向歌舞、影视。但也不乏热爱自己的专业，坚持从事戏曲者。广东汉剧院主演李仙花就是其中突出的一位。这位刚届而立之年、正当风华正茂的客家姑娘，多次拒绝充任影视主演的邀请，一心为戏曲艺术拼搏。

李仙花本工闺门旦，以往所演的戏多为唱工戏。她有一副音质纯、音色美的好嗓子，唱来流畅，令人如饮甘泉。更可贵的是，她从不以拉长腔、奔高腔哗众取宠，而是根据情节、情感委婉而歌，表达出细腻、含蓄的感情。演汉剧传统戏《百里奚认妻》这种以唱为主的戏，仅凭唱，就把观众紧紧地吸引住，不仅如此，她在做戏、表达人物内心方面都有很厚实的基础和功力。但是她并不满足于此，觉得作为好演员还应该求渊求博。于是她来到中国戏曲学院进修，向"宋（德珠）派"刀马旦传人、北京京剧院名演员宋丹菊学刀马旦戏。宋老师以"宋派"名剧《改容战父》授之。这出戏文武并重，不仅有武打场子，而且有少见于舞台的椅子功，要在一把圈椅上蹿跳，戏里还要念京白，这对于久演文戏且操客家话的李仙花来说，可谓两大难关。但她以坚定的毅力和艰苦的努力，攻克难关，演出了令老师和观众十分满意的效果。

汉剧和京剧都有一些濒临失传的戏，《阴阳河》便是其一。京剧这出戏，只有朱琴心、筱翠花（于连泉）二位擅长，已绝迹舞台近半个世纪。李仙花了解到其中有繁难的挑水桶走魂步和舞担子的技巧，就向能掌握这出戏的王小蓉、丁振春二位老师求教，不惜咬牙狠练，终于使这出戏重现于舞台上。前不久，李仙花决定就以这三出戏和另一出新编大戏《包公与妞妞》来角逐当年的梅花奖。有人说："既是争夺荣誉，你应该轻车熟路，演你的熟戏才是。"李仙花却说："争奖，是一方面；另一方面，我应该是向领导、向观众、向老师汇报我的学习成绩，请大家检阅我在拓宽戏路，求一专多能方面做得如何，以便找出差距，再求进取！"

在广东汉剧《包公与妞妞》中饰妞妞，吴衍先饰包公

原载《光明日报》1994年2月12日

"南国牡丹"绽新蕾
——记广东汉剧演员李仙花

吴善忠

古树奇葩"南国牡丹"——广东汉剧,有四位出色的女演员,被人们誉为"四朵金花",李仙花便是其中的一朵。

李仙花出生在粤东五华山区一个艺术之家,母亲是汉剧演员,父亲善于执掌鼓板。在家庭艺术氛围的熏陶下,她十岁便考进广东梅县地区戏剧学校,受著名演员黄桂珠的悉心调教,以唱功、做功中规中矩引人注目。1978年十五岁时,她毕业分配到广东汉剧院一团,初次担纲主演《状元媒》中的柴郡主,便受到观众赞誉。接着,她挑大梁主演现代剧《燕双飞》获全区汇演表演一等奖,被著名汉剧表演艺术家、广东汉剧院院长梁素珍收在了门下,从此开始艺术上的飞跃。

在广东汉剧《燕双飞》中饰丽莎,与师傅梁素珍同台

李仙花在艺术上本着"师其意又不泥其迹"的学习方法,练就了自己独特的艺术素养。如饰演《包公与妞妞》中的妞妞(红粉莲),人物内心活动复杂,表演难度较大,她在前辈们帮助设计唱腔、动作的基础上,富于创新:以颠颠摇摇、天真俏皮的骑驴动作,与甜美柔润的唱声相配合,加上自然洒脱的舞步,把善良、纯真、活泼而又备受凌辱的少女形象,刻画得生动感人。让观众感受到角色青春迸发的激情,品味到红粉莲轻浮而又沧桑的无奈。该剧在第二届广东省艺术节演出,行家们评论她"声色艺俱佳""活灵活现而极有分寸",并获得了表演一等

奖。在1987年广东省首届中青年戏剧演员百花奖评选中，她又以娴熟的表演技艺获得殊荣。

李仙花在表演艺术上有较高素养，但仍对戏曲表演导演苦苦求索。1991年，她报考了中国戏曲学院。为了赴京深造，她让才出生三个月的小宝宝离开怀抱。她用两年的时间，先后进修了导演和表演专业，使自身的艺术修养和舞台表现力更具相当的深度。1992年，中国戏曲学院发掘南宋戏文《张协状元》的学术演出，李仙花饰演主角王贫女，在人民大会堂演出后，获得戏曲界、学术界的极高赞赏。1993年，经全面考核，她被中国戏曲学院录取入表演系本科，继续深造。自此，她成为广东汉剧院创办以来进入高等艺术学府本科学习的第一人。

在广东汉剧《包公与妞妞》中饰妞妞，黄小贝饰刘德忠

原载《人民日报》1994年1月26日

（二）博采·借鉴

从艺五十年来，李仙花始终以广东汉剧振兴为己任。她坚持守正创新，守正即守中华戏曲优秀传统之正、广东汉剧独特魅力之正，同时又博采京、昆乃至现代声乐之众长，善于"创造性转化，创新性发展"。早在1995年，面对媒体"汉剧如何发展才有更有生命力"的提问，她就提出要以观众审美需求为中心，在继承传统的基础上对唱腔、表演及舞台综合呈现方面进行全方位改革。听了她的设想，记者以一句猜测结尾："汉剧的振兴和发展，很有可能会在她们身上实现。"时光飞逝，事实给出了最好的答案。

化腐朽为神奇

——广东汉剧院演出《蝴蝶梦》

郭汉城

　　李仙花在创造力上的努力在几年前就现出端倪。她主演了新编古装剧《包公与妞妞》，饰演女主人公妓女红粉莲一角，那优美而天真妩媚的骑驴身段和甜美圆润的唱腔，给人留下了深刻印象，有人撰文称李仙花有"俏丽鲜活"的舞台风格。在北京学习时，李仙花还参加了南宋戏文《张协状元》的演出，饰演主角王贫女。古老的戏文，其舞台模式早已遗失，但李仙花凭其扎实的表演技能和良好的创造角色能力，很好地塑造了人物。其后李仙花考入了中国戏曲学院导演系，后又进入优秀青年演员研究生班，不断地学习，不断地观摩。终于，现在又有了一个创造机会，她把几年所学所得和蕴于心间的创作冲动，表现于崭新的难度很大的戏——《蝴蝶梦》。

　　《蝴蝶梦》对李仙花是个极大的挑战。这是著名剧作家盛和煜的新作，他以平淡幽默的笔调重新演绎了这个故事，韵致别具。庄夫子倡导"齐死生"的自然顺生，在这里遇到"扇坟"少妇后，却要试探妻子田氏；庄周犯了个可怕的"较真儿"错误，他要证明自己对这事的不在乎，设下圈套让田氏钻，于是出现了"幻化""汲水""成亲""劈棺"这一系列的变故。田氏自然而然地顺着庄周设下的圈套往前走，庄周把圈套越缩越紧，这是因为他内心男人的醋劲与自己追求的洒脱在对峙搏斗，逼着田氏最后去劈棺。一斧下去，庄周解脱了，他终于悟到连老婆都可以潇洒送走，但经历了残酷的人格实验的田氏却愤而指责庄周并离开他。这很有点哲理剧的味道，对于演员塑造人物来说却要更加真实与丰满。李仙花在这个戏中饰演两个人物，一个是春情荡漾、妩媚俏丽的"扇坟"少妇；另一个便是端庄贤淑、温顺可爱的田氏。这两个人物，前三场中交替出场，甚至是同一场中换两次妆，表演的难度真不小，必须把握好两人的言行举止与性格反差，才能出戏。

　　李仙花演"扇坟"少妇用的是爽脆利落的京白，以快速急骤的步伐来表现人物内心的躁动，"扇坟"的舞蹈，动作幅度大，轻盈俏媚。当庄周将她误认为妻子田氏时，她杏眼圆睁，

广东汉剧《蝴蝶梦》田氏造型

"啐"了一口,但庄周道歉后,她又嫣然继续加力扇坟,一副心不二用的样子。可以说李仙花演扇坟少妇用了较夸张的手法,以"动"来表现人物情绪。

第二场一开始,田氏出现在舞台上,反差鲜明地给观众一种"静"的感觉。在悠扬舒缓的音乐中,田氏的唱腔动作都显示出她恬淡朴素的性格。这种恬静端庄,既与扇坟少妇性格区分开,又对随后剧情发展、田氏遭际的情感变化起了很好的反衬作用:这样一个女人,却陷于庄周设下的情感圈套痛苦地抉择着。这样前后一对比,会使观众对田氏的行为产生同情与共鸣。

李仙花的表演非常注重以情动人,比如"汲水"一场戏,表演细腻真挚,有着承前启后的作用,把田氏从敬慕丈夫,发誓"终老南山不扇坟"到爱慕楚王孙的过程合理地表现出来。李仙花在这场戏中既发挥了广东汉剧优美的唱、做手段,营造真实细致的人物心理空间,又借鉴了京昆的表演手法,使戏曲歌舞演故事的美学特征得到很好的发挥。田氏深夜汲水,楚王孙殷勤相帮。田氏慌乱地后退,想与之保持距离,但楚王孙发议论"说什么钟鸣鼎食享尊荣"后,田氏被打动了,原先躲闪、惊疑的眼神转为激动的凝思,对楚王孙的富贵不骄与谦诚厚道产生了极大的好感。诚然,先前她已对风流倜傥的楚王孙有了好感(这也是天性),却是浅层的。而这种内心的打动却是深层的,一种异样的甜蜜感觉弥漫了心田。李仙花以柔美摇漾的腔调,微微晃动的躯体轻轻唱出"忽觉夜风带暖意",表现了人物内心缭乱无绪的情感。然后她满面绯红地去抢水桶,去打水,是为了掩饰心中的慌乱,及至楚王孙一字一顿念出"只要学生在此居留一天,就不能让师娘汲水一天"这句话,对田氏来说就犹如天籁一般。她有过丈夫,但庄周对她而言更像严师,只有教诲没有温柔;眼前这位公子,却像一团温柔的云紧紧裹住了她的心,那么熨帖。所以台上田氏怔怔半响,双肩晃动,观众似感觉到她泪水满眶。她转身拭泪,楚王孙递过罗帕,田氏没有推辞就接受了,真正的爱情滋生了。"才知道为什么神情恍惚,才知道为什么心里的滋味说不清。"一种崭新的体验穿透了田氏的内心。这里田氏的形象是真实可爱的,能被观众理解和认同。

《蝴蝶梦》一剧的表演对传统的汉剧来说,有着多方面的超越,比如"成亲"一场,开始田氏与庄周同坐于舞台两侧,这其实是人物心理空间的外化,演员要在静场中表现出人物内心杂乱复杂的情感,完全是心理戏。田氏居于卧房,想起昨晚汲水情景,"点滴回味在我心",有心大胆与楚王孙结合,但想起刚去世的夫君,却又犹豫。她拿起针线,却无心去做,做针线的动作与内心一样没有头绪;放下针线,拿起书简,但还是看不进。这时田氏倏然起身,拿出楚王孙所赠罗帕,仔细摩挲回味,却又如同烫手山芋一般扔到了地上,田氏欲克制自己,庄周紧

戏曲理论大师郭汉城上台祝贺演出成功

紧与田氏相对，紧张地盯住田氏，看她举动（这是内心的精神冲突外化）。田氏围着手帕转，内心在激烈斗争：捡不捡，这个爱情要不要？旁边庄周瞪大眼睛望着，一股强大的精神压力阻止着田氏。终于，几个小圆场以后，田氏毅然捡起了罗帕，庄周手中的云帚却掉在了地上。这一刹那间的细节是最具震撼力的，灯光倏忽变化，具有强烈冲击力的音乐也响起，"百情岂能压得住？一瞬间它如春潮澎湃声"。这个细节的完成正是田氏激烈内心冲突的结果。田氏的几番圆场是吸引着观众的目光的，随着捡起手帕的动作和澎湃激动的音乐，观众的心随之豁然开朗。这一小节戏浑然有力地体现出田氏战胜阻力、抑制不住的青春力量，非常有力度。导演处理得巧妙，而李仙花表演田氏内心冲突时的犹豫不定，表现痛下决心时的决然，节奏张弛有度，极好地吸引了观众的审美期待，具有强烈审美冲击力。

"大劈棺"是全剧的高潮，李仙花在这场戏中始终把各种表演纳于人物的性格与情感之中，她"文戏武唱"，融合了汉剧青衣、花旦和刺杀旦的一些表演技艺，使戏高潮迭起，吸引观众。李仙花对"劈棺"的处理，不是简单套用以前刺杀旦技艺表演，而是细致表现了一个弱女子硬着头皮向前的痛苦情状。田氏是带着胆怯的心情上场的，对一个善良的女人来说，"莫道先生与我是结发，就是那仇人也不能如此相残"。可是，楚王孙性命垂危，唯有她"劈棺"取脑才

广东汉剧《蝴蝶梦》田氏造型

能挽救，她不得不勇敢地向前。李仙花运用碎步、错步、翻扑、乌龙绞柱等各种表演手段表现田氏的纠结，手上水袖翻扑飞转，有力烘托了紧张的气氛。二十名由演员扮成的黑蝴蝶上下翻飞，与田氏摆成各种造型，田氏身着鲜红吉服，与黑蝴蝶形成强烈反差，营造出压抑紧张的氛围。在激烈的动作中，李仙花演唱大段唱词，高亢激昂，且歌且舞。动情之处令人心酸，却毫无声嘶力竭之感，显示其深厚的功力。最后劈棺时，庄周现身，田氏猛地一甩斧子，整个人横纵飞出，跌在蝴蝶身上，又翻滚在地。这一套动作一气呵成，干净利索，令人目不暇接，很好地把技巧与剧情融合到了一起。最后，当田氏意识到自己被捉弄、被欺骗时，她的心已被伤得粉碎，非常绝望。李仙花表演人物不再有外在的很多激情，而是痴痴怔怔中含着坚决。眼神从原来的悲愤茫然也变得坚毅，没有太多的话语。临别向庄周跪别，意味是多重的，既感念过去的恩情，又是对过去的诀别，以醒悟的自我走向芸芸众生。这结尾是很有余味的，李仙花表演得不温不火，让人玩味不已，体现出深邃的意境。

《蝴蝶梦》对李仙花来说，是一次创造力的显示，她把自己学习的积累、对戏曲人物创造的思考用之于实践，虽然戏仍有粗糙之处，但其中完整而细致的人物表演，已使这出戏有了成功的迹象，获得观众的喜爱是必然的。

原载《中国艺术报》1998年

为皮黄声腔的"认亲"欢呼

周育德

广东汉剧院推出一台京剧、汉剧"两下锅"的《蝴蝶梦》,由北京京剧院著名的小生李宏图饰演庄周和楚王孙,广东汉剧院著名旦角李仙花饰演田氏与"扇坟"女。此举既有实践意义,也有学术价值。

所谓"两下锅"是说两个剧种同台演出,而剧目、表演各自保持原状不相混合;或者是同一个剧目里使用两个不同剧种的声腔。从前,梆子班和皮黄班有过这种做法。比如《翠屏山》前半场唱皮黄,到后边《杀山》一折,石秀上场即改唱梆子,故意用不同的声腔音乐色彩上的巨大反差,制造特殊的情绪效果。现在李宏图和李仙花同演《蝴蝶梦》,虽说也是两个不同剧种声腔的汇合,但在总体音乐结构上不会造成太大的反差。因为京剧和广东汉剧的关系太密切了。就其声腔而论,本属同一系统,即同属"皮黄腔系"。二者有着亲密的血缘关系,兄弟姐妹相遇不会有太大的生疏感。

这种血缘关系得从清代说起。清代乾隆年间,各种被称作"乱弹"的戏曲声腔崛起。二黄调在长江中下游形成,以安庆为中心,东下扬州,西上武

京汉两下锅《蝴蝶梦》剧照,与京剧小生李宏图

汉；西皮调兴起于湖北，由襄阳至武汉，沿长江水路东进。嘉庆、道光年间，二黄调和西皮调在长江中下游的沿江城乡实现了合流，艺人亦可相互搭班演戏。

乾隆五十年（1785），以二黄调为特色的徽班进京，博得京师观众的欢迎，立定了脚跟。至嘉庆、道光间，湖北皮黄戏艺人米应先、余三胜、王洪贵、李六等先后进京搭"春台""和春"等徽班，以中州韵湖广音演唱皮黄戏，出现了"班曰徽班，调曰汉调"的局面，最终形成具有北京特色的皮黄戏——京戏。

与皮黄腔北上的同时，皮黄腔戏班也沿着传统的官道商路向南方各地迈进。艺人们把皮黄腔唱到江西、福建、广西、云南、湖南，许多被广东人称作"外江班"的戏班，带着西皮二黄越过五岭山脉，来到广东，在广州、潮州一带演唱。到1933年，在广东唱皮黄腔的"外江班"有了"汉剧"之称。不过汉剧经过了岭南人情风物的培育，在艺术风格上已有别于湖北的汉剧，所以后来才有"广东汉剧"一说。

尽管如此，北上的皮黄腔与南下的皮黄腔在音乐声腔的本质上还是属于同一家族。西皮（也称北路）、二黄（也称南路）是它们共有的代表性曲调。以京剧和广东汉剧而论，尽管舞台语言、角色行当、伴奏乐队等方面都有了差异，但唱腔的共同特点仍是十分明显的。所以，京剧演员和汉剧演员共同完成一部戏的人物塑造，应该说是皮黄腔系的"认亲"。

素有"南国牡丹"之誉的广东汉剧，一直锐意创新，广东汉剧院自成立以来，在挖掘整理传统剧目的过程中，认真剔除旧戏中的消极因素，对传统的表演程式也进行了革新，推出

广东汉剧《蝴蝶梦》参加第五届中国戏剧节

过《百里奚认妻》等艺术精品。改革开放以来，广东汉剧在艺术改革方面又迈出新的步伐。比如，对乌净、武生的"炸音"和"子喉"的发音、唱法进行改革探索，把小生的假嗓发声改用原嗓演唱的试验等。这次《蝴蝶梦》的京剧、广东汉剧"两下锅"，同样也是一种积极的探索和尝试。李宏图是著名的京剧小生，他的唱功和表演在京剧界有很高的评价。这次加盟《蝴蝶梦》的演出，与李仙花合作，应该对广东汉剧小生唱功改革有所助益。无论成功与否，都会给当代戏曲工作者留下不少具有学术意义的话题。

李仙花和李宏图都是中国京剧优秀青年演员研究生班的学员。这次合作是他们学习和研究的课题之一。我祝贺他们取得更大的成功！

原载《广东艺术》1999年第1期

人生的悖论
——观广东汉剧《蝴蝶梦》札记 | 黄心武

将在第五届中国戏剧节演出的广东汉剧《蝴蝶梦》，是一出别开生面的新编传统故事剧。一个数百年来经过古人今人无数次演绎的故事，居然还能独辟蹊径，引入一个新的境界，确实是一个值得注意的戏剧现象。

一

《蝴蝶梦》的故事，取材于关于庄子的一个传说：庄子出游，见一少妇用一纨扇吃力地扇一座新坟，觉得奇怪，上前询问。少妇告知，坟里躺着的是自己丈夫，丈夫生前有嘱，须待坟土干了之后方可改嫁，可是坟土久等不干，只好做出"扇坟"之举，以便早日改嫁。庄子认为夫死要改嫁是很自然的事，无须拘泥毫无意义的承诺。于是，他略施法术，引来一群蝴蝶，瞬间便将坟土"扇干"了，少妇欢天喜地而去。回到家，庄子将此事讲给妻子田氏听，田氏对少妇的作为极为反感，并发誓，一旦庄子归了道山，她绝不会做出"扇坟"、改嫁这类不贞的行为。

庄子参透了天地，却未参透人心，他对田氏的信誓旦旦，未免犯疑，决定试探一番。他略施法术，佯装死去，再以自己的元神幻化成风流倜傥的美少年楚王孙前来视察。楚王孙对田氏展开了一连串的"爱情攻势"，令田氏古井般的心灵，终至春潮涌动。于是，理性的防线一道道崩溃，她不等庄子下葬便脱下孝服准备与楚王孙成亲，尤其当楚王孙怪病突发时，她毅然劈开棺木，欲取庄子脑髓为心上人治病。这一斧，终于把庄子劈醒了……

这个故事若从冯梦龙收入《警世通言》算起，流传于世已近四百年。根据这个故事编演的戏曲，数百年来更是历演不衰，老一辈爱看戏的人，一提起《庄子试妻》《大劈棺》，没有不知道的。

二

《蝴蝶梦》讲述的是一个荒诞故事，故事中的庄子当然不能跟历史上的大哲学家庄周画等号，但故事既然托形于庄周，必有其因缘。

故事的最初作者，大概是有意要跟老庄哲学开开玩笑。是呀，既然庄子能超脱生死，泯灭是非，妻子死了竟鼓盆而歌，活得何其洒脱逍遥！那么，不妨对他进行一番"实地"考察，考察的方法，是以庄子之"道"，还治庄子之身，你不是讲求自然，崇尚超脱吗？那就让你尝试一下，当你尸骨未寒之际，妻子投进别人怀抱，乃至劈棺取你脑髓的滋味！如果连老庄哲学的祖师爷遇到这样的事，都不能"顺其自然"，无法超脱，则可见这种哲学的虚无缥缈，在实际生活中不堪一击！

经过几百年的加工改造，旧戏舞台上的《大劈棺》，早已不是这个故事初创时的面目，而变成了为吃人的礼教张目，浸透了封建糟粕，并肆意展示色情和恐怖的一出坏戏。这类戏一律将田氏塑造成一个抵挡不住诱惑的、十恶不赦的"荡妇"，加以嘲弄和羞辱。其思想逻辑，正如鲁迅曾愤然抗议："向来以为贞淫与否，全在女性……所以历史上亡国败家的原因，每每归咎女子。"中华人民共和国成立之初，《大劈棺》被列为禁演剧目，是理所当然的。

三

新时期以来，重新演绎《蝴蝶梦》的故事，成了戏剧界的一个热点。许多著名剧作家（如汪曾祺、徐棻、尤文贵等）都加入了这个行列。他们的作品，各有各的风格，各有各的景观。共同点是，在观念上都彻底翻了旧戏的案：田氏由被谴责的对象变成了备受同情和理解的、具有真性情的奇女子；庄子则成了虚伪、冷血的假道学先生。观念的这种颠倒，记录了时代进步和剧作家思想解放的鲜明轨迹。

中国的传统剧目可谓汗牛充栋，为什么《蝴蝶梦》这样的故事，经过几百年封建舞台的糟蹋，却仍然有很强的生命力，直到今天仍吸引着戏剧界的精英，激起他们强烈的创作冲动？

这是一个很有意思的问题。

清代杰出的戏剧理论家李渔，经过长期的舞台实践，提出戏剧要研究"优人搬弄之三昧"，

在广东汉剧《蝴蝶梦》中饰扇坟女

即戏剧作品不同于一般文学作品，戏剧必须适应剧场演出，适应观众对剧场艺术的审美期待。

《蝴蝶梦》这一故事，具有呼之欲出的动作性和扣人心弦的传奇色彩，编织了一连串绝妙的戏剧情境，人物活在尖锐的内外矛盾冲突中，活在悬念中，灵魂被逼到一个个绝境下接受审视和拷问……而且，这个故事像魔方一样，几乎可以任意变换阐释的角度。浪漫的诗情，深邃的哲理，复杂的人生，隐秘的情愫……都能借故事中的人物外化为鲜活的舞台形象。这简直是一个天造地设般的戏剧构思！

研究《蝴蝶梦》故事的舞台性，体会"优人搬弄之三昧"，我们或许就会明白，戏剧选材是如何重要。以为任何一段历史，任何一个历史名人抑或任何一部小说、一个故事，都适合在舞台上搬演，实在是对戏剧审美特性的误解。

四

在众多大家之后，盛和煜仍然敢于一试身手，捧出了属于他的《蝴蝶梦》。

盛和煜的《蝴蝶梦》，在新时期以来的同类作品中，别具一格，风采卓异，不只是量的增添，更有质的升华。

《蝴蝶梦》的最大突破，在于不再拘泥于对人物褒贬，却转而着力于人生哲理的开掘。作者似乎是站在更超越的立场，用历史的、哲学的、生命的、睿智的目光来打量故事中的人物和他们的行为，与他们进行深切的对话，并表达自己对人生的思考和对人性的理解。

《蝴蝶梦》中的几个主要人物，都生活在两难境地之中：理智与情感，社会与自然，灵与肉……总是难以协调和两全；他们的行为极尽荒唐和乖谬，但又和常情常理相通，随时能找到堂而皇之的理由为之辩护。

少妇"扇坟"，用世俗的眼光看来，如此情急，似乎不近情理；但一个孤苦无依的弱女子，为求得人生最起码的权利，做出这种无奈之举，又在情理之中。

田氏口头上曾经斥责"扇坟"少妇，并对庄子立下誓言；可是事到临头，她不但比少妇变得更快、走得更远，还做出了"劈棺取庄子脑髓"这样惊心动魄的举动。看起来，田氏的背弃行为，未免大逆不道；但田氏所为，不正是庄子生前所嘱咐，并且处处践行着庄子的"道"吗？

庄子的学说，超越生死、是非、得失、善恶，无比玄妙高深。化作"逍遥游"时，发出"天地与我并生，万物与我为一"的超人语。在理性之光的照耀下，他帮少妇"扇坟"，对自己死后妻子改不改嫁及尸体如何处置等"身外之事",看得非常豁达。然而,"理论是灰色的,生命之树常绿",无论多么超迈、多么玄奥的学问,都不一定能在真实的生命中还原。作为学者的庄子,是云雾缭绕的圣人;而生命中的庄子,仍需穿衣吃饭,难逃七情六欲。面对移情别恋的妻子,面对朝自己劈面而来的利斧,冷静超脱的庄子,依然潇洒不起来……

《蝴蝶梦》从通常的道德评判中走了出来,从"理""欲"之辨中走了出来,走进了人性的深处,揭示了人类的一种生存状态,即人往往生活在一种悖论中,或者说,人生就是一个悖论。这恰恰暗合了庄子的一个观点:"彼亦一是非,此亦一是非。"

《蝴蝶梦》被赋予了一个人类性的命题,无疑是这一题材的创造性超越。这个"魔方"在盛和煜的手中,又展开了一片新的审美天地。

五

《蝴蝶梦》是盛和煜特意为广东汉剧表演艺术家李仙花所写的。为演员"量身定做"剧本,是中国戏曲艺术的重要传统,是尊重戏剧艺术的舞台性,力求契合"优人搬弄之三昧"的一种动作方式。显然,《蝴蝶梦》在这方面又为我们提供了一个成功的例证。

为了让李仙花演得过瘾,观众看得也过瘾,作者聪明地将"扇坟"少妇与田氏处理成长得一模一样,这一来,李仙花可以两个角色一肩挑。而且,这样设计,更加寓意深沉。

李仙花是梅花奖得主。得梅花奖,对李仙花来说,并不意味达到了自己事业的顶峰。她以此为新的起点,开始冲击新的目标。几年来,她赴京深造,广泛拜师学艺,锲而不舍地追求更高的艺术境界。《蝴蝶梦》是她数年来潜心研习表演艺术的汇报作品。

《蝴蝶梦》中的田氏(包括少妇),不但戏份重,而且内心冲突和外在动作既复杂又丰富,其身份的变化,悲喜的转换,情感的起伏,命运的突变,都在瞬息之间,极考验演员的功力。选择这出戏,体现了李仙花在艺术上敢于摘星揽月的气概。

李仙花在《蝴蝶梦》中,演得有庄有谐,亦雅亦俗,声情并茂,张弛有致,既能深入角色,又能把握观众,充分发挥了表演艺术的魅力。可以说,《蝴蝶梦》一剧,是李仙花在表演艺术上趋于成熟并形成自家风格的标志。

原载《广东艺术》1997年第4期

看李仙花演出《蝴蝶梦》

春 阳

我已多年没有写有关表演艺术的评介文字了。1993年李仙花演出《百里奚认妻》等多个折子戏，有同志鼓励我写一写，我感力绌。后来李仙花凭这几个折子戏的演出获得了梅花奖，我还是认为李仙花在《百里奚认妻》等几个戏中的表演，技巧重于艺术，少有个人创作发挥，并不反映李仙花的潜在素质。

前些日子观看了李仙花、谢仁昌主演的新编《蝴蝶梦》。李仙花透过传统的尘幕，展现了一幅丰富、活跃的艺术创作审美图像。

李仙花曾在中国戏曲学院深造，盛名（得过梅花奖）之下选择田氏这一角色来演，是她对未来的挑战和自我超越。《蝴蝶梦》的田氏因有传统戏曲《大劈棺》下的淫妇、恶妻的记忆，李仙花今日饰演田氏，双肩虽不背负为历史翻案的重担，但真要演得让观众认为田氏是个"有灵有性平凡女，有情有爱有尊严"的女性并给予几分同情的舞台效果，这不是鸣几声喇叭、发几篇广告性的剧评就能达到的。就是《蝴蝶梦》这一故事中的庄子，在《庄子·达生》篇讲过一则故事：春秋时有个叫庆的木工，他做的鐻（一种古代木质乐器），见到的人都惊叹是鬼斧神工。鲁侯问他："你的鐻做得这样美妙，是不是有什么神术？"庆说："我哪有什么神术？不过我做鐻之前都要养精蓄锐，斋戒静心，静心三天，去掉邀功请赏的心态；静心五天，不去考虑别人赞誉、诋毁这一类干扰，静心七日忘掉了自己的形体四肢，外部纷攘都消失了。我进入山林观察寻找适合的树木，一个鐻已在我心中形成，便忘我动手制作，一气呵成。没有这种心态，我做不出这样的鐻来。"

李仙花对《蝴蝶梦》田氏这个特定人物的复杂的性格感情及其发展嬗变，是经过多年学习和用了相当长时间去深入了解描摹后，才有了自己的理解。舞台上她是那么专注忘我，舒展自如、俏丽大方。你看她塑演的田氏，始终是安于清贫、不失端庄、不乏礼仪的女人。当庄周变幻的楚王孙出现在她面前时，田氏对楚王孙从警惕、防范，到对楚王孙的步步引诱、挑逗，不自觉地失神、激动、陶醉，进而自觉主动地为楚王孙去劈夫君的棺，取夫君的脑。我们无须从对话唱词了解，仅从李仙花的顾盼脸色、手势步伐、身段水袖的施展中，便能看到田氏心理流程的嬗变，发展脉络分明，条理清晰，真是显得有灵有性有情有爱，让人禁不住生出几分同情。如果说传统戏曲《大劈棺》的田氏早已为人所不齿，那么《蝴蝶梦》里高智商的老庄，在李仙花塑造的田氏相形之下，作家笔下貌似脱俗高深莫测，其"歌曰自然"实则是"可笑可悲亦可怜"打肿了脸充胖子的道学家了。谢仁昌是位多才多艺能饰演多项行当角色的演员，他饰演庄周颇为称职，庄重文雅又带有几分无聊和滑稽，为李仙花的表演起了很好的衬托效果。

上段说的只是李仙花一方面的成功，这方面的成功还不足于自我强化到让观众形成审美心理定式的艺术境界。近五十年，广东汉剧界出了不少有成就有影响的表演艺术家，他们中能形成自己独特表演风格且有稳定性艺术风格的，我知道的有黄粦传的苍凉，黄桂珠的端庄，至今令人难忘。我认为，李仙花演的田氏如果只是表现得性格鲜明、感情细腻、层次分明，并不一定能给我们留下深刻的印象，给予几分同情，重要的是我看到了李仙花以俏丽的艺术风格规范

在广东汉剧《蝴蝶梦》中饰田氏，谢仁昌饰庄周

贯穿于田氏唱、做、念、舞中。一个演员建立自己的表演风格很不容易，但这是有望登艺术高峰的演员所追求的。李仙花舞台表演俏丽，在《包公与妞妞》中的妞妞身上已现端倪。挑战传统戏曲田氏形象，不仅需要表演技巧，更需要勇气和创造精神。首先，李仙花在《蝴蝶梦》中的艺术创作表现在她已是从深层次理解、把握田氏的性格感情嬗变；其次，在深层次理解、把握田氏性格的基础上，调动自己的艺术积累，自觉地规范发挥中国戏曲艺术表演特色，并形成了自己特有的俏丽风格。有此创作发展，她塑造的田氏从出场开始至"劈棺"的生动过程让人感觉是真实的。田氏的造型、表情在俏丽风格规范下，田氏按庄周慕敬有加而不乏端庄动人，在楚王孙面前激动陶醉而不显媚娇，田氏"劈棺"并不让人感其恶。田氏言行举止、喜怒哀乐都在或浓或淡的俏丽色彩中显现其审美价值。李仙花把握了戏曲审美的特性，调动观众的注意力，让观众首先接受进而理解：田氏被高智商的手段捉弄得丧失人性，走向庄周施舍的"自然"境界。新的田氏艺术形象终于穿越传统尘幕，改变了人们的思维定式，成为观众认可的审美形象。

李仙花在《蝴蝶梦》的表演中形成了俏丽的表演艺术风格，塑造了田氏这一艺术形象，实属难能可喜的自我超越和对前人的超越，既是李仙花潜在艺术素质的一次展现，也是她学习深造的结果。

1999 年 9 月 8 日

不断追求新境界

——记广东第一位戏曲表演研究生李仙花

易　木

提起广东汉剧院优秀青年演员李仙花，广东甚至全国戏曲界的许多人都知道。她 1993 年荣获中国戏剧梅花奖，成为南粤巾帼"夺梅"第一人；1991 年至今，她在中国戏曲学院先后进修表演和导演专业，最后攻读戏曲研究生，成为广东第一位戏曲表演研究生。

接触过李仙花的人，都能感受到她身上那股为了艺术而不断拼搏、追求的精神。1991 年，

在广东汉剧《蝴蝶梦》中饰扇坟女，谢仁昌饰庄周

她产假还没休完，就惜别幼子爱夫，来北京在中国戏曲学院进修，其后又一鼓作气攻读表演专业和戏曲研究生，前后在北京待了八九年，这对一个成年女性来说是需要相当毅力的。在北京求学期间，她参加了南宋戏文《张协状元》的学术演出，表现出勇于探索的精神。在最近举行的中国首届京剧优秀青年演员研究生班学习汇报演出中，李仙花一下拿出两台大戏——《蝴蝶梦》和《柳如是》奉献给观众，这在汇报演出中无疑是引人注目的。而且，这两出戏在内容和表现形式上都颇有追求，显示出相当的文化品位。两出戏都对女性命运表示出深切的关注和思考，颇有点"女性戏剧"的味道。这自然与李仙花多年来努力提高文化艺术修养，锐意求新的精神分不开。无怪乎老戏剧家郭汉城看完《蝴蝶梦》后称赞它是"化腐朽为神奇"。在这两出戏的运作上，李仙花也体现出她一贯的追求高水准、精益求精、一丝不苟的作风。《蝴蝶梦》的作者盛和煜、《柳如是》的作者罗怀臻都是目前活跃在剧坛上的有自己独特追求和思考的年富力强的剧作家，两部戏的二度创作人员也都从全国各地聘请优秀人才加盟，形成"强强联合"的优化创作群体，从而保证了这两部戏的艺术水准。

李仙花不但是艺术的执着追求者，还是年轻干练的剧团管理者，担任着剧院党委副书记、副院长的职务。剧院的许多工作都需要她操心，这对于李仙花来说并不轻松。然而，她从容地挑起了这些担子，显示出了多方面的才能。辛勤劳作终于结出喜人的硕果，李仙花由于成绩突出，被推选为全国青联委员，获得"巾帼十杰""三八红旗手"等多个光荣称号。

李仙花称得上是德艺双馨的跨世纪人才。我们希望看到她在新的千年里展现新的艺术风采。

原载《中国文化报》2000年1月27日

寻找鲜花绽放的感觉
——记广东汉剧演员李仙花

颜全毅

1991年，李仙花做了一个很大的决定。

她孤身一人来到遥远的北京，进入中国戏曲学院学习。对于她的家乡广东梅州或整个广东戏剧界，李仙花都算是个名人。她从小学习广东汉剧，秉性聪明，天资优越，是个难得的青年人才，演了不少戏，也挺火，被海内外钟爱汉剧的人尤其是客家乡亲誉为"汉剧金花"，喜爱有加。年纪轻轻的她已经是广东汉剧院青年剧团的团长，有幸福的家庭。然而，孩子出生不久，她却决定远离家乡去学习。这个决定令身边的人多少有些不解，抛家别业，牺牲有多大呀。可李仙花是独特的人，她喜欢汉剧，喜欢脚下的舞台，但她意识到这片舞台太小，她要去拓宽，要去丰富，让自己所从事的艺术事业灿烂一些，她渴望艺术上更进一层。她离开了家乡，离开刚出生不久的小宝贝。

在戏曲学院，李仙花先在表演系进修。她跟着那些年纪比她小的同学一同走入知识的殿堂和泛着古旧青色光芒的排练厅；一同进入那狭窄拥挤的学生宿舍，学习、练功，李仙花是坚持不懈的。或许，因为放弃了很多东西才得到这个学习机会，她比别人更加珍惜，同时，也比别人更寂寞。夜晚了，其他同学进入了梦乡，她却有长长的思念和牵挂拽着，没有吁叹，只有泪水，无声无息地，却又酸又咸，滋味长长。

两年后的李仙花很忙碌，她在做着两件对她一生都很重要的事。她要正式报考中国戏曲学院导演系的本科班，要准备参加高考，她还要参加戏剧演员最高奖——梅花奖的角逐。为了梅花奖，她一个夏天没有回家，在排练厅里裹挟着热汗苦练。椅子功、扁担功，这些漂亮的戏曲技艺背后原来是那么枯燥重复的训练，她和没完没了的蝉叫一起练嗓高唱。为了上大学，她拖着练功导致的伤脚，在一页一页地默诵课文，静静地，一动不动。事后想起来，很有意思，这一动一静那么和谐地留在了这个夏天的记忆里。

当她含着泪接到戏曲学院的入学通知书时，她的梅花奖参演剧目也进入倒计时的准备阶段。1993年寒冷冬日的两个夜晚，李仙花却在中国儿童剧场内激起阵阵热浪。她演的《百里奚认妻》《阴阳河》《改容战父》几出折子戏和大戏《包公与妞妞》以过硬的技艺和表演能力得到了专家、观众的热情赞许。结果，她以排名第一这意想不到的好成绩接到了梅花奖的奖牌，她也深深体会到奖牌上"梅花香自苦寒来"这几个大字的意味。是啊，当演员站在台上，是多么的神采飞扬，可是在底下又付出了多少的劳累和努力，但也许就为了一刹那间的灿烂，而甘愿付出千百倍于这一刹那间的辛勤努力。李仙花是这样的，她的长长的辛苦，不尽的寂寞，都消

广东汉剧《蝴蝶梦》中饰田氏

解在这艺术事业前进的身后了。当她的努力得到了承认，当她为自己钟爱的汉剧艺术争了光，她已无怨无悔。

掌声消失了，荣誉得过了，台上闪烁的灯光也暗了下来。当李仙花又回到戏曲学院那熟悉的学生宿舍，开始新一轮更为漫长的学习时，她又开始设想新一轮的计划，而实现的过程还将更长。

获得梅花奖后的三年内，李仙花修完了导演系的本科学业，终于毕业了，然而她却还是没有离开学校，又入读了首届中国京剧青年演员研究生班，她是这个班三个地方戏演员之一。她依旧拿着笔记本去课堂里端正地坐着，依旧不断地买书，依旧不断地看戏。她坐在教室里，但心里的兴奋却是放在舞台上的，这个有魅力的方寸世界，将是她为之奋斗一生的地方。她静静地酝酿，寻找着机会，要把自己这几年所学所思展现在舞台上，这个戏是要有新意、有分量的，能体现她现在的水平。

终于，她找到了机会，这个机会也是一直关心着她的戏剧界师长帮着创造的。他们为她找了剧本。这个叫"蝴蝶梦"的剧本写的是一个很旧的题材，然而一翻开去，那平淡而幽默的诗意语言，那深邃却又平常入心的主题意旨，那悲欢失措的人物遭际，作家盛和煜的出色才能深深吸引了李仙花。她决定，要把这戏搬上汉剧舞台，用全新的艺术手法，邀请行家里手，把它尽可能地演绎好，也使古老的广东汉剧再次焕发活力。

李仙花在艺术追求与事业发展上显得很执拗，然而她也很现实，是个很能干的人，有很强的组织管理能力。为了演出成功，她在北京与广东之间奔忙着，在北京请许多专家提意见，作指导，在家乡与领导、同事商谈，筹资金组人马。有一段时间，为了资金到位，为了戏能磨得更精，她时而学校，时而剧院，累得筋疲力尽，但一有事做，立刻全身心投入。搞戏是一件累人的事，李仙花在《蝴蝶梦》剧中饰演两个角色，田氏与"扇坟"少妇。而在剧外，她扮演的角色何止两个，策划、筹资"制片"、导演之一、艺术监制、组织者，等等，甚至舞台灯光不够也得去问她怎么办。她身为青年团团长，却离团学习数年，这个团全靠院领导和团里同志撑着。想到这，她心里愧疚，所以常说，今天能取得成绩，是靠各位领导、老师和同仁的鼎力支持取得的。然而，她也一心一意为团里谋划：通过这次排演大戏，能开阔团里演职人员的眼界、思路，请来的名导演、舞美、灯光实际上对本团演职人员起了很好的教导示范作用；新置下的灯光等设备也能稍改变剧团硬件的薄弱，对剧团以后的发展大有好处……

锣鼓响了，灯光又亮了，李仙花又一次登上她梦寐以求的舞台，然而这一次的感觉是全新的，全新塑造的人物，全新意味的舞台，全新的导演手法，全新的舞美灯光。快四年了，她的创作冲动，她的思考感受将在这原属于自己的世界里展现出来。李仙花一会儿演"扇坟"少妇，妩媚俏丽；一会儿演田氏，端庄淑娴。随着剧情的发展，人物情感激烈地发展着。李仙花如此专注认真地演着，美丽曼妙地舞动着，婉转动情地唱着。台上只剩下剧中人物，吸引着观众同悲同喜。舞台下面，一个梅州本地观众轻轻地叹道："原来汉剧也能这样子，真是好有味道啊！"台上的李仙花没有听到这句话，她正陷于她创作着的角色和戏中营造的舞台意境之中，就像舞动在百花怒放的一瞬间。戏犹如梦，是那翩翩展开、展现人生华彩的梦。

戏是成功的，艰辛的努力终于又换来了成功的青睐。观众再次鼓动着如潮般汹涌的掌声，犹如四年前那个北京夜晚的喧闹与兴奋。结束的时候，李仙花卸完妆，躲在台下一个灯光暗淡的角落，看着尚未关闭的大幕，刚才喧闹着的舞台一下很静谧，她的心也变得很宁静。原来宁静是这样舒服的感觉，但它来自曾付出和还在不断付出的无数辛勤，无数个努力之后。

这时候，剧团的同志走过来说："团长，明天的演出……"是啊，还有明天，这一刻的宁静不过是暂时的休憩而已。为了明天，为了舞台再次如诗如梦般地展开，现在还不敢松懈啊。这样想着，李仙花又走上了舞台，帮着工作人员把大幕合上。

戏剧唱腔的标杆——李仙花 | 温恒泰

早在 20 世纪 90 年代初，已获得戏剧梅花奖的李仙花的名字在客家地区几乎家喻户晓。21 世纪初，二度梅花奖的荣誉使其在广东乃至全国戏剧界都有很高的知名度和影响力。我和仙花虽然是梅州客家老乡，但也只是彼此相闻而并不相识。直到 2008 年深秋的某一天，经我的同行好友江莉芳老师（仙花就读梅州戏剧学校时的声乐老师）的推荐和介绍，仙花亲自给我打电话，表达了她想跟我上声乐课的决心和诚意，尽管我内心对已当上省文联副主席的她还想上声乐课产生极大的怀疑，但出于客气和礼节，我在大学城（我时任广东外语外贸大学艺术学院院长）的工作室安排了第一次见面，彼此就一些戏剧唱腔现状等问题进行了初步的交流和探讨，并很快达成了许多共识，同时还进行了试探性的发声练习，效果竟然远远超出了彼此的预期。从那时起至今，尽管公务繁忙，但她总是要挤时间定期或不定期到我工作室或家里练唱，十三年来从未中断过，她对汉剧事业的执着追求和虚心好学的精神令人敬佩和感动，是我和戏剧界特别是年轻演员学习的榜样。我曾经开玩笑说李仙花是戏剧界的"疯子"。

回顾十三年来在我这里练唱的历程，大致可分为三个阶段：第一阶段是仙花从艺三十五周年演唱会前的几个月，我只是对其气息的改善和发声机能的张力进行了强化训练（一是时间短，来不及解决更多的问题，二是根据自己的教学经验，这样的练习不至于影响唱腔风格），效果初见成效，在广州、梅州的两场由交响乐队伴奏的独唱音乐会取得了圆满成功，我还作为演唱嘉宾参与了音乐会的演出。之后，仙花表示要继续到我工作室练唱。说心里话，我当时是有很大压力和顾虑的，因为仙花已经是功成名就的戏剧名家，其被誉为广东第一旦的唱腔已得到业界和观众的广泛认可，加上汉剧三百多年历史形成的传统唱腔风格特点已深入人心，要想在此基础上寻求更大的突破确实比较难，不如见好就收为妙，此时，戏剧界（包括她的家人）也开始有人担心我会不会让仙花用美声唱法（我是学美声唱法的教授，同时也教民族唱法的学生）去唱汉剧（其实他们对我的发声理念还不够了解），此外，我对戏剧唱腔的某些建议（略）也只是理论上的分析和设想，还尚未跟戏剧演员有实质性的合作和实践，没有看到实际的效果，他们的担心是可以理解的，连我自己也在犹豫，万一让仙花的演唱失去了汉味，俺老温岂不遭人唾骂？！但仙花的诚意和对我的发声理念的理解以及对我教学方法的适应和绝对信任打动了我，她表示愿意与我一起为汉剧唱腔的改进和提高共同探索和实践，成败与否一起担当。她说："从艺三十五周年演唱会不是自己艺术生涯的句号，而是一个新的起点"，并说她这辈子都是汉剧人。她的这份信任，给了我很大的信心。从2009年开始，我根据仙花的特点，

广东汉剧电影《蝴蝶梦》，饰演田氏

非常认真地为她制订了一套较为系统的发声训练计划，经过与仙花沟通取得共识后，开始了严格的实施，在实施过程中，我们也在不断地调整训练计划和练习手段，同时，我也在认真查阅汉剧的发展史和听有汉剧的唱腔（特别是仙花的音像资料）风格特点，总体而言，进展比较顺利。直到2012年底《金莲》在黄花岗剧院的演出获得了巨大成功，仙花的唱腔也得到了戏剧界专家学者、同行和观众的高度评价，可以说，仙花在《金莲》的唱腔方面取得了新的突破。记得《金莲》中有两段非常难的唱段，一段是只有一把琵琶作衬奏的清唱，这是潘金莲内心独白的深情唱段，音区比较高又必须轻声唱，对音准、节奏、咬字、唱功，尤其是对气息的控制要求特别高，声乐同行都深知，用弱音清唱高音是最难的发声技巧之一，稍有不慎就会出现沙声和破音，仙花担心没有乐队伴奏不好把握，我当时就用了"半声唱法"（专业术语）的技巧帮她渡过了这一关，观众觉得特别动情、特别感人。还有一段是全剧的中心唱段（歌剧叫咏叹调），有一大段高音和强音都很难，特别考验演员丹田和膛音（声乐称横膈膜和咽壁）的力量和技巧，状态不佳时特别容易出现大破音，为了更为保险，我建议仙花尝试用"鼻化音"（声乐技巧术语）引带出那段高强音（当时我让仙花暂时不要告诉任何人，因为这是我非常大胆的尝试），事后连唱腔设计家钟礼俊先生都说效果特别好。《金莲》的编剧隆学义先生看完仙花的演出后，评价仙花的唱腔说"一定有高人指点"。仙花的另外两位表演师傅——汉剧表演大师梁素珍先生和昆剧表演大师梁谷音先生都说："仙花的唱腔既突破了传统的局限和不足，又融入了现代比较科学的发声方法，同时又不失汉剧的风格，没有折损戏味。"这可视为仙花唱腔提升的第二阶段。此后的近十年，是仙花唱腔更加稳定成熟并逐步迈向自成一派的新阶段。这时再也没有人担心她的唱腔会失去汉味了，为此，我也感到特别欣慰，一种特别的成就感油然而生。当记者采访我时，我也表示，《金莲》演出当晚，我兴奋得彻夜未眠。

　　李仙花的声音清脆、甜美、透亮，很有立体感（整体共鸣）和穿透力，即使不使用扩音设备，也能将声音轻松地送到最后一排观众，曾经有到现场观摩仙花排练的同行甚至怀疑仙花排练时的唱腔是否放录音。当得知是现场真唱时，所有人都为之惊叹。过去她的高音尽管明亮稍多圆润不够，但上去不难，可上去后再下来时往往容易出现"瑕疵"（声乐称上下声区音色不够统一，这也是戏剧唱腔的普遍现象）。而她现在的发声音域已达到三个八度（从钢琴小字组的f到小字三组的f^3），其有效且常用音域也超过二个八度，气息流畅，声音上下协调统一（声乐称上中下真假声区连贯统一），既能在传统西皮、二黄等声腔中自如行腔，又能在《茉莉花》《沁园春》等汉歌作品中随心转换，而且声音有极高的辨识度，一听就知道是李仙花，这点在许多剧种的青衣花旦的唱腔都特别相似的情况下显得很难得；她演唱的持久性也特别好，每次在我家练习都接近三小时，不然总觉得不够过瘾。没有头弦伴奏，我只能用钢琴为她即兴伴奏，她照样像演出那样全身心投入，声情并茂；其悟性也超乎常人，只要给她小小提示或建议，她很快就能精准地表现出来，我也会及时给她竖起大拇指，每当这个时候，她就会像小孩一样开心得活蹦乱跳，陪她练唱的我也觉得是一种特殊的享受。怪不得她的亲朋好友跟我开玩笑说，仙花每次到我家练唱回去都显得特别兴奋。

仙花虽然尚未到法定退休年龄，可从艺快五十年了，听她唱戏，戏剧粉丝们都说感同妙龄少女，声似银铃、余音绕梁、沁人心脾。我个人也认为，仙花现在的唱腔应该是当今广东乃至全国戏剧界的标杆。也有专家和媒体评价说，继粤剧表演艺术家红线女的红派唱腔之后，广东又多了一位仙派唱腔的汉剧表演艺术家。

与仙花十几年的合作是十分愉快的，也是成功的，从她身上我也学到许多东西，让我了解了更多不同剧种的唱腔风格和特点，并逐步摸索总结出一套比较适合戏剧演员唱腔的发声训练手段和教学经验，可以自豪地说，我的声乐理论能有效运用于戏剧唱腔中，仙花既是成功的诠释者，也是成功的合作者。在这里，我也要感谢仙花！

作为分管戏剧的省文联领导，她一直致力于广东戏剧的传承与发展，并在唱腔方面率先垂范进行了长时间的探索和实践，当取得经验时，及时与其他院团的同行分享。从2013年起，经仙花的推荐和介绍，我多次应邀到广东汉剧院、广东潮剧院、梅州市山歌剧团、紫金花朝剧团等演出团体为一百多位戏剧演员作过唱腔培训，取得了良好的效果。实践证明，合理运用现代科学发声方法对任何一个剧种的唱腔（包括一切与声音有关的从业人员及相关活动）都是有帮助的。在此，我也愿意与戏剧界和从事与声音有关的朋友们一起分享这份成功的经验。

温恒泰
著名男中音歌唱家、声乐教育家、教授、硕士生导师
中国音乐家协会会员，中国硬笔书法协会会员
原广东外语外贸大学艺术学院院长

（三）突破·创新

很多专家学者惊奇于广东汉剧强韧的生命力，惊奇于在粤东北的梅州山区隐藏着一个有着60多年历史的政府全额拨款的广东汉剧院，惊奇于梅州和汉剧孕育出的这样一朵奇葩"仙花"。尽管"梅开二度"，她依旧谦逊、淳朴，北京求学八年让她有机会站上巨人的肩膀，以全国乃至全球视野审视广东汉剧，让她有了大刀阔斧、敢啃硬骨头的信心和胆识。她对广东汉剧进行了大胆的艺术形式上的创新和思想内涵上的深掘，让广东汉剧在世纪之交以一种崭新的姿态呈现在全国戏曲舞台，她也因此形成了自己独有的艺术风格，成为继黄桂珠、梁素珍之后当之无愧的广东汉剧第三代掌门人，成为当今全国汉剧的一面旗帜。

广东汉剧《蝴蝶梦》《白门柳》《金莲》被称为李仙花的"女性三部曲"，是李仙花策划创排并领衔主演的新编大型广东汉剧，目前已成为广东汉剧院的经典常演剧目。早在2000年，有媒体就说"这两部戏（《蝴蝶梦》《白门柳》）在内容和表现形式上都颇有追求，显示出相当的文化品位。两部戏都对女性命运表示出深切的关注和思考，颇有点'女性戏剧'的味道。这自然与李仙花多年来努力提高文化艺术修养，锐意求新的精神分不开。"在后来的《金莲》中，李仙花延续了这种思考和品位，甚至走得更远。

一部注重人物深度刻画的好戏
——试析广东汉剧《白门悲柳》的人物塑造

蔡 健

刘斯奋的名著《白门柳》三卷凡一百三十万字，以复社士人的活动为主线，描绘了明末清初之际风云激荡、惊心动魄的社会生活。要把这部人物众多、情节纷繁的巨制搬上时空有限的舞台，对谁都是胆魄与功力的考验。广东汉剧院新近推出的《白门悲柳》一剧，就是剧作家张维、徐青的力作。这部戏从《白门柳》中抽取复社领袖钱谦益与秦淮名妓柳如是的情事，精心雕琢成戏，既毕肖原著的神韵，又具有自身艺术生命，在第八届广东艺术节上献演，全场爆满，赢得了观众的赞叹。

这部剧的成功主要体现在艺术形象的塑造上。写戏之难不在于叙事，不在于说理，而在于写人，要在短短的两小时的舞台时空里让一个个人物形象"活"起来，使观众如见其人、知其隐幽，确乎其难。《白门柳》剧在人物形象塑造上苦心经营，务求深刻完美，无论情节结构、场次安排，还是对白唱腔乃至舞美场景都以是否有利于揭示人物的个性来取舍和设计，尤其难得的是，剧作家把展现人物性格的过程，当作人物体验自身人格精神自觉的过程来描写，随着剧情的展开，借着紧凑的一个个戏剧矛盾来叩问剧中人的心灵，让他们随着尖锐的戏剧矛盾，一层层剥开自我，从心灵深处来作出选择和应对，直至最后在观众面前敞露了精神原质上的真实，实现了剧作家对人性、人格的成功表现。

且看柳如是，早年坠入风尘的她，既饱经辛酸，又富有才情，渴望过上人格平等的阳光生活。她先是仰慕钱谦益东林魁首、士人楷模的风采，于是与他相爱脱籍从良，这是她迈向理想成功的第一步，但在钱府她遭到了朱姨太的故意为难，不得不为地位而争斗，赢得了不是夫人胜似夫人的地位之后，她如同一般封建时代的妇女一样，盼的便是夫君有所作为，博得个夫贵妻荣，她为夫家经商做贸易，为丈夫出谋划策担当责任，既慷慨资助黄太冲举事抗清，又跑田太监的路子，使钱谦益在明王朝崩溃、入阁为相的向往破灭后，还能在南明小王朝里谋得个礼

在广东汉剧《白门柳》中饰柳如是

部尚书的职位。兵部尚书阮大铖对钱谦益旧怨难消时有责难,她又出面斡旋智斗阮胡子。这一切虽然辛劳,但她做得无怨无悔,充满憧憬欢乐。当清军兵临城下,钱谦益与清军沟通投诚,准备与南明未逃官员一起投降的时候,柳如是这才痛觉内心的向往期望尽自破碎了。要爱情要地位要夫贵妻荣,这都是她的内心真实,但她要的并不仅是这些。在她内心最深处,此刻最强烈的追求就是要保住生为明朝人的国格和气节。作为一个封建时代的女子,她已经经受了丧失个人贞节名声的哀痛,再不能丧失家国民族的大节了。保住大节,才有精神上的一角清白和骄傲,这是她在国难当头时所感到的最后的人格支柱。她希望钱谦益能与她一起殉国,遭到拒绝;要钱谦益出走,依然受拒。她终于悲愤地喊出:"你不殉国,也不想像阮大铖他们那样出逃,你莫不是想降?!"直逼钱谦益的隐衷,使钱谦益心虚胆怯,挥起了老拳。柳如是投湖未果,梦想与钱谦益同赴刑场祭别义士也没法实现。于是她一声悲恸,至此人未死心已灭。在特定的历史背景中,她的现实追求一步步走向幻灭,而她的精神人格却逐步得到了自我完善和提升。一部戏就这样写尽了柳如是精神层面的里里外外和心路历程的血泪斑斑。于是一个秉着痴心孜孜追求,又挟着千古悲愤彻底幻灭的悲剧女子形象,站立于观众的心头再难拂去。

在广东汉剧《白门柳》的姊妹篇《章台青柳》中饰柳如是, 曾洁乐饰演红晴

钱谦益在历史上是个复杂丰富的人物，在该剧的表现中也是立体多面的。他是个才华横溢、具有忠君思想和匡时救世愿望的人，但他在现实冲突面前首尾两端、患得患失，最后在客观上走向了自己的反面。他在剧中的人格展现恰与柳如是形成对照，随着戏剧矛盾的延伸逐步袒露出内心的摇摆与虚无。他初出场与柳如是重逢之时，是胸襟开阔且怜香惜玉的文坛清流领袖形象。娶了柳如是之后，他默许精于世故的柳如是为他经商、为他跑官，顺水推舟地让柳如是为他承担开脱阮大铖的名声，这些都是有损清流品质的。及至清兵逼近南京，他投降变节，接受了清朝的官职，却还容不得柳如是直言事实，直让柳如是伤心失望。而此时的钱谦益内心也是一派惊涛骇浪，一方面，他以降清是为了避免清军屠城，是不得已而为之的理由来为自己的灵魂作辩；另一方面，他也为自己已玷污了节操的事实而感到惶惑，于是在柳如是的逼问下不免窘态百出，使柳如是更为失望。经历了一场历史剧变，一对相亲相爱的人到头来才惊觉原来彼此是如此的陌生。心灵的疏离远比形迹的疏离更为骇人，两个旷世孤独又各有苦衷的灵魂于是在戏剧中凸显出来，令观者不禁一掬同情之泪。假若不是现实的拷问如此无情，假若不是心灵的分野泾渭分明，他俩也许至今都是令人称羡的一对啊，剧作家解剖刀般冷峻的笔触，紧循着生活严酷的辩证法，如庖丁解牛般地把人性的复杂深邃揭示得令人惊心动魄。

"文学即人学"，写好人物形象，写出人性的丰富复杂与深邃，塑造出感人至深、令人难忘的艺术形象，这才是小说与戏剧的本义。《白门悲柳》一剧的剧作家传承发扬原著的历史唯物主义视角和辩证态度，精心运用戏剧手段，深入刻画和塑造出了堪以匹敌人物原型历史声名的艺术形象，是该剧最突出的成就。

剧中对其他人物的刻画也很精到。譬如，阮大铖一角只短短地出场两次，却既体现了他在官场斗争中唯利是图、睚眦必报的奸雄气质，又体现了他酷爱艺事，能为一字之师忘情折服的雅量，足堪品味。写田太监虽也是着墨不多，而得其骄庸的神韵。

一部好戏需要有出色的演员来演绎。汉剧《白门悲柳》中的柳如是一角由广东汉剧名旦李仙花饰演。她深入体验角色心理轨迹，很好地把握了才貌俱佳的柳如是多情、机智、敏锐、执着等多个个性的侧面，使主人公的精神气质、音容形貌都得到了出神入化的表现。钱谦益的扮演者对主人公充满矛盾的心理和个性也演绎得很传神。其他如阮大铖、黄太冲、田太监等的扮演者也都很有功力，与李仙花的表演起到了相得益彰的效果。

原载《广东艺术》2003 年第 2 期

灵动和谐的美 | 于耳和

在广东汉剧《白门柳》中饰演柳如是，张广武饰钱谦益

广东汉剧院继《蝴蝶梦》之后，最近又创演了一台根据刘斯奋长篇小说《白门柳》改编的大型历史剧《白门悲柳》（编剧：张维、徐青；导演：天博、李仙花）。该剧导演的二度创作、表演、舞美等各方面都有新的立意。

一是表演活络。首先，她不受传统戏套路束缚，只用传统表演的技巧，借以揭示人物。比如第一场柳如是出场，在"选花魁"的热烈气氛音乐声中出现，而不是按传统戏规矩，主角出场，先到九龙口，再斜上到台口亮相、念白等套路，使观众感到既新颖又自然，既合情又合理。其次，导演巧妙地利用舞台的中、后表演区域，使整个舞台活动起来，层次分明，动静有序。最后，导演巧妙地把传统技巧合理地运用在各种人物身上。如钱谦益第二场的甩须和第六场的抛须，柳如是第二场的抖袖、打袖和第六场的背袖、翻袖，癫疯人的矮步、倒扑虎等设计，做到了以情带行，行情统一。

二是舞美灵动。《白门柳》剧主要揭示柳如是的人生、理想与追求，所以整场戏以柳条为主要

在广东汉剧《章台青柳》中饰柳如是，万瑜饰钱谦益

画面构图，来确立舞台的调度。根据各场戏的情节、环境和气氛的不同，将柳条升高、降半和全落。如第四场，导演处理中间柳条放到离地三米高，前柳条离地一米高，其余放下，有意识地把整个舞台空间缩小了，表演区也就缩小了，这样正符合该场的情节和环境。再就是导演采用柳条的升降代替了老戏中的二道幕和三道幕的作用，使观众的视觉不会被打断，且换场设景快速转变，又使观众在景物变化中得到艺术享受。

三是道典巧用。《白门柳》剧表现的是明末清初改朝换代的动荡年代。一般来说，很多传统戏都用刀光剑影、厮杀搏斗来展现这样的年代。但《白门柳》剧的处理却是别开生面的。它用四面清兵的战旗来表现清兵攻城略地。如序幕时出现战旗是在舞台的最后面，由四个清兵舞旗而上，这样，既增加了舞台的色彩，又增强了剧情气氛。又如第三场，四个清兵再次舞旗而上，寓意清兵已攻破明朝的某城池。最后一场"尾声"清兵的出现，是柳如是梦幻中的一场戏，清兵一手拿旗一手拿刀，舞动而出，加剧了激烈的气氛，但令人佩服的是整个舞台的色彩还是统一的，和谐的。

原载《广东艺术》2002年第6期

百尺竿头跨世纪
——记中国戏剧梅花奖得主李仙花

蓝 空

在广东汉剧《白门柳》中饰柳如是

李仙花,十岁考入梅州戏剧学校,1978年以优秀成绩毕业分配到广东汉剧院一团工作,并拜著名广东汉剧表演艺术家梁素珍为师。李仙花曾在未排练走场的情况下,临时救场,上台演出《血掌印》剧中的女主角董金爱获得成功,被老演员惊讶地称叹为"戏老虎"——不愧属虎的。

李仙花从艺应工花旦,兼修青衣、武旦,舞台实践的最初十年先后饰演过大小角色二十多个,从热情奔放的华侨姑娘丽莎(曾获梅州地区表演一等奖),到天真多情的闺阁千金陈彩凤,以及幼稚善良又放荡不羁、具有双重性格的烟花女子妞妞(获广东省第二届艺术节主角表演一等奖),塑造了一个个栩栩如生的为观众喜爱的人物形象。伴随着艺术创造的成功,鲜花一束束向她递来,掌声在她耳畔一阵阵响起。在荣誉面前,李仙花感到压力越来越重。每当她平心静气细细思索,在艺术的潮海沙滩上想捡起一两枚属于自己精心创作、感到闪光满意的贝壳时,她渐渐意识到自己苦心追求的理想贝壳并不多。严格来说,形成自己的表演风格、属于自己的独特东西还较少，尤其在文化知识和艺术修养方面还存在不足。李仙花凭栏远眺，始知山外有山，天外有天，学无止境，艺无止境。于是她渴望在艺术理论上得到提高，在知识储存的容量上得到补充，心底激发起了上京求学的强烈愿望。

1991年夏，李仙花考入梦寐以求的中国戏曲学院。来到京华求学，她眼前呈现出一片崭新的天地。李仙花最初在表演、导演系进修，丰富的世界戏剧和博大精深的中国戏曲，特别是国粹京、昆艺术，使这个来自粤东山区的客家妹茅塞顿开。进修一年多，她便在首都举办个人的广东汉剧表演专场，并摘取了第十一届中国戏剧梅花奖桂冠，成为南粤巾帼夺梅第一人。在北京进修几年，参加南戏《张协状元》国际学术演出，使李仙花对戏曲表演的热爱眷恋之情更加深挚。1993年，她继续在戏曲学院导演系本科班深造，读完大学本科课程，从广东汉剧纵向继承到京华苦修横向借鉴，从实践到理论再到实践，李仙花虽然觉得自己的艺术修养和积累有了质的飞跃，但一种超越自我、挑战自我的强烈愿望也随之而来，她决心在攀登艺术高峰的崎岖小路上继续奋进。1996年，她进入中国首届京剧优秀青年演员研究生班深造。

连续数年的高等学府深造之后，李仙花开始酝酿创作新戏。也许是追求表演艺术的高度自由，李仙花选择了剧作家盛和煜新编的大型古代戏《蝴蝶梦》（以下简称《蝴》剧）。这是一出有争议的戏，是块既新鲜又难啃的硬骨头。唯其难度大不易啃，咀嚼起来才有味。《蝴》剧源出我国古典小说《警世通言》"庄子休鼓盆成大道"一回，小说在传统戏曲舞台上几经编撰，曾翻成《庄子扇坟》《大劈棺》等折，全国各大剧种皆有搬演。因种种历史原因，旧戏曾长期匿迹。李仙花读了《蝴》剧本，做了一番认真的分析思考：旧戏在当时特定的历史条件下，有不尽如人意的地方，重新投排这个戏，需要找到古代人物更合理、更准确的内心行动线，还女主人公一个有血有肉有灵有性的平凡妇女的心态，以适合现代观众多层面多方位的审美情趣要求。

《蝴》剧在广东汉剧院投排后，在第五届中国戏剧节上成功上演。李仙花饰演剧中两个性格截然不同的人物（"扇坟"少妇和女主角田氏），获优秀表演（主角）奖。但李仙花感到还不满足，萌生了"京汉两下锅"同台合演《蝴》剧，向更高层次的表演水准冲刺的念头。京剧和汉剧是两个不同剧种，同属皮黄腔系，有着亲密的源流关系。李仙花和国家一级演员、著名京剧叶派小生李宏图联袂，李宏图演庄周、楚王孙，唱京剧老生、小生；李仙花演"扇坟"少妇和田氏，演汉剧花旦、青衣。在广东汉剧院、中国戏曲学院、北京京剧院的鼎力支持下，《蝴》剧于1998年冬在短时间内付诸实施排练，12月在广州友谊剧院参加了"中国戏剧精选——'98

友谊系列展演",引起了戏剧界的热烈反响。北京的有关领导、专家肯定了"京汉两下锅"这种演出形式,一致认为整个演出的表演水平又有新的提升。

1999年春,李仙花结束了在中国戏曲学院八年的寒窗生活,又回到了广东汉剧院。这时的她,已是一个成熟的融文化知识和技艺于一身的跨世纪戏曲明星,但她并没有放慢在艺术创作上的步伐。

1999年,李仙花倾力推出新编大型汉剧古代戏《柳如是》(以下简称《柳》剧)。她全身心地投入塑造柳如是这样一个柔情侠骨、义重心高、充满爱国热忱的风尘女子形象。如果说李仙花在《蝴》剧中饰演的"扇坟"少妇和田氏不失广东汉剧大家闺秀的风范,那么在《柳》剧中李仙花则一反以往戏路,尤其反串小生饰演柳如是女扮男装拜访一代鸿儒钱谦益这段戏,使熟悉李仙花的观众再开眼界,耳目一新。

李仙花于2000年元月中旬在北京长安大戏院再度亮相,参加"迎接新世纪中国首届京剧优秀青年演员研究生班学习汇报演出",主演新戏《柳》剧,并再次和李宏图京、汉同台合演《蝴》剧。两位研究生南北联袂,京、汉合璧同台献艺,为京华戏剧界所瞩目。首都文化界的有关领导和专家学者对李仙花的表演予以肯定。李仙花上京读书先后携四台戏演出,其艺术品位一次比一次高,此次研究生毕业汇报演出更是令人刮目相看,使首都文艺界对地处粤东山区的广东汉剧乃至广东戏剧界有了进一步的认识和了解。专家学者不仅赞赏李仙花扮相很有魅力,唱腔优美动人,表演传神传情,演技日臻纯熟,还钦佩她的勤苦精神及责任感和使命感。李仙花汇报演出的两台戏,得到各级领导的关怀和社会各界的支持。她自己从剧本的酝酿选择,到总体艺术的参与策划、导演、监督乃至巨额资金经费的筹措运作,都默默地付出了心血,从中可以看出她超群的艺术才华和组织活动能力,诚如中国文联党组书记高占祥同志为李仙花新千年晋京演出的题词所称赞的那样,"百尺竿头跨世纪,星光璀璨越千年"。

原载《中国戏剧》2000年第11期

勇攀艺术高峰
——记汉剧表演艺术家李仙花

钟洁华　黄小贝　钟雪玲

李仙花十岁考入艺校，从此开始了她的汉剧人生。

从艺多年来，李仙花先后领衔主演和主演了三十多出剧目。代表剧目有《蝴蝶梦》《白门柳》《花灯案》《包公与妞妞》《张协状元》《百里奚认妻》《改容战父》《阴阳河》《贵妃醉酒》等。她努力汲取汉剧传统表演艺术精华，又创造性地借鉴其他剧种的表现手法，融会贯通，精心演绎，形成了别具一格的表演艺术特色，为汉剧艺术增添了新的活力和风采。

从艺三十五周年汉剧交响音乐会，指挥丁家琳

在三十五年的舞台艺术实践中，她实现了多项突破。一是行当上的突破。《蝴蝶梦》中同时饰演剧中的"扇坟"少妇和庄周之妻田氏，两个性格迥异的角色，充分展示了她的艺术功力和潜质。二是表演程式的突破。她塑造的艺术形象和人物性格的内心活动极其贴切，使内心体验与戏曲程式表现融为一体。三是演唱技巧的突破。在戏曲原有的行声运腔上，她吸收了美声唱法、民族唱法的技巧，取其可取之处融合到戏曲声腔中，使音色更圆润饱满，高时似黄鹂入云，通透嘹亮，低时如平湖秋泓，稳健自如。同时她依托自己的好嗓子，根据剧种人物感情需要，在演唱中强弱结合，高低自如，以声传情，以情带声，赋予人物崭新的人文精神和行当魅力，对汉剧的发展作出了卓越的贡献。

李仙花付出的心血与汗水终于得到观众和专家的认可，成为广东首位两次摘取中国戏剧梅花奖殊荣的表演艺术家。

音乐和唱腔是每一个剧种的灵魂，要改革要创新就必须从音乐唱腔入手。把交响乐引入广东汉剧的想法在李仙花的心中孕育而生。2002年，广东汉剧新编大型历史剧目《白门柳》在第八届广东艺术节取得了较大成功。但是，追求完美的李仙花力邀著名指挥家丁家琳与珠影乐团加盟，对该剧的音乐进行精雕细琢，重写和声配器，把该剧带进了全新的境界。该剧在2005年浙江省宁波市举办的第九届中国戏剧节上大放异彩，赢得了专家、评委、同行和观众们的一致好评。

交响乐的融入使广东汉剧的音乐更加丰富多彩，更加悦耳动听，充满古韵的广东汉剧音乐展现出从未有过的艺术张力。为更好地弘扬中华民族优秀传统文化，繁荣戏曲舞台演出，振兴广东汉剧艺术，推动广东汉剧事业的发展，李仙花有了更大胆的决定，筹备一场汉剧交响乐演唱会。

目标明确以后，她奔走于北京、广州等地，聘请名师进行声乐训练，并从浩如烟海的汉剧曲库里筛选出传统和新编、古装和现代、高雅和通俗、青衣加花旦等十几首经典的唱段，其中包括传统戏《宇宙锋》选段"事到此我只得随机应变"，新编历史剧《白门柳》选段"前呼后拥出兰房""碧幽幽一池荷花水"，新编现代戏《尘埃落定》选段"舍不得你"，《蝴蝶梦》选段"快步匆匆往前走""数载夫妻君了然"，原创通俗戏歌《梅花香自苦寒来》《茉莉花》等。

经过几年的精心筹备，以交响乐为伴奏的汉剧专场演唱会终于筹办成功。演唱会以李仙花三十五年从艺经历为明线，以梅花香自苦寒来为暗线，将李仙花"艺术人生"中几个重要阶段以及其独特的个人艺术风格浓墨重彩地展示出来。2008年12月11日，演唱会在广州友谊剧院举行了首场演出，社会反响良好。

原载《梅州日报》2008年12月17日

柳如是：广东汉剧旦行表演的又一挑战与收获

颜全毅

广东汉剧《白门柳》取材于曾获茅盾文学奖的长篇小说《白门柳》，作家刘斯奋以出色的艺术创造力，仅仅用三年的叙事时间，生动精彩地表现出明清易代巨大时代洪流中文人的选择和情感，以及时代巨变中形形色色的人物形象。显然，以戏曲的篇幅，并不擅长吞吐下长篇巨幅的整片河山，"一人一事"是戏曲叙事的不二法则，"无奇不传"则是戏曲题材选择的指向所归。广东汉剧《白门柳》的改编，正是聚焦于小说中一个志向不逊伟男子、行为惊天动地的奇女子柳如是，以柳如是的传奇故事为经纬，正得戏曲创作之奥义；同时，戏曲创作讲究为演员写戏，《白门柳》也正是为李仙花量身定做的剧目。经典小说提供厚实文学基础，"一人一事"的传奇提供引人入胜看点，量身定做则为剧目的演出与流传提供了可能性，这也是《白门柳》在广东汉剧舞台上不断演出乃至搬上大银幕的原因。《白门柳》的舞台剧和电影演出版本，是对柳如是这一女子形象的出色塑造，也是主演李仙花对于新时代广东汉剧发展的思考和探寻。

作为新时期广东汉剧旦行最具知名度的演员，李仙花一直努力丰富着旦行的表现力，适应着现代审美。早先的广东汉剧带有相当的民间色彩和草根气息，在生（小生）、旦、丑、公、婆、净六大行当中，都较为擅长表现民间情感，即使如《百里奚认妻》这样的冠带戏，也带有鲜明的民间色彩。李仙花所处的时代，戏曲不断向城市化剧场发展，观众大量从早年目不识丁的乡村百姓转变为现代读书阶层，汉剧传统固然应大力传承，但也需要有一些适应现代观众、具备较高美学品相的作品来丰富汉剧的表现力。李仙花20世纪90年代初北上求学，宽阔的视野使她有着良好的文化自觉，她不是排演新剧很多的演员，但每排一剧，都锲而不舍、反复打磨，1997年首演的《蝴蝶梦》以及后来的《白门柳》，都是空灵精巧、意味深长的文人戏，优美蕴藉的台词、令人深思的剧情内涵，使汉剧在质朴热闹的传统戏之外，别有新的文学品位和审美品格。当然，对于演员而言，文人戏更难演，更需要有表演的沉淀和心理的张力，这种挑

在广东汉剧电影《白门柳》中饰演柳如是

战构成了李仙花这二十多年的主要艺术成就。

《蝴蝶梦》固然是文人戏，庄周试妻也试探了彼此的内心，至少田氏是单纯而决绝之人，在内心因试探而支离破碎之时，田氏义无反顾选择了出走；相比田氏，《白门柳》中的柳如是却是一个聪颖而复杂的奇女子，她的事迹举止数百年来在民间与文人笔记里传唱不衰，一代学术大师陈寅恪晚年甚至撰就八十万余字的《柳如是别传》。在众多传奇萦绕的明末清初"秦淮八艳"中，柳如是是最富传奇性，也最具智慧和气节的一个女子，对于汉剧演员李仙花而言，塑造柳如是显然难度远胜田氏。

我们看到，在汉剧电影《白门柳》中，李仙花演出了一个侠气潇洒而又痴情执着的明末女子形象，这是在戏曲舞台上也较为少见的人物形象。

柳如是区别于一般女子，是其特殊的"女丈夫"气。笔记和小说中的柳如是出身卑贱，陷身风尘，却有着关心国事和民瘼的热切心肠、恨不能仗剑天涯的英雄气概，其别称来由为读辛弃疾词句："我见青山多妩媚，料青山见我应如是"，何等潇洒豪迈。其与名士多往来，张溥、陈子龙、李存我均有铮铮风骨，柳如是常与他们纵论天下兴亡。柳如是名言："中原鼎沸，正需大英雄出而戡乱御侮，应如谢东山运筹却敌，不可如陶靖节亮节高风。如我身为男子，必当救亡图存，以身报国！"让人感受到其峥嵘气概。正因为有这样的丈夫情怀，才有后来柳如是乔装男子、结识钱谦益乃至委身下嫁为如夫人的"壮举"。作为东林领袖，年过半百的钱谦益吸引柳如是的正是其饱读诗书、眼观时局的睿智渊博，她的主动下嫁，也是对国运国事的一种特殊介入。身为女儿，柳如是以嫁给钱谦益的方式，介入到明末清初政治斗争的前线。

在汉剧电影《白门柳》中，李仙花突出了柳如是"女丈夫"的人格形象，并借助戏曲表演手段，塑造人物的豪气潇洒。剧中两次女扮男装，第一次是柳如是在观众面前的首次亮相，俊美男儿一曲《牡丹亭》惊艳四座，引起钱谦益的注意，也引起屏幕前观众的好奇，随后，柳如是回归本色，一层层卸下男装，以绝世佳人形象出现，正是戏剧中的"狮子滚绣球"手法，一点点吸引着观众的兴趣，勾勒出柳如是不同于寻常女子的个性。第二次女扮男装则是戏剧冲突尖锐之处，阮大铖滥用权势、打击复社文人，为救弟子，钱谦益不得不请来阮大铖说情，却因清高而不擅谋略碰了钉子，眼看二人不欢而散，这时柳如是再次男装出场，力挽狂澜，面对阮大铖的调侃，柳如是铿锵回答："今日就没有什么嫂夫人，只有学生柳如是，圆海乃一代才人，我怎能错过当面领教的机缘呢？今日就称兄道弟，以文会友。"在"以文会友"的智慧较量中，豪爽而又聪颖过人的柳如是逐渐说服了狡猾霸道的阮大铖，显示了柳如是过人的胆识和才华。

这样的"女丈夫"形象，是以往广东汉剧表演中少有的，李仙花作为旦行演员，充分调动起丰沛的演出经验和表现手段，利用折扇、表情、步态各方面的手段，表现此时的柳如是既有书生慨然形状，又无须掩饰女儿身的自然情态，这个女扮男装与一般戏曲剧目的类似关目表演都大为不同，演出了自己的独到性。

李仙花塑造的柳如是形象，给人印象最深的是"豪气""深情"和"烈性"三个特点。柳如是出身烟花，见惯了世面，周旋于众须眉之间毫无怯色，但与一般烟花女子的人前卖笑、扭捏作态不同，柳如是身上掩盖不住的是豪爽气概，她有爱国情怀而绝不掩饰，与众士子谈论家国大事宛如己事，这是古代女子中少有的豪侠之气，在电影《白门柳》中有清晰的显现。正因为有这种豪气，柳如是才能在阮大铖受辱时为其解围，又在复社弟子被阮大铖陷害时挺身而出，智斗智胜，被阮大铖称为"一字之师"。剧本给予柳如是这个人物丰富的豪气特性，经过李仙花的揣摩，表现得颇为到位。同时，剧中的柳如是是深情的，一方面对家国之爱，对复社士子都有着淳朴的情义，复社黄书生在国破后挺身抗清，柳如是不顾自身安危、毁家纾难，在大是大非面前，柳如是有着许多须眉都难以企及的决绝；另一方面，剧中柳如是对于钱谦益又是情深义重的，绝不是贪图其声名而草草委身。影片中有几个细节描摹了这种深情，例如新婚燕尔之时二人的缠绵恩爱，特别是在钱谦益面对两难时柳如是挺身承担，都表现得生动细致。当然，柳如是为众多文艺作品屡屡表现，还在其身上光芒四射的"烈性"，面对明亡清兴这一历史变局，众多士子文人艰难选择，柳如是崇拜并痴情的钱谦益，一不学阮大铖挟金逃跑，二不学史可法聚众抗清，却以继续钻研学问的借口献城投降。广东汉剧电影《白门柳》结局浓墨重彩揭示了柳如是在梦想与情感双双粉碎后的烈性选择，这是全剧最为动人的地方，李仙花也充分展示了她声情并茂、驾轻就熟的演唱手法与表现能力，使剧目走向了悲剧性的高潮。

时而男装潇洒，时而佳人俏丽，时而豪气俊逸，时而情深义重，敢爱敢恨、悲喜交加，柳如是这个复杂人物给了李仙花探求广东汉剧旦行表演极大的空间，李仙花也赋予柳如是这个人物清晰而丰富的面目形象。祝愿汉剧电影《白门柳》越走越远，取得佳绩。

原载《中国艺术报》2019年12月18日

从"恶"的嬗变到灵魂的自赎
——新编广东汉剧《金莲》赏析

张利珍

新编广东汉剧《金莲》是广东汉剧院继大型客家题材戏《黄遵宪》之后的又一力作，是广东汉剧院携手著名编剧隆学义、导演王向明、舞台美术家薛殿杰、昆剧大师梁谷音、音乐唱腔设计家钟礼俊等众多名家联合打造，并由广东省非物质文化遗产广东汉剧的传承人，"梅开二度"的广东汉剧表演艺术家李仙花领衔主演。

该剧取材于中国古典小说《金瓶梅》（世称"奇书"）。从《金瓶梅》到《水浒传》，潘金莲一直是中国文人的情结，千百年来潘金莲一直是个备受人们争议的人物，更多的时候她是以荡妇的形象出现在人们的印象中。在新编广东汉剧《金莲》中，金莲的形象不断被挖掘、变化、丰富，大大突破了传统意义上的妇女解放、个性解放、人性解放，完完全全塑造了一个与以往不一样的潘金莲，是一个从"恶"的嬗变到灵魂自赎式的潘金莲，赋予潘金莲一种现代品格。该剧于2011年11月17日参加广东省第十一届艺术节分别获得了优秀剧目特别奖，优秀舞美奖、编剧奖、导演奖与音乐唱腔设计奖（梅花奖获得者不参评）。该剧对传统广东汉剧从形式到内容都有新的探索，在选材和立意开掘的视角上都体现出求新的高度。

一、广东汉剧《金莲》的剧本创作

1. 广东汉剧《金莲》剧情梗概

潘金莲自幼喜爱金银珠玉，平日积攒残金碎玉私下打造了一双金莲鞋，珍藏于檀香盒内。原想用此堂堂正正、体面嫁个好丈夫。不料却受到命运的捉弄，金莲九岁死了父亲，十三岁，母病被卖到王宣昭府学习弹唱，后又被卖到清和县的张大户家，由于纷争，又被张大户以卖的名义送给武大郎。金莲就这样被买来卖去，转来送去，后因西门庆诱逼她，毒害武大郎而获罪，沦为西门庆第五妾。这双金莲鞋始终伴随金莲，成了在西门府中与瓶儿、春梅，争春斗艳、献媚求宠的世间玩物；也是金莲获罪沦落、赎罪自救、罚罪毁灭的命运见证。面对复仇英雄武松，完全绝望的金莲饮刀而亡，带着她那双金莲鞋到阴间去完成人间情梦和灵魂的自我拯救。

2. 广东汉剧脚本《金莲》的语言风格

新编广东汉剧《金莲》取材于中国古典小说《金瓶梅》，再现了兰陵笑笑生笔下金（潘金莲）、瓶（李瓶儿）、梅（春梅）为了可以让自己能更好地生活在当时男权社会中而对西门庆等人故作献媚的不幸人生，特别是潘金莲的悲惨命运，把女人在男权面前卑微的地位展现得淋漓尽致，强烈抨击了封建社会对女性的灵魂和肉体的摧残。隆学义改编的广东汉剧脚本在语言上采用广东汉剧曲词声韵和结构进行创作，唱词基本为七字句、十字句的上下句体。七字句如"早知女人千般苦，愿变鱼虫花草木"，十字句如"好丈夫柔情蜜意会呵护，好丈夫宽仁厚爱心佩服"，七字句和十字句的混合使用如"暗暗争春暗争抢，谁知道谁是羊羔谁是狼"，五字句和七字句的混合句式如"盈盈金莲步，红风绿雨飘奇书"，还有叠句、长句、念唱等各种变革形式。这些如诗如画的语言简约唯美，充满古典戏曲意蕴，充分地体现出中国古典名著无与伦比

广东汉剧《金莲》剧照

的魅力和改编剧本《金莲》那难以抑制的艺术张力。

作为广东汉剧脚本的《金莲》不仅承袭了小说的哀愁、幽怨的情绪和语言的美感，也将原著中隐藏在情绪之中的情节冲突运用到广东汉剧中，使整部作品在情绪的感染下，戏剧性更为突出，全剧结构紧凑，高潮迭起。

3. 广东汉剧《金莲》剧本的内在意蕴

新编广东汉剧《金莲》，通过西门庆豪府（象征封建男权、夫权、政权）盛衰的表象，以金（潘金莲）、瓶（李瓶儿）、梅（春梅）荣枯的寓意，浓缩几千年来，中国女性之灵肉饱受封建荼毒，以致反抗，以致挣扎，以致自害，以致相残，以致恐惧，以致煎熬，以致沉沦，以致毁灭的炼狱历程，从中沉淀出她们最纯粹、最本质、最真实的人性——做一个寻常女人家。

由于该剧脚本对原著所作的部分改动，使得该剧中人物形象与小说中表达的不同，戏重在表现潘金莲被扭曲之后的重新崛起，即潘金莲对西门府的重新认识，而且认识到被欺凌的人为了活下去还会去欺凌别人，最后在鬼域中丢掉自己的生命去拯救自己的灵魂，实现了自我救赎的心路历程。

本剧无意为谁翻案，只是力图以历史的烛照，以现代的视角，尊重原著那无与伦比、非同凡响的奢华，并在此基石上摒弃其趣味低俗的淫秽描写和以毒攻毒、以失制失、以封建反封建的时代误区与主观盲点，通过人性中"恶"的嬗变，无情地鞭挞其根源，从而净化人的灵魂，呼唤人性善良的回归。

二、广东汉剧《金莲》的音乐创作

1. 戏曲结合下的音乐结构

本剧着眼于戏曲假定性原则，时空高度自由，以线性时空序列为主体，辅助以多层空间交叉运行，为塑造潘金莲的立体形象创造广阔的舞台时空，而潘金莲心理发展和命运走向作为一条红线贯穿始终，构成叙事的有序性而非随意性。

新编广东汉剧《金莲》按出场顺序分为序曲，第一场：争宠；第二场：戏叔三杯酒（接风、庆功、命运酒）；第三场：拜观音；第四场：杀嫂。共五个场景。

序曲：开场由洞箫和古筝吹奏出哀愁、幽怨而又古朴、典雅风格的主题音乐，似在述说"早知女人千般苦，愿变鱼虫花草木；早知女人千般辱，愿变壮志大丈夫"的潘金莲的心声。然后在

广东汉剧《金莲》剧照

几句流畅而通俗，具有古典广东汉剧之美的红净唱腔的合唱声中结束。

第一场：争宠。第一场共分两个空间。第一空间：西门府，寻芳门前；通过金、瓶、梅、吴月娘（西门庆夫人）在寻芳门前的对白与唱段，把西门府斗芳争宠、奢华腐化渲染得淋漓尽致。第二空间：武松回乡路上。一段富有特色的高亢凄厉的老生唱腔凸显武松身段矫健，提刀疾行的英雄人物形象。接下来又回到第一空间寻芳门前，惊恐的金莲为了保命赎罪，引出檀香盒，从金莲那苍凉悲愤中夹杂着惊恐的唱段中，预示着潘金莲悲惨命运将来临，最后在副旋律（琵琶独奏）音乐声中结束。

第二场：戏叔三杯酒（接风、庆功、命运酒）。第二场共分两个空间。第一空间：西门府临溪馆内外；开场由箫再次吹出简短的主题音乐引出第一空间，在哀怨、凄凉的琵琶独奏声中和金莲临溪馆内的一段吟唱，道出了金莲在西门府受尽西门庆的万般摧残和檀香盒一去杳无音信。第二空间：潘金莲家门外。在金莲一曲无限伤感的《算是遇上你了》的唱段中，道出了金莲不幸的身世和婚姻。然后又回到第一空间：陈经济（西门庆女婿）垂涎潘金莲美色，提出"英雄救美"，弄回檀香盒。也因"英雄救美"又回到第二空间，潘金莲家内：由淡淡忧愁的主题音乐和风雪之夜的描写音乐引出潘金莲在家戏叔三杯酒（接风、庆功、命运酒），当武松喝下第三杯决定潘金莲今后命运的酒后，不懂人间情爱的武松仍不为情所动英雄不救美时，由主题背景音乐引出《接风庆功命运酒》，这首充满悲凉、愤懑的金莲的咏叹调把本场推向了高潮，唱出了金莲对人生的理解和感叹社会的悲哀，同时也表达了潘金莲对武松的爱、恨、怨，从此金莲心如止水，以致后来获罪沦落。接下来又回到第一空间：临溪馆内，为了保命，金莲答应陈经济的"英雄救美"条件，最后在金莲通奸的鞭刑惨叫声和六娘（李瓶儿）儿子（官哥）诞生的欢呼声中结束。

第三场：拜观音。第三场共分两个空间。第一空间：卧云亭内、外；开场的一段喜乐合奏引出西门府为西门庆升任理刑正千户和六娘的贵子官哥过满岁大宴宾客，陈经济也将潘五娘那檀香盒要了回来，而潘五娘却因为武松的失踪而心绪不安，为了保命，在佛祖面前跪拜送子娘娘。在佛祖之前，一首由广东汉乐《五声佛》改编的"拜观音"唱段分别由金、瓶、梅、吴伴着合唱道出她们为了争宠而各自心怀鬼胎。而当陈经济告知潘五娘喝下的安胎符是六娘送来的断根药时，一段金莲激愤的唱腔预示着金莲无力自救，将走向深渊。紧接着伴随着雪狮子猫一声大吼，官哥的惨叫声和六娘心碎的悲哭声，潘金莲惊愕，欲哭无声，泪如雨下。第二空间：

在广东汉剧《金莲》中饰金莲，万瑜饰武松

阴曹地府，一段阴森急切的描写音乐之后，武大郎的一段念白后唤醒了潘金莲的良知，一曲根据广东汉剧反二黄哭板改编的金莲的唱段把本场推向高潮，急促而焦灼的快板使金莲几近疯癫，彻底醒悟要以死自赎，接着由二胡独奏的副旋律音乐再次响起，最后在六娘气绝而亡和金莲的号啕大哭声中结束。

第四场：杀嫂。第四场共分两个空间：第一空间：西门府内。由低沉的主题音乐开场，一曲带讥讽的男声独唱和平缓而悲戚的送葬音乐响起，西门老爷归天后，陈经济被赶出了西门府，春梅被卖给了周守备家，金莲又被卖给了王婆。第二空间：郊外。威立武松背影，一曲《俺武松生性刚强好勇武》的唱腔道出武松将为兄复仇，诛杀嫂嫂。而金莲心早已焚，但求一死，穿上金莲鞋，一身红装，一曲金莲的中心唱腔《早知女人千般苦，愿变鱼虫花草木》把该剧推向了最高潮，金莲颈迎刀锋，在声势浩大的音乐声中，潘金莲优雅倒地，宛如睡莲。最后在"金莲花飞，瓶儿玉碎，梅枝骨枯。当归何处尘土？红风绿雨飘奇书"的合唱声中结束。

2. 音乐唱腔设计

钟礼俊在创作《金莲》时，根据隆学义改编的剧本脚本，确定了广东汉剧《金莲》是一部古朴而典雅的音乐风格，突出了广东汉剧的特色。为了接近生活，接近观众，与当代生活节奏相吻合，符合当代审美品位，与观众的审美要求拉近距离，钟礼俊在保留原汁原味的传统汉剧唱腔的基础上，根据唱词和演员的能力进行创编，使音乐具有创新性、艺术性和时代感，极大地引起了观众的共鸣。在该剧中，大部分唱腔均采用广东汉剧的西皮二六、西皮原板、西皮倒板等，而金莲的唱腔则多采用广东汉剧的二黄和反二黄唱腔，在保持唱腔不变的前提下进行节奏的大变动，使音乐跌宕起伏，扣人心弦。

本剧音乐唱腔创作具有以下特色：一是突出广东汉剧唱腔特色，如采用广东汉剧最有特色的红净唱腔来完成序曲的合唱。二是刻画人物心理方面恰如其分，如在第三场，当官哥被害，阴曹地府中的武大郎呼唤潘金莲的一段念白后，根据广东汉剧反二黄哭板改编的金莲的唱腔在保留传统上下句落音不变的基础上，突破传统框架，进行旋法和行腔的大变动，体现了金莲那呼天抢地、撕心裂肺的感觉和对武大郎的愧疚。三是大胆借鉴我国民族歌剧"咏叹调"的创作手法，成功创作了《接风庆功命运酒》《早知女人千般苦，愿变鱼虫花草木》等几首富有广东汉剧特色的金莲的咏叹调，加入了戏剧性的情节冲突，推动了剧情发展，使该剧高潮迭起。如在第四场中的金莲中心唱段《早知女人千般苦，愿变鱼虫花草木》中，"绝情英雄鹰鹫虎！金莲心死身已枯。倾江洗罪罪难恕，红尘无情情荒芜。断情断爱人世路，寻爱寻

在广东汉剧《金莲》中饰金莲,潘智勇饰陈经济

情地狱途"，运用了"清板"，而紧接着"好丈夫柔情蜜意会呵护，好丈夫宽仁厚爱心佩服。好丈夫生老病痛敢担负，好丈夫危难祸乱舍身出"运用了"吟板"。这些"清板""吟板"的运用，充分发挥人声这一表现手法的抒情性和心理刻画功能的优势，对剧中人物进行深刻的心理描写，表现金莲的爱、恨、怨和愿到阴间去寻找好丈夫的心声。

除了唱腔音乐创作是本剧的最大亮点外，其他音乐的创作也富有特色：如简单而又具有古朴之美的《金莲》主题音乐，体现了"早知女人千般苦，愿变鱼虫花草木；早知女人千般辱，愿变壮志大丈夫"的潘金莲的心声；流畅的副旋律音乐更是体现了潘金莲那娇美的形象；场景音乐大胆采用变化音 b7 和 #4，有效增加了剧情的恐怖感；通俗而流畅的合唱具有古典广东汉剧之美；本剧的喜乐和哀乐更是充分体现了广东汉乐的精华。

三、广东汉剧《金莲》的表演与舞美

1. 广东汉剧《金莲》的表演特色

新编广东汉剧《金莲》根据名著《金瓶梅》改编而成，它讲述的是潘金莲杀害武大郎后到西门府上，似乎找到一个避风港，可以逃避官府的惩罚，想象着过美好的富家生活。但西门府是另一个深渊，潘金莲继续被人欺凌，不得不继续去杀人，最后彻底醒悟以死自赎。本剧演员们精彩的表演牢牢地吸引住了观众，让观众大饱眼福。特别是领衔主演李仙花美艳的扮相让观众为之惊艳，细腻传神、风神华美的表演让观众为之惊叹，加之清澈明亮且极具穿透力的演唱让观众如痴如醉，连连叫好。

在本剧中，李仙花无论是在塑造人物还是表演唱做上都体现了她的天才勤勉。在行当与人物性格上，李仙花有层次地细致刻画人物性格，合理运用传统与现代相结合的表演手法去塑造人物，成功饰演了两个不一样的潘金莲，一个是春情荡漾、妖媚俏丽的潘五娘，另一个是美丽善良、端庄贤淑的武妻，这两个潘金莲的形象不断被挖掘、变化，贵妇、怨妇、善妇、恶妇的形象在本剧中交替出场。如在第一场中，人物未上场，一声声旦角那娇滴滴的念白"春梅在哪里"已收先声夺人之效，在观众期待的目光中，潘五娘一身艳妆，手执粉扇，以轻盈的小细步急促上场，把一个急欲去寻芳门前迎驾西门庆而寻找贴心丫头春梅的心态凸显出来，加上金莲的第一首优美唱腔，把那娇美无忧、风情万种的金莲呈现在舞台，塑造了一个春情荡漾、妖媚俏丽的贵妇舞台形象。在第二场中，李仙花准确地把握住人物性格，把一个美丽善良、端庄贤淑的武妻呈现在舞台上,特别是一曲无限伤情的《算是遇上你了》的精彩表演,把金莲不幸的身世和婚姻公之于众,无情地鞭挞了"恶"的嬗变的根源。

新编广东汉剧《金莲》戏重在表现潘金莲被扭曲之后的重新崛起,即潘金莲对西门府的重新认识,而且认识到被欺凌的人为了活下去还会去欺凌别人,最后在鬼域中丢掉自己的生命去拯救自己的灵魂,实现了自我的救赎的心路历程。在第三场第一空间中,当潘五娘害死官哥后,阴间的武大郎的一段念白唤醒了潘金莲的良知,一曲金莲的唱段:"大郎啊大郎,过来抓我!过来打我!过来撕我!过来吟我!过来剁了我!过来吃了我!惊雷轰了我!闪电劈了我!我本不是我!阴间等着我!"李仙花把几近疯癫的潘五娘演得出神入化,而哭板改编的金莲的唱腔更是体现了金莲那呼天抢地、撕心裂肺的感觉和对武大郎的愧疚,彻底醒悟要以死自赎,引起观众强烈共鸣。

广东汉剧唱腔以西皮、二黄为之,兼有大板、昆腔、佛曲和民间小调等,具有旋律流畅、悠扬幽雅、韵味别致的特色。在《金莲》的唱腔和音乐设计上,李仙花充分把握剧种音乐的基调,突破传统戏曲唱法,把科学的发声方法与戏曲演唱有机结合起来。如第二场中的《接风庆功命运酒》和第四场中的金莲中心唱腔《早知女人千般苦,愿变鱼虫花草木》,这两首《金

在广东汉剧《金莲》中饰金莲,万瑜饰武松

莲》的咏叹调巧妙地结合了我国民族声乐发声方法进行演唱，特别是在"接风、庆功、命运酒"中，"斟满旧恨与新愁"的"与新愁"三个字的大拖腔充分体现了表演者扎实的唱功和卓越的唱腔设计，这首充满悲凉、愤懑的广东汉剧反二黄散板、慢原板的《金莲》咏叹调把这出戏推向了高潮，唱出了金莲对人生的理解和感叹社会的悲哀心声，同时也表达了潘金莲对武松的爱、恨、怨，从此金莲心如止水，以致后来获罪沦落。

2. 广东汉剧《金莲》的舞美特色

传统的广东汉剧舞台布景单一、缺乏生气，一桌两椅一场景是传统汉剧的特征，而且剧情长，容易造成视觉疲劳和乏味，广东汉剧《金莲》突破舞台剧镜框式平面的视觉局限，使用流动式布景和灯光暗转进行换场，既节省了时间又让观众的视觉产生画面的流动感。本剧舞台布景采用具有我国传统文化元素的青花瓷，设计古朴简当，是传统精粹理念的深度挖掘与高度提升。而如诗如画简约唯美充满古典戏曲意韵的舞台画面和灰色调的人物服饰抓住了观众的视线，衬托了剧情气氛，舞美等艺术手段的创新运用，极大地推动了表演的创新。

在广东汉剧电影《金莲》中饰金莲

四、《金莲》的社会价值与启示

改编者对《金瓶梅》的态度是尊重、不批评、有取舍的，是站在今天的角度，用现代眼光把它变成一部属于今天的艺术家们所要表达的《金瓶梅》。塑造一个灵魂自赎式的潘金莲，赋予潘金莲一种现代品格的创造，这是本戏价值所在，也是这个戏的新意所在，这也决定了这个戏的走向，它是健康的、积极的；同时，舞台简洁干净唯美而无丝毫淫秽色彩，这也成就了这个戏的另一重要价值，让我们强烈感受到中国传统文化的超稳定性。另外《金莲》也给我们一个强大的思考空间与启示：个人自赎是有积极意义的，但又是何等的渺小和局限，面对当今社会的丑恶现象时，应该怎样来推动社会变革、推进中国文化的发展来让千千万万个"潘金莲"的肉体和灵魂得到真正意义上的拯救？同时也警示，在物欲横流、道德缺失的社会中，女性不要随波逐流，应该洁身自重，做一个独立自由的女性。

五、结语

由于广东汉剧独特的文化价值，2006年被列入国家级非物质文化遗产名录，传承和弘扬这一优秀的传统文化是广东汉剧当前最为重要的工作之一，也是未来发展的一个重要方向。新编广东汉剧《金莲》是广东汉剧传承链条上重要的一环，综观《金莲》的舞台，除主演为广东省非物质文化遗产广东汉剧的传承人外，主要以年轻的演员为主，这是广东汉剧院在传承的路上实行"以戏带功、以戏出人"的重要体现，通过这样一出戏，让广东汉剧精湛的表演艺术在青年身上延续下去，生生不息，代代相传，使素有"南国牡丹"之称的广东汉剧魅力绽放无限！

原载《嘉应学院学报（哲学社会科学版）》2012年第7期

勇攀险峰的挑战者
——从《金莲》看李仙花

康式昭

在广东汉剧《金莲》中饰金莲

广东汉剧领军人物、"二度梅"得主李仙花，要将《金瓶梅》搬上汉剧舞台，她自己领衔主演潘金莲！这条爆炸性的新闻，震惊了界内界外。我在2011年参加广东省艺术节，亲睹了《金莲》的现场演出，不由从心底发出一声惊叹："这梅州女娃，太胆大了！"同时，又不得不叹服：她，成功了！剧目荣获优秀剧目特别奖，她获优秀表演奖！

挑战自我和敢下地狱

听行里人说，李仙花以不甘平寂、争奇好胜著称。她似乎从不安静：总在思考，总在探索，总在折腾；总在出新招，玩花活，创惊奇。好端端的一出《蝴蝶梦》，她先搬上汉剧舞台，领衔主演，获得成功；紧接着又来了个"京汉两下锅"，庄周请京剧演员扮、京腔唱，她仍以汉剧汉腔应对。妙在同属皮黄腔系，竟也和谐。

如今，早已调任省文联专职副主席、担负文化领导工作、有"官"在身的她，又不安于"衙门"

里那一杯清茶、两声呼喊、三番争取、四下助推的循例，舍不下演艺事业，重上舞台了。而且，选了个人们避之犹恐不及的"淫书"《金瓶梅》的改编本《金莲》，还率性"以身试法"，扮演女主人公潘金莲！

应该说，这委实是个大冒风险之举……著名剧作家、改编高手隆学义就说，他这回是冒着极大风险操刀的。这也难怪，通常，一听《金瓶梅》，人们便会大摇其头，那充满淫秽污浊之物，还能搬上今天的舞台？海外有过电影、电视剧的多次改编，也多半属色情制品，儿童不宜，不足为训。

然而，在我看来，这又是一个大有可为之举。《金瓶梅》的确是一部精华与糟粕并存的奇书。说精华，它在中国古代长篇小说创作史上，有着开创性的意义。清初学者张竹坡称之为"第一奇书"，其《皋鹤堂批评第一奇书〈金瓶梅〉》曾是流传最广、影响最大的刻本；鲁迅先生誉之为开了"人情小说"的先河（见《中国小说史略》）；郑振铎先生赞其为"可诧异的伟大的写实小说"，"最合于现代意义的小说"（见《插图本中国文学史》）；学术界公认为现代小说的发端，《红楼梦》的先声。说糟粕，其淫秽色情的描写，对读者特别是对青少年的毒副作用，又臻于极致。然而，正是基于这一杂驳并存的特点，它也留给了今天的改编者"去其糟粕，取其精华"以广阔空间，给予了学术性、艺术性攀升的极大可能。

《金莲》剧组的朋友们正是这样做的。剧作摒弃了淫秽色情的污浊，张扬了为被侮辱、被损害、被异化的女性而呐喊的主旨，进而成就了一出颇富挑战性的新戏，一出状写封建桎梏下底层女性悲剧命运的戏，一出表现灵魂堕落和心灵救赎的戏，一出视角独特、内涵厚重的戏，一出学术性、艺术性并茂的戏。我敢斗胆地说，这出戏绝非色情作品，和"扫黄"并不相干，不必谈"金"色变，尽可放心观赏！

谈到仙花这番甘冒风险的选择，我想说，胆识基于见识，见识推升了胆识。她在努力"挑战自我"和"超越自我"，那种"我不下地狱谁下地狱"的气魄和胆量，那种不计得失、不怕颠沛的决心和气概，让我重新认识了她，了解了她。一出戏，读懂一个人，难得，也值！

卑微愿望和蛇蝎心肠

剧作告诉我们，金莲原本出身贫苦，身份卑贱："九岁丧父，十三岁母病卖女为奴；先卖王招宣，后转张大户"，被张大户糟蹋后娘子不容，不得已被赐予"三寸丁、谷树皮"、又矮又丑、生而不能人事的武大郎为妻。这一点，《水浒传》原著已有交代。但是，从此张大户便放过潘金莲了吗？遍查《水浒传》《金瓶梅》，并无下文。《金莲》编剧隆学义合理加上了极其重要的一笔：赏赐乃方便随时凌辱！正如金莲面责武大所言："张大户将我送你，分文不取最歹毒！任由他随时来家将我侮，你不出气，不敢怒，不出声，不敢哭，只为富人免你租！"于是："我成了偷偷摸摸浪荡妇，你倒是堂堂正正伪丈夫；我成了污污浊浊换钱物，你倒明明白白装糊涂。她，可忍奇丑与奇苦，难忍奇耻与奇辱！不敢恨天与恨地，只恨你个没心没肺、没肝没脾的矮葫芦！"痛快！实在精彩，独到，高明！它道尽了金莲的悲愤与屈辱，也暗蕴了她争取爱一个好男人、当一回好妻子的期望和权利！

于是，剧作浓墨重彩地描写了她卑微的愿望，以及如何期盼成空逼向"蛇蝎心肠""歹毒恶妇"的异化。

"金莲调叔""三敬酒"，几乎是涉及武松与金莲关系的文艺作品中津津乐道的习见题材。川剧《打饼》（又名《打饼调叔》《金莲调叔》）原为巴蜀名旦张光茹的看家戏，陈巧茹得老师亲授，以此组台斩获梅花奖，至今在中国剧协"梅艺团"送戏下基层时常演。技巧精致，却内涵陈旧，以模仿武大打饼、卖饼的动作丑化大郎，并取悦武松，勾引二叔。汉剧《金莲》中对其做了质的更改："三敬酒"化作吐心声、陈期盼的一片衷情。不甘于丈夫默许张大户的凌辱，她只存一个卑微的希望："愿只愿堂堂正正做人妇，恨却恨难寻难觅好丈夫！"什么是她心中的好丈夫？"好丈夫柔情蜜意会呵护""好丈夫宽仁厚爱心佩服""好丈夫生老病死敢担负""好丈夫危难祸乱舍身出"，她只乞求一座挡风棚，一把保护伞。而作为妻子，"我为他，春来慢慢减衣裤；我为他，冬来快快添棉服"。她，只向往着当一回贤惠的人妻！可怜的她，在做梦！一个美好而虚幻的美梦："若得英雄相救助，远走高飞奔前途！""百年修来同船渡，千载等得今生福！"

自然，她错了，完完全全错了！武松决绝地斩断了她的一切幻想和希求。在失望和绝望的心境中，经不住王婆的勾引和西门庆的唆使，她迈向了心灵的异化，走向了犯罪的恶途：毒死丈夫武大郎，成了西门庆第五房小妾。

西门府后院的妻妾之间，钩心斗角、咬噬构陷，是小说原著着笔最多的地方。汉剧改编本也写了这些猫掐狗斗的腐烂，却匠心独运地选取了一个重要情节：六娘李瓶儿将"断根汤"（永远不能受孕的毒药）伪装成"安胎符"，讨好地送潘金莲。自然是自己有了西门庆的儿子官哥儿，断绝其他各房添子对自身地位的威胁。偏巧被潘金莲识破，便以毒攻毒地设计了驯化雪狮子猫吓死官哥儿的毒计，由丫头春梅实施。官哥儿死了，李瓶儿也悲痛交集而逝。于是，在环境的逼迫诱使之下，潘金莲又欠下了另一桩血债！正是："重门重锁西门府，恶花怒放恶果熟""金莲长自脏泥土，风逼打，雨捆缚，芒刺出"。异化成了鬼！恶土造就歹毒，淫妇异化恶妇，人异化成了鬼！

从贫贱奴隶蝉女，到盼做平常女人的"卑微愿望"，进而异化成"蛇蝎心肠""害命恶鬼"……个中惨遭不幸促使变异的种种，那血泪斑斑的历程，诱使人们不由地联想起许许多多！

英雄救美和灵魂自赎

《金莲》编剧有两处非常高明的处理：一是不安排西门庆上场，只在关键时刻以硕大的影子在幕后穿过，却又自始至终主宰着场上的一切；二是潘金莲的上场，特意安排在武松遇大赦回乡替兄报仇之际，达摩克利斯之剑高悬，金莲的一切行动便始终笼罩在死亡的巨大阴影之下。于是，贯穿全剧的，便是她的千方百计因"畏惧"而"求活"到走投无路"绝望"以"求死"的心灵自裁、灵魂自赎的过程。这种从中间写起的结构安排，避开了初进西门府时的卖弄风骚、狐媚惑主等闲笔、赘笔、秽墨，直奔主题，写人物内心斗争，写人物命运交集，写走向大悲剧的结局。

顺便说一句，原著中淫秽至极的葡萄架之戏，汉剧《金莲》里也化作了金莲听武松复仇归来，于极度惊悚中甘受非人摧残、甘毁女人命根以求庇护的不得已。春梅告诉她：那是要断子绝孙的！金莲自嘲：命都要没了，哪管什么断子绝孙！反做文章，隆先生别出心裁地打了一手"倒勾拳"。

剧作对武松的处理也颇具匠心，避开了复仇英雄正义化身的简单化符号，还原为一个有血有肉的人，一个也会怜悯也会心动的男人，一个为封建伦常禁锢了心灵左右着行动的人。"英雄救美"的种种曲折纠葛，是全剧既有深度又富特色的精彩篇章。

潘金莲把脱离武大、摆脱凌辱、获得今生幸福的希望，完全寄托于打虎英雄武松。她陈述悲惨身世屈辱悲情，馈送精心缝制的信物三寸金莲鞋："求英雄相助，给我重生，远走他乡""执子之手，白头偕老"！期盼着"在这风雪之夜，谱一曲英雄救美"的欢歌！这番陈情不能不让武松怦然心动，对嫂嫂的遭遇顿生同情；然而，伦理纲常、社会舆论却难以突破，他绝不可能走出携嫂私奔这一步！他斥退了她送上的阴私裹物，郑重告知："重礼法重操守名节可贵。"金莲却揭他疮疤："怕名亏怕节亏不怕心亏？"武松只得悲叹："男儿立世求功名，这普天之下哪有救美的英雄啊？"金莲也终于明白："英雄只遮自家丑，英雄只顾去己忧，英雄只重功名利禄一并收！"她深知，从今以后，金莲她"恶名丑德薄命休"，她自嘲："休笑我金莲戏叔三盏酒，成全你千年万代、万代千年美名留！"一个自收"丑德恶名"，一个成全你"千秋美名"，有着多少讽刺意味!这也无异于给武松的心灵,抽上了几鞭子!

从同类题材历来的调戏勾引,色诱风流,到如今的陈述悲情,乞求垂爱,再到蒙羞绝望,无奈自嘲,汉剧《金莲》做了一篇推陈翻新的好文章。

特别是,临死之际,叔嫂见面,金莲毫不留情地刺透了何为"英雄"的本质。她冷哼:"打虎称英雄,复仇显英雄,守道装英雄,伦常扮英雄。英雄不饮残酒,英雄刀要全尸!"这番对英雄的"拷问",可谓一矢中的,一针见血。英雄,可怜的"英雄",在封建伦理束缚及功名利禄诱迫下,也异化了!

这是不是对武松英雄形象的误读和贬损?当然不是。按《金莲》设计的情节,作者只是顺理成章地透过表象看内涵,做了更深入更确切更本质的剖析罢了。而武松的这一切作为,又是完全可以理解的。"不饮残酒"和"刀要全尸",是在两种决然不同的情境之下。前者,金莲是作为被侮辱、被欺凌、被损害的不幸女性,其身世、其处境、其遭遇都有令人同情的一面。武松作为一条汉子,面对悲怆美艳的嫂嫂不觉"情动于中",非常自然;尽管"知嫂苦知嫂痛知嫂心碎",但他至多也只能"某劝嫂善待兄来世相会",许以"来世",是他能够承诺的最高限度了。

后者,所谓"刀要全尸",则是遇赦归来叔嫂见面之际,金莲身上已发生质的变化:从奴才变作了主子,西门府呼奴使婢的姨太太;由渴望过平常生活的女性,变作毒死亲夫、害死婴儿的罪人。武松的复仇则具有行为的正义性和不可逆性,"刀要全尸"也就成为必然。

前文已经谈到,大幕拉开,武松已从放逐地获释归来,复仇的钢刀早就高悬金莲头上。她也分明知道,血债血偿的一天就在眼前。剧情便在她的惶惶不可终日的阴影中推进了,她,也在炼狱鬼火的煎熬中,经历着恐惧、自谴、求生、迎死的灵魂自赎的曲折过程。叔嫂的最后见面,剧作还有重要的一笔:金莲是抱着"心早已焚,但求一死"的心态,一求死在英雄刀下,谢罪自赎;二求"愿如叔叔所言,来生相许"。然而,这最后一点渺茫的希冀,也被武松粉碎了。"岂是来生,纵是千年万载轮回,我与你烧的也是断头香!"金莲至此算是彻底绝望了。"六儿今生不匹,来生不配,世世代代绝缘了!"她悲愤至极道:"借你钢刀锋利处,灵魂上告到天都!"扑向钢刀,香消玉殒……

百般武艺和飞跃攀升

如实说,推出《金莲》,是一场挑战;饰演金莲,又何尝不是一次机遇!仙花抓住了,迎

在广东汉剧《金莲》中饰金莲

接了，使出浑身解数，调动百般手段，拼搏，奋进，孜孜不倦，生生不息。她付出了超乎想象的艰辛，也收获了难能可贵的成功。她，实现了艺术征程上的一次新的飞跃，一次攀升。

我看过仙花主演的多个剧目，欣赏过她饰演的多个角色。这次，有缘在广州、梅州两度现场观赏《金莲》，品味她扮演的潘金莲。说真的，乍看之际，不觉眼前一亮，恍然有一种发现的兴奋和惊喜，感觉是：熟悉，却又透着陌生；是她，却又超越了既往的她。她焕发了艺术生命的第二青春。

论演唱，熟悉仙花的人都有同感，她嗓音更亮了，唱得更好了，也更会用嗓子了。低吟处，浑厚婉转；中音区，珠圆玉润；高歌时，响遏行云。有论者说她嗓子干净漂亮，把汉剧唱腔演绎得炉火纯青，与京剧技法巧妙结合，将昆曲神韵有机融入。这方面，有待行家论判。我只想说，听仙花的演唱，是一种美好的艺术享受。比如，就《金莲》说事，结尾处的大段唱，四问英雄，三问苍天，三十六句，一气呵成，愤懑之情，如火喷发！唱完最后的人生慨叹："早知女人千般苦，愿做鱼虫花草木！早知女人万般辱，愿变壮士大丈夫！"她饮刀而亡了，临死还忘不了说："谢叔叔，英雄救美了！"

是的，在"英雄"武二的钢刀下，她以卑贱的生命赎罪了，她以残生偿还血债了，她的内心终于得到安宁，灵魂找到归宿了……一句话：她获"救"了，她实现涅槃了！

编剧隆学义说，他是把汉剧《金莲》作为川剧《金子》的姊妹篇来打造的。一个川妹子沈铁梅……《金子》中的金子；一个客家女李仙花……《金莲》中的金莲，一西一东，一北一南，两姐妹同时成功地塑造了两个古代女性，我看有一比，也有一拼呢。

话再说回来，李仙花不仅是汉剧传承人、头牌领军，也是广东省演艺界的翘楚，省里第一个"二度梅"得主。另一位粤剧名流已悄然淡出梨园，她却坚守和活跃在舞台上。实属难能可贵！如果硬要概括仙花表演特色，我倒以为，如果说她在《白门柳》柳如是身上，主要展示的是书卷气的话；那么，在《金莲》的潘金莲身上，人们不难感到那集于一身的娇气、媚气、英气、帅气、豪气、霸气。稳熟而完美的手、眼、身、法、步，唱、念、做、打、舞，再配之以内在气蕴，完全提升到了一个新的境界。真的是，想不出色都难！

对于攀登者而言，哲人说，无限风光在险峰。攀登，正是贵在涉险而上，蹈险而进，勇攀宝顶。祝愿仙花登上险峰，尽览那无限风光！

原载《中国戏剧》2013年第6期

南粤大地的汉剧之花
——记党的十七大代表、著名汉剧表演艺术家李仙花

张俊彪

最近，两度摘得中国戏剧梅花奖的汉剧表演艺术家李仙花当选为党的十七大代表，这项荣誉是对多年执着于汉剧传承与推广的李仙花的又一次肯定。留住汉剧，是她最大的心愿与梦想。

如果我们留住汉剧，并从现今开始能够让它不断完善，不断繁荣，不断发展，而且历经往后的岁月流逝却恒久茁壮，实质上就是为中华民族的戏剧乃至整个文化艺术保住了一条生生不息而又绵绵延延的主根，因为它是中国大文化的命脉之一。汉剧原名汉调或楚调，最早是在明末清初形成于湖北以及河南、湖南、陕西和四川等部分地域，清朝中期兴盛，并逐渐分立为襄河、荆河、府河、汉河四个流派，而后随着移民南迁的脚步和文化源流扩扬的波动很快遍及东南沿海，对南国的许多剧种产生了深远的影响。清道光年间，汉调在京城与徽调合流，从而产生并渐起了京剧艺术的繁荣和发展。在20世纪20年代开初之际，汉调被正式定名为汉剧，作为一大艺术门类传承至今。但是，到了20世纪三四十年代，在动荡与战乱纷起的社会氛围中，汉剧几近衰没，甚至就连文化人对汉剧也知之甚少了。正因如此，在中华人民共和国成立之初，周恩来总理将国家仅存一二的广东汉剧誉为"南国牡丹"，对其寄予了殷切的期望。然而，广东的汉剧艺术却是在梅州这个地方发展并传承至今，广东汉剧院也就在梅州落地生根了。

如今广东汉剧的火炬已传到第三代掌门人李仙花的手中，仅她主演的剧目或演唱的选段就有《包公与妞妞》《张协状元》《阴阳河》《百里奚认妻》《改容战父》《贵妃醉酒》《蝴蝶梦》《白门柳》《王昭君》《徐九经升官记》《林昭德》《齐王求将》《丛台别》等数十种之多，曾多次应邀赴新加坡、爱沙尼亚、芬兰、挪威等国家和中国香港、台湾等地区演出，受到了广泛的赞誉；她陆续出版了《李仙花——广东汉剧经典唱段精选辑》和大型古装剧《蝴蝶梦》等音像作品，中央电视台为她录制的演唱专辑也即将面世；她先后十多次获得省级和国家艺术

从艺三十五周年汉剧交响音乐会

表演一等奖、中国曹禺戏剧奖等，特别是两次摘取了中国戏剧梅花奖的桂冠；她还被评选为广东省先进工作者、广东省优秀中青年专家、广东省十大杰出青年等；她现任广东汉剧院党委书记兼院长，兼任广东省文联副主席、广东省剧协副主席、广东省政协委员、全国青联委员、中国剧协理事等，享受国务院特殊津贴。李仙花从事汉剧艺术三十多年，她为汉剧艺术的传承和发展奉献了自己三十多个春秋的心血与才智，汉剧艺术也成就了她一个丰富多彩的人生与辉煌璀璨的艺术生命。

　　任何一个在事业上取得重大成就的人，她的成功除了缘于个人的天赋才气与生性聪慧之外，还必须具备优秀品格、坚忍毅力和过人气质，除此之外，还应具备自我牺牲和甘愿奉献的精神。我和李仙花相识十余载，只见过两三次面，但她给我留下了足以在记忆的心扉上生根的印痕。记得那是十年前，中国文联一位主要领导同志到任不久，即来深圳考察，我时任深圳市文联主席兼广东省文联副主席，他与我谈起广东省的文艺新人，向我介绍了刚获得梅花奖的李仙花。我从他那里得知，李仙花十岁那年考入广东省梅县地区戏剧学校，五年后分配到广东省汉剧院开始了她的舞台生涯，擅长花旦和青衣这两种戏剧行当的扮演，由于天生丽质，音色甜润清亮，深得老一辈汉剧表演艺术家黄桂珠、梁素珍的真传，演技日渐长进。李仙花是个不满现状并懂得学习的有心人，又在中国戏曲学院深造九年，从而极大地提升了自己的艺术感悟力和舞台表现力，开始完善并形成了自己的艺术魅力和表演风格。于是，她刚过而立之年，便一跃而成为中国戏剧界令人刮目相看的新秀，并站在了中国戏剧的最高领奖台，双手捧回了肯定她的全部付出同时也展示她的最高才艺的梅花奖。未曾见面，我对李仙花这颗南粤大地上冉冉升起的新星已生敬慕之意。在为中国文联领导举行的饯行早宴上，我第一次见到李仙花，她从梅州专程赶来为文联领导送行。她言行举止美雅温情，一抹浓淡相宜、半客半主的清丽气质悬浮而起，令我悟识她是一个懂得谢恩、记得报效的有情有义之才女。

广东地处东南沿海，早在数百年前便已开始由农耕文明向商业文明嬗变，而且历史上多次历经工业文明的巨大冲击或变革，特别是改革开放四十多年来，几乎引领着整个国家和民族的商品意识与市场经济的改革风潮。于是，各种时尚季风一样吹来，各种观念海潮一样涌来，各种机会流水一样交汇而来，整个社会也就变得躁动灼热了，整个氛围也就变得焦浮悬晃了，人的心态自然也就随着忐忑震荡了。李仙花成为广东汉剧院副院长后，对她来说什么都有了，荣誉、鲜花、赞美、掌声、奖牌……她还能心无旁骛地坚守她心中圣洁的汉剧艺术天地吗？在第七次全国文代会期间，我与李仙花在同一间会议室里又见过几次面，她依然恬静温馨如一朵白色的百合花，虔诚地聆听别人发言，谦恭地敬重每一位代表，而且总是坐在靠边的位置，从来没有什么惹眼的言谈举动。在她清新如春日晨风一样和美怡人的微笑里，我更多地捕获了一种成熟、自信、淡定和深谙人事世情的气息。

世事在变，人心在变，这是规律，也是法则，那么，在当今的这个世间，真正不变的还有什么？日月在更替，时去、事过、境迁，我已远离文艺界五六年之久了，谁人又能冉见、冉识、再叙旧情？前段时间，我和同事去梅州考察，想到广东汉剧院驻地梅州的李仙花，却又想到如今我与她、人与事尽皆相去甚远，也就打消了去见她的心念。当我们在韩江之滨考察梅州新建的文化区域时，当地人告诉我，广东汉剧院的新建筑也在此地。说来也神奇，从深圳到梅州大半天行程原本是一路的晴空丽日，但临近梅州时却突然变幻莫测，真的是时风时雨、时云时雾。梅州的朋友在韩江岸边的风中接通了李仙花的电话，她一听是我到了梅州，既高兴又意外，说她刚从乡村自己联系的点上回来，问我在她家里见面还是来找我，很快约定在汉剧院见面。当我们来到汉剧院时，瓢泼大雨立时浇注下来，漫空里扯起了白色的水帘，营造出清粼粼飞珠溅玉的澄明境界，令人想起梦中的幻境。雨中，匆匆赶来的李仙花，如同一枝清淡美妍的玉莲展绽在白茫茫一片水的世界里。刚见面，当地人就催我赶在下午5时闭馆前去拜谒五十多公里外的叶帅纪念馆，夜宿距梅州市区七十多公里外的雁南飞茶园。李仙花在雨中为我们送行，在雨中约定她自己驾车去茶园与我们共进晚餐，在雨中她说汉剧院下乡去演出难圆我的一场汉剧梦，在雨中她挥手时说回家去拿伴奏的音带今晚要为我们唱上一曲汉剧……百多里山路，百多里风雨滂沱，她果然来了。饭后她为我们演唱了一曲《齐王求将》中的唱段，声圆润，词清晰，音质纯，韵律美，令我着实见识了汉剧艺术的无穷魅力。天上的云裂开来，渐渐的稀薄了，闪烁的明星在红黄如锦的云里，一颗、两颗……雨洗过的茶园山庄碧绿如翡翠构筑的世界，橘黄的路灯将油亮如溪的山径激活起来，这里那里一片闪闪荡荡……她陪我们漫步在这样一种温馨祥和的境界里，谈她自己心中已经悟识了的汉剧艺术……夜很深的时候，她驾车乘着星月归家，不怕百多里的夜路漫长回转，她的夜空里有明星照耀……

作为汉剧表演艺术家，李仙花有自己的座右铭："舞台是我的人生目标，艺术是我的崇高追求；面对鲜花掌声不陶醉，荣誉光环有时限，终生一搏为事业。"我想，李仙花在梅州默默地耕耘汉剧艺术已过三十春秋，如今又带起了年轻的学生，她懂得了播种与收获的道理，她的胸中留驻着一种等待与守望的恒久耐心，就像一个拓荒者在荒漠里流血流汗并坚守，当有朝一日时光穿透了岁月的风云，终会有一片绿洲出现在戈壁之上，那便是奇迹，那便是上帝给予勤奋求索者的福祉。我还想，"执着"一词最早起源于宗教，大意是说人对自己的信仰必须在任何情况之下毫不动摇，绝不放弃，始终持守。后来，"执着"一词被人们渐渐地运用到而今如此广泛的层面，但它的使用范畴仍然是近乎神圣的事业或圣洁的精神追求，譬如对一生从事某种事业而达到痴迷境地的人的一种褒扬或赞誉。李仙花对汉剧艺术的执着就已进入一种虔诚的心境了。当然，真正的艺术从来都是属于那种精神领域里如同空灵天地一样开阔纯净的人，只有拥有这样心灵境界的人生，才能够创造并进入艺术辉煌灿烂的圣洁殿堂；同样，也只有这样的人生，才匹配享受艺术的成果并登临她那和谐美雅宛如音画的天地。李仙花正是这样一个守持并实践汉剧表演艺术的人，那么，她而今的一切获得也就是一种必然了。这一夜，我最终想到，李仙花是一个心境平实的人，一个表演精湛的艺术家，一个虔诚传延汉剧艺术的教学兼备的实践者。既然如此，我们理应为她鼓与呼，与她一起共同留住汉剧艺术，让汉剧之花延世绽放。

原载《中国艺术报》2007年9月14日

(四) 融合·发展

李仙花常怀感恩之心，她说自己是新时代的宠儿，是改革开放的见证者、参与者和受益者。她的代表作正是产生于世纪之交、多元文化激烈碰撞之际，经过了市场的磨砺和洗礼。在这个过程中，她深切感受到时代审美的变迁，观众趣味的变化，如何弘扬戏曲文化，如何留住观众特别是培育年轻观众，成为她艺术创作前路上面临的首要问题。

　　戏曲电影或许是一条有效途径。在广东汉剧电影《齐王求将》《一袋麦种》等剧搬上银幕的60年后，李仙花将她的"女性三部曲"——《蝴蝶梦》《白门柳》和《金莲》再次与光影结合，为广东汉剧这个古老的剧种焕发了新的活力。

广东汉剧出了个李仙花 | 赵景勃

被誉为"广东汉剧第三代领军人物"的李仙花，她成长和发展的历程，可以作为戏曲人才成长的范例来研究。

李仙花出生梨园家庭，母亲的艺术基因赋予她先天的禀赋。十岁就被送到梅州市戏剧学校学习广东汉剧。1978年被选入广东汉剧院，又受到艺术大家梁素珍青睐，收为入室弟子。小小年纪就演出了大戏《林昭德与王金爱》，1980年创演《花灯案》，1982年创排《包公与妞妞》并获得广东省艺术节表演一等奖。被誉为"广东汉剧第一花旦"，1991年中国戏曲学院导演系首次在广东招生，李仙花毫不犹豫，报名参考。但是，当时她正处在怀孕后期，考前复习，如同攻关，炎热的天气，腿肿了、头涨了，一番苦熬考上了。接到录取通知反而使全家犯了难，孩子刚出生两个月，怎么能舍得母子分离哪！求学心切的她，把机会看得更重要，安置好孩子，毅然北上。当时的学院条件很为简陋，迎接李仙花的是北方的天寒地冻，食堂的馒头炖白菜，十几个人上下床的集体宿舍。给我印象极深的是，她上课、观摩，不敢摘下厚厚的毛线帽，因为她毕竟产后刚刚两个多月。她在旧校址不大的校园里坚持长跑锻炼，保持身材，提高体能是演员的根本。上课之余，早上必加早功，晚上争取观摩。

李仙花的学习很为奇特，被称为"抗战八年"。她先入进修班，然后通过全国统考就读本科班，接着又读研究生，实现自身的"三级跳"。她的学习可以归纳以下三个要点：

八年贯穿一条线——基功。她高度重视基功，提高演唱能力、提高表演素质，是她始终不渝的追求，除了课堂练，私功必须加。特别是她认识到"唱"为四功之首。猛攻唱念，不惜自费私下请老师指导练声，开发声音，嗓子居然有突破性的发展，既圆脆，且甜美，取得行当的跨越，由以表演为主的花旦，一跃成为以唱功为主的青衣。从此大大地拓展她的戏路，也为她创造新剧目、塑造新形象，平添得力的艺术手段和艺术魅力。

兼收百戏——融我。她在校期间，出入大小剧场，广泛观摩，极力开阔眼界，吸纳多剧种的营养，更专注地学习京剧《天女散花》《霸王别姬》《捧印》，从梅派剧目中学习京剧的规范和厚重，体会梅大师的雍容华贵的中和之美。向百戏之师的昆曲学习《游园惊梦》《寻梦》《阳告》《百花赠剑》等经典剧目，用所谓"男怕《夜奔》，女怕《思凡》"的《思凡》，训练自己的基本功，提升自己载歌载舞的典雅细致，训练自己内心体验的精确表达。她努力借他山之石，为我所用，一面充实自己的表演技能，一面为汉剧引进新的剧目，把学以致用落到实处。1993年在读本科期间，她角逐第十一届梅花奖，从剧目的技术含量，看出她发生显著的变化。由宋丹菊教授帮她移植京剧宋派名剧《改容战父》，以刀马旦应工，需要有武戏的功架，还要完成椅子上的造型、下腰、金鸡独立等高难技巧。由王小蓉教授帮助她挖掘一出多年不见冷戏《阴阳河》，以花旦应工，其中有挑着扁担，脱离双手跑圆场，同时要完成换肩、转身平转等技巧，这些技术完成有赖于脚下之功，圆场不稳，扁担就难以平衡，而圆场功是慢功，没有经年训练，难以达到珠走玉盘的审美效果。另一出戏是广东汉剧的骨子老戏，也是50年代毛主席、周总理看过的《百里奚认妻》，此次参赛，由我参加整理并导演。这出戏是青衣行当应

在《白门柳》中饰柳如是

工，李仙花一改花旦表演，以稳重内敛的青衣仪态，以静场稳坐的经典唱段，征服观众，也打动评委，夺得本届梅花奖的榜首。从这组剧目来看，可以看出李仙花的一种精神，就是"突破自我"，她不用自己驾轻就熟的拿手戏，而是另创新径，或跨剧种、或跨行当，没有突破，就没有发展。正是在突破和发展中，李仙花重塑自我，使自己攀登上新的高度。

更新观念——提升境界。李仙花把"戏曲活化石"的宋元南戏《张协状元》，根据现存的文献资料，复制在舞台，李仙花和著名京剧小生江其虎分别扮演男女主角，在人民大会堂做学术性展演，受到戏剧界、史学界的重视。她的追求和进取，不仅得到院内朱文相院长、李紫贵等前辈的支持，也受到院外郭汉城、龚和德、曲润海等专家的辅助。《蝴蝶梦》就是在郭汉城老师家中策划。对于"庄周试妻"这个千古故事，给予内涵的再开发，再解读。去其光怪陆离，营造诗情画意，去其色情恐怖，解读人性之美。李仙花还在剧中分饰被礼教束缚的田氏和生机勃勃的扇坟女，端庄与活泼、矜持与洒脱，她运用两种反差很大的表演技巧，强化了两个形象内涵的反衬。她和班主任张关正还别出心裁地策划，与同班同学著名京剧小生李宏图来了一个"京汉两下锅"，二人分饰四角，京腔汉调各展其美。在广州、北京演出之后，观众兴趣盎然，好评连连，也成为广东汉剧院改革开放以来代表之作、传代之作。此剧成功之后，更加快李仙花的创作步伐。她又注目刘斯奋先生获得茅盾文学奖的长篇巨著《白门柳》。选择主角柳如是，更看出李仙花的审美理想和创作境界，她要塑造一个"秦淮八艳"中的"奇女子"，既带有风尘气，她采用花旦的眼神、指法、身段，去贿赂有权势的太监，透出妩媚和艳丽，又有才女气，两次女扮男装置身于尖锐党争旋涡，她采用小生程式，表现得风流倜傥，更有家国情，在国家破碎之际，她决然投湖殉国，她采用青衣的深邃和庄重，大段咏叹调抒发亡国的悲叹，塑造一位"女丈夫"。紧接着她又根据有争议的《金瓶梅》，做了甄别和提炼创作了《金莲》。几出大戏探测出李仙花的创作心路和追求目标，依托文学名著，给剧目更深邃的底蕴，提升戏曲的文化品格和艺术品质。她的追求和修炼终成正果，2000年以《蝴蝶梦》《白门柳》荣获梅花奖"二度梅"。

李仙花2000年担任广东汉剧院党委书记兼任院长。她用自己成长的经验，采取"请进来，送出去"的方式，分批把年轻人送到北京等地。2005年在梅州招生办学，以成龙配套的五十名学员培养新生代，这批人现在已经崭露头角，成为新秀。随后接续分批培养，逐步形成广东汉剧的人才梯队。2008年她荣任广东省文联党组成员，专职副主席。2019年1月拍摄戏曲电影《蝴蝶梦》，人们不禁有些疑虑，李仙花离开汉剧院已经十一个年头了。开机之后大家疑虑尽

从艺四十五周年戏剧晚会《大梦如歌》，与徒弟嵇兵（左二）、黄丽华（右二）、管乐莹（右一）

消，不仅看到她功夫不减当年，面貌鲜亮如初，更让人惊奇的是她嗓子比年轻时更甜美，更具穿透力。原来她在文联工作期间，依然坚持练功。她有戏曲人的苦乐观，就是：自找苦吃，以苦求进，最终是以苦为乐。

《白门柳》《蝴蝶梦》两部数字化戏曲影片拍摄，是李仙花艺术追求的结晶，是改革开放以来的硕果。广东汉剧 20 世纪 60 年代拍摄古装戏《齐王求将》和现代戏《一袋麦种》之后，在银幕上息影半个世纪，这两部影片填补广东汉剧在银幕上空白，广东汉剧凭借银屏将更高、更远地腾飞。

广东汉剧孕育了李仙花，李仙花光耀了广东汉剧。她创立自己的代表剧目，形成自己的表演风格，得到观众的拥戴和专家的认同，且后学炽热，桃李满园。应该说她具备开宗立派的条件，我们期待李仙花百尺竿头更进一步。我们更期待广东汉剧，不断涌现新的、富有创新性的朵朵鲜花。

原载《中国演员》2019 年 12 期

古调仙声：广东汉剧艺术家李仙花的旦行表演艺术

王 馗

一、广东汉剧艺术传承发展中的李仙花

作为清代以来进入岭南的"外江戏"的遗存剧种，广东汉剧与孕育成长于江汉平原的湖北汉剧等剧种同源一脉，是皮黄声腔在岭南地区流传颇广的一个剧种。随着清代以来客家人族群意识的发展，广东汉剧被看作闽粤地区客家人的代表性剧种，广泛地流播于海内外客家人的生活中，与广府人传承创造的粤剧、潮汕人传承创造的潮剧，并列为广东三大剧种。作为广东汉剧的当代领军艺术家，李仙花得到广东汉剧名家梁素珍的亲传，并广泛地向京、昆大家求学，系统全面地掌握了广东汉剧旦行表演艺术的精华，不但于1993年成为广东戏曲界第一位获得梅花奖的女演员，而且于2000年成为广东戏曲界第一位二度梅花奖获得者。李仙花在广东汉剧经典剧目和新创作品《蝴蝶梦》的表演中，技艺日臻成熟，之后不断地通过新创剧目如《白门柳》《金莲》等，将广东汉剧革新之路予以延伸，积极推进了广东汉剧在21世纪以来的传承与发展。在这个过程中，广东汉剧从偏居一隅的梅州，逐渐地在全国戏曲大舞台上产生艺术影响。

成功的戏曲创造必须基于对传统的掌握。李仙花对广东汉剧旦行表演艺术的推陈出新，来自长期在基层的艺术演出与舞台磨砺：十岁进入梅州戏剧学校学习，之后进入广东汉剧院一团工作，经过二十年的继承与创作，掌握了广东汉剧旦行艺术的丰厚遗存。广东汉剧中的《百里奚认妻》《打洞结拜》《丛台别》《齐王求将》《林昭德》《盘夫》《贵妃醉酒》《宇宙锋》《状元媒》《秋胡戏妻》《玉堂春》《西厢记》《十五贯》《别洞观景》《审头刺汤》《王昭君》《徐九经升官记》等传统剧目、移植剧目，《包公与妞妞》《花灯案》等新创剧目，以及《园丁之歌》《一袋麦种》《半边天》《苗岭风霜》等现代戏中的女性形象，都被李仙花演绎和再现。丰

广东汉剧《王昭君》造型

在广东汉剧《齐王求将》中饰钟离春

厚的艺术积累和舞台实践，不但让她多元地把握了花旦、青衣、武旦等旦角行当，而且在广阔的艺术舞台上，取法京剧、汉剧艺术正统，来提纯广东汉剧的艺术内容。她在中国戏曲学院求学期间，向京剧名家宋丹菊老师学习《改容战父》，在椅子功、翎子功、云步、圆场等技法的娴熟把握下，用高难度技巧的前探海、穿椅僵尸下腰、勾椅等动作，塑造出万香友这个将门之女的艺术形象，柔情似水而又英气逼人。她和王小蓉老师挖掘整埋的《阴阳河》，复原传统的扁担功，通过肩、颈、手对于担子的平衡控制，将唱、做、表、舞的综合表演熔为一炉，成功塑造了游走在阴阳两界的李桂莲形象。同时她向昆曲名家梁谷音、沈世华等参学，转益多师，技艺日进。特别是1993年获得梅花奖之后，她进入首届中国京剧优秀青年演员研究生班学习，成功创作演出广东汉剧《蝴蝶梦》，并且与京剧名家李宏图携手，探索"京汉两下锅"的形式，以京剧与广东汉剧同台合演《蝴蝶梦》，在京剧严谨规范的艺术体系观照下，凸显广东汉剧艺术的古朴风格，也进一步淬炼广东汉剧的舞台语言、表演范式。这种深挖京、汉传统而扩容剧种艺术体量的实践，是所有杰出的戏曲艺术家共有的成功之道，也是最能体现戏曲艺术有序传承的成功之法。

二、李仙花在《蝴蝶梦》中的创造与突破

毫无疑问,《蝴蝶梦》是广东汉剧里程碑式的作品,李仙花通过对旦行艺术的成熟驾驭,精美地完成了对这部作品的华丽表达,也让这部被其他剧种展示过的剧目以及这个被众多剧种演绎过的题材,达到了至美至高的艺术境界,成为中国戏曲在化腐朽为神奇的题材转化中的一部精品代表作。

《蝴蝶梦》的成功当然离不开剧作家的文本创作。盛和煜先生以鲜明的剧诗风格,将历来横加在该题材女主人公田氏身上的所有道德教条,进行了自我反观和外部审视。剧中的庄周因为少妇扇坟,萌生了对妻子田氏的试探,一个从心而起的念头,通过自身死亡的方式,幻化出了一段惊心动魄的经历,道法自然的庄周用最不自然的方法,试探出了自己人性里最不自然的行为悖论。而心如止水的田氏在楚王孙的温柔照拂下,萌生了对于男性更加丰富的体认,为了营救病急的楚王孙,一把利斧劈开了庄周的棺椁,劈醒了自己出于生命本能的自性追求,同时也劈醒了庄周看似恬淡超然的道德伪装。人性的天然状态本该就在鼓盆而歌中走向彼此自立,但却在瓦盆骤然的破裂声中,呈现出了田氏、庄周彼此相对却又走不出夫妻伦理道德束缚的尴尬与无奈。

剧中的扇坟少妇与劈棺田氏,生活环境有很大不同,生活定位亦有很大不同,但同为女性,同有女性的欲望与追求。剧中翩翩楚王孙与巍巍庄夫子,本身就是庄周虚实幻化,互为影像,又各为表里,他们在人性相通的认知中,既走出了各自不同的人生选择,也呈现出个体对于自我与世界共有的自觉自省。当然,剧中的庄周与田氏同样互为影像,在人之为人的生存本性中,虽然男女殊途,却经历了自我蒙蔽、自我发现与自我觉醒,他们面对道德伦理,既想独立而又难以摆脱彼此羁绊的困惑,正是剧作家对于时代转型之间的男女关系至为真实、至为深刻的剖析。在这部作品中,不会因为田氏由人性的蒙昧到清醒,而给予她"女权主义者"一般的标签;也不会因为庄周从哲理的证悟到沉沦,而给予他"封建夫权"一般的批判。相反,剧作以最大限度的生命认知,将这种男女关系上升为对于人所依存的文化困境的一种隐喻表达,既展现着生命本能意志突破文化限定而进行的自我挣扎,同时也展现着文化个体无法逾越道德身份标识而付出的生命代价。

因此,剧终之时,随着田氏与庄周的相互审视,相互告别,在彼此回望而又决然离去的时

候,那个瓦盆突然破裂喊出了一声"咦",将人性中的情、欲、理之间分不清理还乱的状态,做了最具调侃、也最具理性的质问。当观众在完成剧场审美后,对着这一声质疑,走出剧场进行不停的讨论时,这部具有深度艺术哲思的作品,其实早已超越了戏曲娱乐欣赏的边界,走进了普通观众的生活中,走进了他们进行生命自我观照的精神拷问中。这正是广东汉剧《蝴蝶梦》从剧作家那里获得的最具现代质感的审美高度,这也是20世纪八九十年代中国戏曲致力于人性主题的表达中,用纯粹的艺术形象与戏曲创造,对一个时代的文化命题进行的高级回应,它显然超越了传统戏中的"大劈棺",也超越了这个题材进入现代社会以来进行的诸多改创。

在《蝴蝶梦》中,李仙花一人分饰两角,几乎不露痕迹地呈现了两个个性、气质与命运走向迥然不同的人物形象。

在《扇坟》一场中,以花旦应工的扇坟少妇,在一悲一啼间,始终透露着女性本来的娇媚柔美。那种纯然天成的个性,在她初次出场时,通过细密轻蹀的云步和静若玉山的身段,展现出一种袅娜与自信;而一把纨扇间闪出的窥视与观望,又以俏丽的神采,活脱脱地流宕出女性不可遏止的天性与洒脱。因此,在一席孝服的包裹下,这样的一个女性形象,以人性本真的状

在广东汉剧电影《蝴蝶梦》中饰田氏

态，展现着属于她的天然之美。在汉剧音乐的行弦伴奏中，李仙花通过手、眼、身、步的移转，在鼓板的节奏中，在一把纨扇的舞蹈中，以无声的造型变化，塑造出了不因身世凄凉而有所改变的青春女性形象。这段出场表演在【西皮导板】"快步匆匆往前赶"之后，以极尽渲染的做工，转接到了【西皮二六】"青春佳人着缟素。往日郊外来踏青，今朝执扇在坟头"，在面对孤坟而喊出的"夫啊，你撇得奴家好苦啊"的叫板后，唱出了旋律优美的【西皮原板】"原以为恩爱夫妻偕白首，谁料想你半路之上把我丢"一段唱腔，将遵守伦理捆绑而人性难以收束的气质特征，淋漓尽致地表达出来，在短短几分钟内刻画出了扇坟少妇经历失偶后对于人生寄托的所思所想、所怨所盼。

在庄周帮助她扇干坟土的前后，她从稍显庄重沉郁的状态中，通过逐渐熟络的沟通，以佻达的语气询问庄周是否需要续弦，并且取笑他"家中有一个扇坟的"。此时的李仙花只是通过身形的半蹲与侧转，在眼神顾盼轻瞟之间，就完成了她对于世理人情的感通，以真实的生活情态来展示少妇不可遮蔽的女性情态。而后面对扬起的干燥坟土，在短暂愣神之后，以眼珠快速的左右转视，既表示清理尘土后的生理反应，也传达出心理期待骤然实现后的放任与欣喜。此时的她单手扯下翘起的孝鞋，在灵动的身姿翻转中，除去头上的孝带，并用花旦特有的耸肩抽袖和花梆子碎步，通过在台口的两次表演，展现出少妇欣喜过望后的轻狂和放浪。

这种通过花旦行当的特有程式来塑造人物的方法，固然是对传统青春女性的一种普遍表达，但在这一系列轻巧圆熟的表演后，随着少妇即将走入台后时，突然间回身面向庄周深深叩拜，深情郑重地喊出"多谢先生"，并以悲情的起身和具有力量感的欠身动作，表达放弃既往生活后的释然，这就呈现了这个少妇深沉的情感基调，显示出与同龄女性完全不同的身份背景。而面对庄周递过的纨扇，她微笑地一推，马上转身回视，在由慢渐快的脚步挪移后，以快碎步带动两手虚拳的抢转，展现少妇奔赴新生活时自由而急不可耐的状态。极其夸张的动作，完全不同于此前的生活情态，而将其内心世界通过动作做了最大程度的释放。应该说，同一个少妇，在李仙花动用花旦技巧来塑造的时候，或者取诸生活，或者诉诸夸张，都始终围绕着少妇在扇坟前后过程中的不同情感状态，游刃有余地实现了这个人物在个性气质上的渐次变化。这种适用行当而又契合人物生命动感的表演方法，显然让具有模式化倾向的行当艺术，真正化在了演员身上，转变成为具有人性韵律的动态形式，达到了演员、行当与形象的相融无碍。

李仙花通过对扇坟少妇的创作，将花旦行当表演赋予了丰富的人性表达，显示了她对青春女性完整的个性把握，也超越了花旦行当技术层面的程式规范。

李仙花用花旦行当塑造少妇之后，紧接着在《毁扇》中则以青衣应工来展示田氏的庄重沉稳。如果说扇坟少妇是以佻达俏丽的身形体态，来渲染不被孝服遮蔽的天性，那么田氏则是将微微悸动的内心，包裹在青衣素服中，用深沉的吟唱来舒缓久经压抑的苦闷。因此在悠缓的音声伴奏中，田氏正襟而出，在保持青衣行当的沉稳身段中，加重了对其恪守庄子师教的渲染，这个出场不是一般青衣的女性体态，而呈现着浓重的庄严肃穆，这正是田氏身处南华堂、奉行庄周哲学的特有质感，由此成为田氏这个人物最初的人性定位。

在一段【西皮二六】转【西皮慢板】唱腔中，田氏吟咏的"又是一年菜花黄，春色撩人日脚长。南华堂前摘菜根，和风小送畦土香"，用汉剧缠绵的拖腔，从看似恬淡的状态中表达出深藏幽微的一点心绪。唱词中的春色、和风、黄花、土香，都是在静穆中散发着活力，这种对自然的体悟正与她之后唱出的"池塘水倒映着淡淡的天光"相契合，成为真实本心的流露，也是在这样的唱词间，她的身段和手势陡然显示出了女性特有的姿态。因此，在"心如止水无欲求"的自我表达里，她意外地看到水边的小花，以照影自怜的贪爱，本能地将花摆弄在自我陶醉中，"这一朵小花儿怎地这么香"的感慨展示出她根本无法压抑的青春企盼，她在左右扫视后，偷偷地沉浸在人面与小花相映成趣的自我慰藉中。在一段只有十数句的唱腔中，李仙花从随顺阴阳的表面枯槁，演出了春水微皱后的内心波澜，让这个人物从出场就显示出了表里有别的矛盾。她的礼法恪守是真诚的，她的天性展露是本能的，这种错位也必将带来最终的人性舒展。这个活生生的独特性，正是李仙花为田氏做出的重要诠释。

正是基于这样一个"田氏"的定位，她面对世俗的姜婆婆，体现出一副凛然高贵的从容，在面对令人尊敬的庄周时，则是一副以弟子礼仪而出的恭谨，但是真正到了夫妻关系中，她才释放出女性该有的做派。面对那把撕毁的纨扇，李仙花采用青衣的本工表演，通过一套二黄对唱的展开，将她对生死、对守节的情感态度充分表达出来。这种比较短暂的本色展示，到了【二黄慢板】"那妇人捎来了这柄纨扇，搅得我古井水微起波澜"，已经完全是青衣行当所要诠释的本色的女性个性。尤其是楚王孙出现在生活中后，身着素服的田氏更加展现出成年女性所具有的成熟，她与楚王孙的对答接应，完全是师母与弟子之间的通达。

李仙花这种准确的形象定位，来自她对旦行艺术娴熟的驾驭和超越。在塑造鲜活的田氏形象时，她已经将行当表演化在了形象的成长变化中。因此，在接下来的《汲水》《成亲》《劈棺》三场戏中，基于楚王孙的呵护、求婚以及急病，田氏形象呈现出更加多元的人性侧面，多元行当的艺术技法让这个"青衣"呈现出更加丰富的气质。《汲水》一场戏中面对楚王孙深夜帮扶，感慨生命苦况而接到楚王孙递来红手帕时的方寸凌乱，以及二人同抬水桶时的默默无语，滑倒青苔后的暗自沉思，田氏展现的正是闺中女性所具有的娇柔、羞怯、袅娜，田氏以更加青春的生命风采来回应楚王孙的温情呵护，此时的表演充满着浓郁的闺门旦特色。在《成亲》一场戏中，面对红手帕，田氏心思紊乱，从手中的把玩，到断然扔在地上，再到战战兢兢地左右环顾而毅然拾起，忐忑的心态俨然如《拾玉镯》中闺中小女子第一次面对的情感试探，此时的表演则兼容了小花旦特有的情态。《劈棺》一场戏中，田氏右手执斧，左手水袖，利斧挥动，水袖翻舞，在【反二黄倒板】"顾不得胆儿惊心儿惨浑身抖颤"衔接紧打慢唱的节奏中，刚柔兼具，文戏武做，此时用跳脱于青衣之外的调度和排场，结合碎步、蹉步、跌扑、乌龙绞柱等技法，来强化心理走向极度时人物性情走向极度夸张的状态，歌舞身容表演吸收了刺杀旦、武旦的程式动作。

显然，李仙花在表现田氏这个人物时，基于人际关系的变化，在青衣行当基础上，跨越了行当边界，综合性地使用了其他旦行塑造形象的方法和程式手段，让田氏真正成为一个内心与行为，从相悖相离到相融相彰的真实女人，真正挖掘出了在文化传统中被边缘化了的田氏所具有的人性本真。这样的人物形象显然是鲜活的。

三、李仙花对于广东汉剧的艺术贡献

优秀的剧本可以成就演员，但没有好的艺术，演员会因为自身的平庸而泯灭作品的灵性；同样，优秀的演员也可以成就剧本，但没有好的文学，剧本同样会因为文本的缺陷而减弱演员的努力。盛和煜先生在《蝴蝶梦》中的文心巧思，让这部作品的戏剧文学几近完美，因此，需要真正有实力的优秀艺术家进行二度演绎。文学与舞台相得益彰，才能实现这部优秀剧作的精准表达。李仙花正是这部剧作思想深度的重要诠释者，也是舞台艺术的重要创造者，她用几近完美的人物塑造与性格定位，在舞台上实现了田氏与少妇形象的个性变化与情感挥洒，说到底，她用自己的艺术真正实现了这部戏的现代表达。

《蝴蝶梦》所创造的田氏与少妇两个艺术形象，应该说是新时期广东汉剧艺术的阶段性成就，是对黄桂珠、梁素珍等前辈艺术家传承创造的旦行艺术范式的一次成功再创造。剧中的这两个人物，既是传统程式手段塑形而成的艺术形象，也规避了类型化、模式化、简单化的可能趋向，立体展示出女性形象独立、饱满和丰富的个性情感，附带着当代审美所需要的现代立场与品质追求。

通过长期的艺术积累，以及独树一帜的表演艺术在《蝴蝶梦》中的充分展示，李仙花已完成了对于广东汉剧旦行表演艺术的个性化创造。她在旦行表演艺术领域中的多元驾驭，让她面对诸多作品人物时，始终能够游刃有余地出入于行当与形象之间，在把握行当艺术规范的前提下，创造着人物形象本该具有的人性特征。用戏曲本体的艺术手段，将人物形象作为舞台艺术创造的第一要务，这成为李仙花延展广东汉剧艺术传统的重要经验，当然这也让她更加游刃有余地出入于戏曲表演传统与现代美学追求的艺术边界。

特别值得提出的是，由于广东汉剧长期在潮汕方言区、客家方言区流传，舞台语言的中州韵和方言白都受到了地方语音的深度影响，甚至一度出现用客家话来作为广东汉剧舞台语言的实践。事实上，广东汉剧是清代进入岭南的外江戏在闽粤地区的遗存，因为其主体是西皮、二黄、四平调等徽汉声腔，因此从学术和传统上被看作与汉剧、粤剧、京剧等同源异脉的剧种。广东汉剧随着潮汕、客家等群体在东南亚等地区的流播，其声腔和表演在海外长期被看作"国乐""儒乐"的重要组成部分。汉剧之"汉"除了标识其剧种声腔源头之外，还与客家人以汉族为中原正统的"汉"有着密切联系。因此，客家人的语言音韵始终保存了汉语正字文读的传统，客家人的礼仪行为始终保存了礼乐文化传统，客家人的乐名汉乐，其剧名汉剧，都与其语言文化和礼乐传统的传承秉持密切相关。这也让广东汉剧在传承传统时，更容易取法同源声腔剧种的艺术之长，广泛吸收客家文化之正，也更容易在中国戏曲丰厚的艺术传统中完成时代创造。

在这种背景下，李仙花的唱念在京、汉艺术基础上，将舞台韵白有所提纯，既不用京汉正韵来取代广东汉剧的韵白，又保证了唱念相对准确地符合舞台官话的规范，客家本地人认同是传统正音，而外地人又不因方言影响而有语言陌生感。特别是舞台散白，取法京剧京白，融入客家话文读标准，并充分地展示着戏曲语言所必需的节奏韵律。因此，李仙花的唱腔与念白有效地处理了客家土音的干扰，使传统的旋律韵味更趋于干净纯粹，也让广东汉剧在皮黄腔系统的剧种中，在保持剧种的艺术识别度的同时能在语言规范上做到齐平一律。这种舞台正音的当代实践，整体上提高了广东汉剧的艺术品质。

四、李仙花表演艺术的当代启示

21世纪以来，随着《蝴蝶梦》的成功，李仙花的艺术实践更加主动和大胆。她主演的《白门柳》等原创作品，持续地保持着此前成功的经验，也显示出对于传统的更多出离，甚至与其曾经取得的成功经验有所背违。

例如《白门柳》对于京剧艺术的更多借鉴，以及偏重于古典文人趣味的题材选择，或多或少偏离了客家观众对于广东汉剧的惯常审美。这当然是广东汉剧院的整体发展诉求所致，同时也包含了李仙花对于这个古老剧种现代转型的思考。这当然需要时间检验和艺术评估，却也真实地展现了广东汉剧意欲快速跟上时代需求的具体实践。在这两部作品中，基于旦行表演艺术的多元化和综合化，创造边缘化的女性形象，突破戏曲传统视野下的女性形象审美，展现现代社会对于女性更加理性的人文关怀，已然成为李仙花在广东汉剧旦行表演艺术领域中的核心创造内容。这也让李仙花积极的艺术实践为广东汉剧进一步走向理性创作，提供了进行深度艺术思考的参照。

李仙花不但在舞台上展现其成熟的创造活力，而且涉足多元媒体对广东汉剧的推广和再创，将广东汉剧与现代电影艺术进行结合。广东汉剧历史上曾有过代表性的作品被拍摄成电影，如《齐王求将》《一袋麦种》，就曾以写实的风格，将舞台剧进行了很好的艺术再现。时隔半个世纪，广东汉剧《白门柳》《蝴蝶梦》相继被搬上电影屏幕。电影版的两部力作以电影独

在汉剧电影《白门柳》中饰演柳如是

特的镜头语言，给予戏曲更加现代化的开掘，让广东汉剧舞台上的唱念做打等技艺，转化成电影多重叙事结构中的情感和精神。

例如汉剧电影《白门柳》采用实景拍摄，剧中柳如是深夜探视钱谦益，一首【小调】（夜深沉）以典雅幽静的优美旋律，配合着人物在传统庭院回廊间的自思自量，既突出了柳如是极具古典风范的仕女形象，也营造出了安闲恬静的江南文人环境，这一段演唱可堪与广东汉剧传统经典剧目《百里奚认妻》"叹沦落"一曲古调媲美。而在该剧的电影视觉中，李仙花或男扮、或女妆，都比较贴近人物形象在不同环境中的身份气质：在竞选花魁中脱颖而出的柳如是，具有风尘形象而又带着凌厉风骨；在钱、柳和谐的婚姻生活中，柳如是则显示出端庄风雅的气度，且饱含温婉柔媚的气质；在柳如是说情一段戏中，柳如是虽有几分佻达，但最终展示出了更多开朗和悦的随性，仿佛元代杂剧《望江亭》中的谭记儿为夫赴险。而柳如是面对家国变乱，一袭青衣，在练达中不乏沧桑，在沉稳中饱含悲情，为最终夫妻殊途做了形象的铺陈。这些各具色彩的形象质感，来自电影视觉对于人物多元化的捕捉，以及在情感节奏中对于视觉形象的聚焦呈现。这都与舞台表演存在极大的差别。李仙花在广东汉剧电影中，同样娴熟地驾驭着对于人物形象的把握，并通过电影特有的技术手段，将其自身的魅力放大。这些创造当然也用今天的电影审美趣味对前此汉剧电影艺术做了又一次超越。

李仙花在传统剧目中，演新了广东汉剧舞台上固有的女性形象；也在新创作品中，新演了诸多贴合传统审美的女性形象；更在原创剧目中，创造了符合现代审美的女性形象；而且在戏曲借助电影、新媒体进行艺术载体的转化过程中，创新了同名剧目的表达手段。扇坟少妇、田氏、柳如是、潘金莲等艺术形象所张扬的人物个性和时代气质，都成为她用时代观念来创造广东汉剧新的女性艺术形象的重要实践。

在广东戏曲界，关注李仙花的戏曲人和理论家们用"古调仙声"来概括李仙花的创造实践。这种评价自然包含着李仙花在四十余年艺术道路上，以《蝴蝶梦》为中心所形成的表演艺术经验；当然也包括广东汉剧"古调"在追求现代转型中，李仙花为剧种所进行的各种现代化的实践。散发在广东汉剧这个古老剧种中的时代之声、时代之形、时代之质，都因李仙花自身的艺术素质和独特的艺术个性，呈现出"仙声"所具有的流派趋向。当然，是否形成流派，还需要她以及更加齐整的青年后继人才团队，在更多的艺术作品中来承载这种成功经验；还需要广东汉剧的观众群体，在接受与传习她的艺术创造中，来理解、认可她为广东汉剧所做的有效而独树一帜的艺术推动。这有赖于广东汉剧旦行表演艺术在适用她的艺术创造经验时，持续而成功的创作，精准而有效的传承，深入而理性的宣传。无可置疑的是，李仙花在广东汉剧旦行表演艺术中所达到的高度，拓展了前辈表演艺术家的艺术范式，并且与改革开放以来中国戏曲剧种诸多领军艺术家所进行的成功实践，可以比肩并辔，并且成功拓展了中国戏曲艺术体系的艺术库存。

笔者在1997年第五届中国戏剧节上，曾在剧场体验过广东汉剧《蝴蝶梦》的剧场效应。这部获得过戏剧节七项大奖的作品是李仙花在扎实的传统基础上，层楼再上的一部力作。之后笔者又多次观看《蝴蝶梦》"京汉两下锅"的创作演出，以及她在中国戏曲学院创作演出的南戏复原剧目《张协状元》。这些古风极重的创新作品，都在化用古典意蕴的基础上，饱含现代品位，极好地展示了演员对于舞台境界的创造能力。李仙花对戏曲艺术的深度体会和精彩表现，拉近了广东汉剧与现代社会的审美距离，也让这个剧种以更为成熟的艺术姿态出现在当代中国戏曲的前沿创造之中。

王馗

中国艺术研究院戏曲研究所所长

"戏"与"影"的结合 | 赵 达

广东汉剧《白门柳》从舞台演出到银幕放映,在转化中进行了多方面的改造与创新,试图将戏曲艺术的"虚拟性"与影视艺术的"纪实性"相结合,通过镜头的剪辑、光影的变幻、程式化表演、多样化唱段等方面的变化,用影视拍摄的手法尝试建立大银幕上广东汉剧的审美方式。既不一味注重影视艺术创作规律而忽视传统戏曲艺术理念,也不原样照搬演出记录式的展现,"转化欣赏模式"变成了此次创作的重要课题。

影片《白门柳》创作的初始阶段是确定影片风格,这是创作理念的核心,尝试保留舞台演出中"场"这个概念,通过修改调整形成"荐婚""专宠""受笺""弄箫""改笺""投池"六场,既延续传统戏曲观众的欣赏理念与习惯,又传递给新观众戏曲本体场次观念。同时为建立视听语言整体性,创新增加了"间场"概念,运用"歌舞演故事"的表达方式与"场"形成呼应,成为剧情推进、情绪起伏、信息传达、上下场连接的重要过渡模式。在短短一两分钟内通过电影的蒙太奇手法,表情达意中将大量信息汇总剪辑成为辅助叙事的"间场"过渡,辅之以适应情绪的音乐唱段,表情达意中将"迎娶""秘访""被囚""获救""逃城""叛国"六个辅助叙事内容展现其中,形成"场"与"间场"两者相互呼应、彼此连接的叙事手法。同时根据原有舞台演出基础、剧种特色、表演风格、服装化妆条件等一系列因素,综合考量后,在本片的总导演张辉的带领下,创作组共同研究剧本,决定实景拍摄的方案,并考察了横店、广州、梅州、北京等地的拍摄基地,最后选定江苏省木渎古镇作为拍摄场地。实景拍摄不仅给演员带来有别于舞台的新表演方式,也给摄制组拍摄带来了新的难度与挑战。拍摄中需要适应天气、等待阳光、回避杂音、疏导游人等。也正是通过克服种种困难挑战,在相对可控的成本下实现了本片的样貌。

在"转变欣赏模式"的创作过程中,戏曲表演的转变是最有代表性的一次创作。在电影

《白门柳》中,演员需要在表演时发挥自己的主观能动性,根据人物去演绎角色,每一句唱词、每一个身段既要符合影片整体风格,又要准确传达自己的语汇,因此,戏曲演员需要对角色的理解进行整合重塑。如何演活人物,给演员带来具有难度的新课题。本片领衔主演李仙花在拍摄中让我们近距离地感受到她对艺术追求的执着,感受到她身先士卒、坚韧不拔、勇于挑战的工作态度。在拍摄期间,她每天坚持带妆十四小时以上,面部粘贴之处都起了血泡。为了保持化妆她不能吃饭,只能用吸管进些流食。她对创作的工匠精神感染了每一个现场的工作人员。拍摄过程中她从来不急不躁,以平和微笑对待每个剧组成员,表现出大家风范。在她的影响下,我们这个剧组团结协作,难事好商量,急事不急躁。

在人物塑造中,李仙花老师、张广武老师、黄小贝老师在"手眼身法步"戏曲表演艺术的五种技法上也有所创新。怎么将手为势、眼为灵、身为主、法为源、步为根的理念,通过镜头语汇表现给观众,是我们在人物塑造上的重要一步。在适应镜头的戏曲表演创作中,不能背离规矩和法度,要将演员表演的意境和神韵准确无误地传递给观众。

"手"。剧中主演柳如是出场时妩媚而脱俗的手势;身份转变后夫人稳重与端庄的手态;重

广东汉剧电影《白门柳》剧照

回艺馆为夫疏通与掌权太监纠缠时柔美与娇羞的推脱手势；投池前坚定与苍劲的握拳表达。几重不同的情境下"手"的表演，通过经验丰富的主演李仙花老师的重新创作与设计，在镜头前将人物情绪通过手部的表演传导给观众。另外，在徐公子欲贿赂公公的一场戏中，二人手势传递银票的特写表演，展现出两种态度、两种身份、两种心情、两种人物性格对待此事的鲜明表达。同时为银幕展现需要，在创作中也将中近景部分的手势表演提高了表演身段位置，已达到呼应人物面部表达、延续全景表演情绪、展现细节表演的多重目标。

"眼"。对于戏曲演员的眼部刻画是创作的重中之重，为了在银幕前更好地展现戏曲演员眼部表演，减少普通观众欣赏的距离感，演员在面部及眼神的表演上，调整了以往舞台化表现的方式，结合影视及话剧表现方法，尝试"心意传神"的眼部刻画方式。在钱谦益身为东林领袖文坛祭酒时泰然大方潇洒赴宴的仪态，与兵临城下炮轰震天时惊慌失魄慌乱无主的神情，通过眼神表演形成极大反差。而在主演柳如是的塑造上更为突出两次小生装扮，虽同为一个人物、同一种服饰装扮，却演绎出两种不同的心境，两种状态。勾栏瓦舍中柳如是小生出场的潇洒帅气与委屈赴宴中无奈与不屑的表演形成反差，情绪的表演通过眼神表现得淋漓尽致。

"身"。为了整体影片风格，采用偏向写实的表现手法，在身段中的行走、武打等方面尝试写意融入写实表现方式。阮大铖夤夜出场偷偷潜行时，在锣鼓中身段表演的出场，改为夜幕情境下石桥上悄步入画，瞭望钱府情形后急匆匆赶路险些摔倒的一系列动作，既体现了人物出场时的环境背景，又刻画了性格特征，同时结合戏曲身段调整了表演方式。

"步"。台步成为本部影片演员表演创作的难题，既不能失去舞台表演的程式化脚步，还要在实景表演中不突兀。在拍摄前期演员与创作组就到实景场地中开始排练走台，通过现场调整，结合镜头测试，确立带有自然化仪态的程式身段，既可与戏曲乐队伴奏相结合走出舞台感，也有与场景适应融入生活的现实感。除去创新的脚步身段还保留了原有脚步程式化表演。在柳如是投池一场戏中，圆场功、水袖功、投池的步伐等多层次、多景别、多角度、多方式地展现了步履身段的技巧，通过一系列脚步身段将人物此时的心境与态度跃然银幕之上。

在妆面上特别要求化妆既要有舞台感，又要适应银幕的放大和细节的真切感。造型设计张洋与戏曲妆面设计俪娜在化妆上通过反复试妆磨合，确定偏向影视化的创新戏曲妆面设计。这种设计使得柳如是艳而不妖，媚而不俗；使得钱谦益的仪态庄重大方，表情真切。同时演员每场人物心理的创作也极其丰富，妆面随剧情与人物性格而变化。每一场次的妆面上戏曲贴片方式都会根据人物性格进行再创作，所以每一场贴片都有不同的贴法，结合妆面的面红打法，颜

在广东汉剧电影《白门柳》中饰柳如是，张广武饰钱谦益

色的运用和过渡，眼尾线条的处理方式与演员人物情感处理方式相呼应。戏曲化妆造型其实在人物创作中是多变的，不可千人一面。化妆技巧的表现手法上"顺势而为，借势而进"这句话用在戏曲化妆创造当中恰到好处。

拍摄戏曲电影要高度重视唱、念的录制。"戏以曲传"，优美的唱腔是剧目的生命力。作曲家钟礼俊现场指挥，要求很严格。棚里先期录音要保证音质，同时要保持表演的现场感、距离感，要保证演员情感的音色变化。李仙花老师大段的咏叹调，时唱时吟技巧丰富，要保持她在时明时暗、音断气不断中的情感信息。特别是念白，广东汉剧在湖北汉剧的声韵基础上，又和广东音律相融合，呈现出非常独特的念白方式，我们在录制中高度还原，所以影片在广东和北京放映时，发现南方和北方的观众都能听懂，没有审美阻隔。录音师刘菲在声音创作中既突出实景拍摄的实，也就是真实写实，又还原画面中应有的声音，也注意实的度，做一些虚化处理，会让整个声音气氛更贴近戏曲的感觉。"弄箫"一场，从公公听见箫声，到循着箫声出画最后到柳如是出现在画面中，一开始听见箫声做了立体声环绕虚化处理，听感上并没有一个明确的发声点，目的是营造虚无缥缈如真似梦的感觉。当公公循声而去直至发声源出现在画面中，声音从虚到实，从环绕不定到指向画面，配合调度进行了转换。而这种创作方法在现实题材电影中是很少会使用的。整个创作过程中，大到声音的整体氛围设定，小到一声细碎的脚步，都进行了充分的探讨和多次实验，目的就是尽可能找到既符合电影声音制作特性，又能充分表现戏曲独特魅力的创作结合点。

色彩风格，尝试以色彩讲故事。开场"荐婚"秦淮酒肆的"花色"中，柳如是小生出场如清流般的"淡雅的蓝色"与换装后"艳丽的粉色"形成对比，也凸显柳如是性格中两个不同的特点，傲骨与柔情的双重属性。"专宠"一场情深意切中浓烈的红色表达钱谦益浓烈的情谊、柳如是对美好生活的向往。对原剧本中最后重场戏进行大规模调整。荷花舞取消，调整为蒙太奇处理增加回忆片段，通过影视手法增加暖色系的美好回忆与冷色系的遭遇回忆两条线路，消色处理的童年成长影像等一系列展现。为了消色荷塘氛围展现，摄影师戴光在十二米的吊车上一待就是六小时，摄影师彭喆经验丰富，不时谈想法、出点子。

影片放映以来受到专家和观众的认可并已幸运获得两个电影奖项，剧组全员受到很大的鼓舞。我们很感谢剧组中的灵魂人物——广东省文联专职副主席李仙花老师，正是她早在1997年中国戏曲学院读研期间，就将刘斯奋先生获得茅盾文学奖的长篇小说《白门柳》，创作成广东汉剧搬上戏曲舞台，我们才有机会拍摄出广东汉剧数字电影《白门柳》。戏曲作为舞台艺术，在与电影艺术相结合时，必然有一个相互适应、转化、融合、再创作的过程。在拍摄时选择以哪种艺术形态为主导就决定其呈现出何种美学特征，不同的拍摄理念导向不同的影像审美，而"影"与"戏"之间主导地位的占比，成为戏曲电影如何解决舞台艺术程式化、虚拟性和影视艺术写实性、多样化之间矛盾的关键。处理中既"实"中有"虚"，也要"虚"中含"实"，以达虚实相生之效。

"戏曲电影"具有深远的探索空间，我们永远是探索者。

原载《中国艺术报》2019年12月18日

《白门柳》：广东汉剧的电影之美

谭 政

    作为中国传统文化非常直接的传承和表现载体，戏曲电影融合了许多艺术形态的优点。它是传统的戏曲与科技时代的电影相融合的形态，故而虽然它无法像普通的商业片或艺术片那样被广泛接受，但戏曲片作为独特的艺术形态，能呈现给观众多个层面美的享受。广东汉剧表演艺术家李仙花主演的《白门柳》近期在北京展映，让许多观众第一次体会到了广东汉剧的艺术魅力。

    首先，基于戏曲角色优美的造型以及考究的舞美设计，呈现在银幕上的一般都是优美的画面，《白门柳》几乎全部场景都是在苏州园林拍摄，呈现在银幕中的都是创作团队用心经营的镜语，美感十足。其次，担纲主演的一般都是梨园内的名角，很多都是各种奖项在手，因而演员的唱念做打均富有韵味，尤其那优美的唱腔，更是让人沉醉，《白门柳》女主角柳如是的扮演者李仙花曾两度获得梅花奖，通过大银幕展现，戏曲的魅力在她的表演中得到很好的呈现。最后，在所有电影门类中，戏曲电影对剧本文学性的还原是最完整充分的，因为戏曲电影的唱词和念白都是词牌或歌赋，文辞的形式美感和优美韵味能够完整呈现，这是其他故事片所不具备的。在整部影片里的观赏过程中，可以逐字逐句去欣赏这些唱词的美好，对于喜欢文辞的观众来说，便是一种享受。《白门柳》的唱词便是这样，尤其是柳如是对《燕子笺》改词那几段，"杨绿袖伴红衫"改为"绿云鬓茜红衫"确实改得很好，体现出古文文辞的微妙精深，所以戏曲片的全新创作能让中国的诗词歌赋等形式的古文得以传承，并通过影像而流传在当下。当然，这样的戏曲片对观众也有要求，必须具备一定的文学素养才能完全听懂看懂这些角色的唱词，否则稍一疏忽便把精彩忽略了，所以往往难免曲高和寡。

    戏曲因其假定性和写意性，跟照相似复原的电影创作，天然存在冲突。如搬上银幕，其电影化便是重中之重的创作内容。《白门柳》电影化的镜语表现显然能看出其用心所在。主创把影片的场景放在了苏州园林，囿于成本的不高，戏曲片一般无法展现大场景，但亭台楼榭的外景使得中国的传统建筑之美有力地优化了银幕画面，园林的移步换景在银幕中流动，在叙事推动的进程中，也让镜头语言不会受困于常规场景的朴拙。

此外，戏曲程式化的规则也往往阻碍其顺畅地搬上银幕。《白门柳》的主创发挥了很多精力去琢磨，怎么让戏曲程式化不太适合展现的内容予以遮蔽，而对于适合展现的优美的段落则倾情呈现。比如片中很多中近景，远景很少，一方面是成本所限以及为电视播出做准备，另一方面带来重要利处，即以遮蔽程式化场景叙事的必然选择，从而择选和呈现精彩。比如说片中走台步的呈现段落，只有柳如是在边走边唱的时候有一点完整呈现，大部分的处理都是角色有一个起势便很快就切到近景，它保留了程式的东西，戏曲的韵味还在，但因为是近景呈现而不显得程式化的突兀，关键是戏曲的美感还在。这种虚和实结合让镜头里的电影需要的写实内容与戏曲的形式美感，找到了一个很好的界点，让戏曲之美与电影之美相融相生。

汉剧电影《白门柳》最华彩的一段应该是柳如是准备投湖那一段，这是片中电影化手法最

广东汉剧电影《白门柳》中饰柳如是

为彻底的一段，让汉剧的优美和影像的唯美合二为一。影片开始点花魁的段落还能感觉到演员调度和灯光设计的局促，因为牵涉的人物多，场景又不是特别大，所以几位角色出场的时候没有处在理想的光区，后景吹笛子的演员都处在暗区。到投湖这段，各种处理已经非常自如了，因为完全围绕柳如是一个角色在进行各种调度，基本上所有电影化的手段在这里得到极致的显示。一段空镜蒙太奇，空中云潮涌动，绛云楼前树枝随风飘摇，尚贤堂的牌匾成巨大的讽刺，而后一段平行蒙太奇让柳如是和钱谦益的人格对比一目了然，俯拍下的钱谦益渺小卑微，而柳如是则是大量的镜头铺排其痛苦，呈现其人格的伟大。其后以景写情，空中黑云压月，湖中残荷凋敝，所有镜头应用主创几乎都想到了，包括闪回，画外音，包括同一个画面同框处理现实与过去的黑白情景重现，这些处理把柳如是内心动作和所受的煎熬都很自然地外化在银幕上，并呈现得极富意境。这一长段镜头，只以柳如是的吟唱为主，所以画面怎么构图都得宜。尤其到最后投河用声音来呈现，最后落在一个荷叶上面，只有它有颜色和光照，其他都做了消色处理，寓意她的高洁品德与超然人格。

在互联网时代，戏曲的发展面临很多难题，尤其是地方戏种的发展挑战更大，比如它的演员的挑选便不可能有常规故事片那么自由，一般主要角色能保证从形象到唱腔都比较符合，但一些次要角色就往往要根据剧团现有的演员来选择，根据其现有唱功的构成条件去调配演员，故而有时在形象上就没法达到理想的程度，《白门柳》也存在这种情况。好在因为戏曲的假定性会让观众天然忽略这些问题，观众能比较快地进入影片营造的氛围中，何况此时的戏曲已经努力让各种假定性建立在写实的叙事情境中。当然，柳如是出场的唱词如果能有更美的词来吟唱会更好一些，而点花魁书生指责歌女唱《后庭花》的逻辑如能处理得更顺畅则更好。当然，作为广东汉剧半个世纪之后重返银幕的作品，《白门柳》功莫大焉。

原载《中国艺术报》2019 年 12 月 18 日

光影放大的生动心灵展示 | 崔 伟

广东汉剧影片《白门柳》取材于同名舞台剧目。这是一出多年来很受称道的舞台力作，也是李仙花在全国奠定影响力的代表作。在舞台剧中，其独特的人物命运、精到的改编呈现，特别是生动的剧种表达，通过李仙花极具冲击力的精彩表演，当之无愧成为戏曲舞台上文学基础坚实、人文内涵与时代冲击力均令人难忘的精品。本次电影拍摄则又在舞台剧向电影的形式转换上有着诸多创新与亮点。

戏曲电影本质上有许多特点需探索，同时又面临着戏曲和电影两个艺术属性和审美特点不同的创作难题。要做到两种表现方式相得益彰，不违和，殊为不易，但其实也不难解决。因为艺术形式都是为内容服务的，剧中人的心路历程表达充分，情感抒发产生感人力量，电影手段、戏曲方法便会自然产生一加一等于二或大于二的表现效果。这一点在电影《白门柳》中再一次得以证明。

不能否认，茅盾文学奖获得者刘斯奋先生的原著有着极为经典的力量。其最征服我的是，刘先生对题材的高超把控，老到并精妙地寻找到柳、钱爱情背后最具有道德、筋骨的内核，同时又能以故事性极强的抒写，赋予严肃历史和道德命题以充满戏剧性和传奇性的温度。更重要的是强烈地呈现出作家本身不凡文化禀赋具有的深沉文化意蕴。文人与风尘女看似地位悬殊的两种人，在家国危机时不同的应对方式和处理上真实纠结的体味，辅以充满鲜明反差的展开，可谓深刻而独特。戏曲和电影《白门柳》因为坚守了作家和原著的准确定位、深刻开掘、艺术亮点等精华所在，因此在内容上才具有着坚实的根基。由此生发出的情节、情感怎能不具有感人的力量和悠长的深刻？

戏曲转化成电影必然要变：情节更简洁，重点更突出，场次更灵动，艺术手段和表演看点也要因应电影的特性与银幕欣赏的要求,要在戏曲的基础上迸发出艺术与情感的新强度、新亮点、新效果。从《白门柳》电影的呈现效果看,情节更集中于钱谦益、柳如是、阮大铖之间在国家兴亡之际的人生抉择、命运变化、道德臧否。戏曲中原有的那种聚焦和展示心灵的桥段被强化出来,并发挥电影手段予以了大力渲染。影片中柳如是在李仙花的塑造下得以亮丽而鲜明的重新呈现,让人印象尤深。

仅举印象深刻两例:那"夜深沉"一段的抒情,把她与钱爱情的基础和情感依托点展示得款款见真情。特别是克服了戏曲电影静止大段唱对电影欣赏和表现规律的背离,克服了过分舞台化而导致的与观众的欣赏间离。闻知明亡之后的绛云楼下一场,是她立志跟随钱谦益做新的选择,尽管后来情势陡转,但此时柳心路历程的"勤调停巧做主张"的确定和"人上人的滋味待我品尝"的憧憬,都是文学原著深刻而细腻的把握,也成为戏剧和电影准确而重点的描摹。李仙花确实显现出不凡的功力,唱的内容、变化层次、声腔把控、情感点染,均丝丝入扣,细腻鲜明。完全以剧中人物的心声之真切、歌唱效果之动人,使观众沉浸于对剧中人的真诚投入的倾听之中,产生比舞台演出还要强力的艺术效果。

《白门柳》电影和戏剧的转换,在表演方式与效果变化创造中,有些探索还是产生比较鲜

广东汉剧电影《白门柳》剧照

明效果的。例如，韵白的运用，强调了剧种和古典的风范；身段与表演幅度的收敛则适应了银幕前表演生活化的要求；锣鼓的适当减少则调动了演员情感的刻画的白描效果；特别是许多气氛音乐的增强，在电影叙述中烘托、渲染力度提升方面尤为强烈。这其实也是电影、戏曲转换效果的恰当艺术创造与有效支撑。

李仙花和张广武成为电影《白门柳》最亮丽的表演支撑。他们都是舞台经验极为丰富并在观众中有很大影响力的剧种的代表人物。张广武饰演的钱谦益好在并非追求一种流俗的风流文人的倜傥，而是重在表现一个有气韵和成熟文人的爱美之心、怜香之恋。他的可贵在于把全戏的重点表演准确地放在了命运弄人后的道德抉择的纠结，情感坚守的妥协时内心体味与外在表达。一段"触水惊心"，把钱谦益生死间的踌躇、愧悔，用"三不甘"表达心声是极为精准和精彩的，连观众聆听了钱谦益的心声，都不由有了决断的艰难。"投池"是高潮的戏剧情节，影片用舞台不具备的"空镜"满堂残荷等意境渲染，以及移动多变的镜头视角，把柳如是投湖前的内心波澜，对钱的绝望，对人生目标的坚守渲染得极为充分。李仙花运用了表演和歌唱的煽情手段，做到了情感淋漓的经典展示。"碧幽幽"一段核心唱段配合"长水袖"的表演，把柳如是内心寸断的绝望、立志一死的决绝，表达得感人至深，令人难忘，也使影片达到情感的高潮。

总之，《白门柳》无愧近年戏曲影片中很有特色和艺术看点的一部新作。

原载《中国艺术报》2019年12月18日

广东汉剧"仙派"呼之欲出　　李　英

广东汉剧在其漫长的历史发展过程中，经历多地流转，形成了丰富而深刻的艺术表现与内涵。在新时代，被周恩来总理誉为"南国牡丹"的广东汉剧再次起航。2019年，在广东汉剧院成立六十周年暨振兴大会上，广东汉剧院发起倡议，联合湖北汉剧院、福建龙岩汉剧传习中心、常德市汉剧高腔保护中心、陕西安康汉调二黄研究院共同推动汉剧申报联合国"人类口头和非物质文化遗产"。

牵头联合五省汉剧剧院申报世界非物质文化遗产，是广东省在传承与振兴传统文化的又一重大举措。新时代呼唤艺术佳作，作为传统戏剧精品的广东汉剧，必将绽放出新光彩。

广东汉剧随着时代的发展不断开拓创新，尤其自20世纪80年代以来，"台柱子"李仙花在中国传统戏曲艺术的基础上改革创新，逐渐自成一派，为广东戏曲的传承与发展做出了卓越的贡献。中国戏曲是"角儿"的艺术，戏曲流派的形成既是某一剧种繁荣的重要标志，同时也正是该剧种繁荣的重要内在原因。正如京剧，流派纷呈的时代即是它最兴盛的时代。在中国汉剧将向世界展现中国戏曲的魅力之际，由李仙花所开创的汉剧新流派——"仙派"呼之欲出，显示出汉剧在新时代蓬勃的生命力。

一、执着追求，自成一派

繁荣发展社会主义文艺必须造就一大批德艺双馨的名家大师，文艺工作者正置身于一个前所未有的时代，这是需要造就，也能够造就名家大师的时代。具备深厚文化底蕴的广东曾滋养孕育了许多文化名家，今日，处在新时代发展前沿并植根于传统的广东文化正在展现出新的活力，造就新一代文化大家，李仙花便是其中之一。

2017年12月，由广东省委宣传部、广东省文联主办的"李仙花广东汉剧传承与发展艺术研讨会"在广州召开，会议认为：广东仍然呼唤代表本土文化的名家大师，李仙花作为在本土文化这片沃土上成长起来的一流艺术家，在全国享有广泛声誉，完全具备突破高原、打造高峰的各项条件。另外，也要培育那些刚刚开始崭露头角，或者已经在一定范围内形成相当实力，且还具备很大发展潜力的新一代人才。要再添一把火、使一把劲，为他们进一步的发展，以及开宗立派、成名成家打造平台，创造环境。

戏曲题材的多样化与丰富性，正是戏曲繁荣发展的积极信号。[1]当代戏剧呼应中华民族伟大复兴的豪迈征程，既结合新的历史条件对优秀传统戏曲文化予以创造性转化和创新性发展，又在主题内容和形式手段等方面大大提升以艺术表现当代生活的能力。[2]

李仙花力争以主旋律正能量吹响振兴传统戏曲的号角，以大量思想精深、艺术精湛、制作精良的戏剧作品为中国戏曲抒写精神史诗，立足于改革开放的前沿，以现实主义与历史主义相结合的舞台表演风格为中国戏曲增添了独特而嘹亮的声音，是当代当之无愧的戏曲大家。

李仙花能够获得如今的艺术成就，离不开她自身的勤奋刻苦、执着追求。当初，中国戏曲

在广东汉剧电影《蝴蝶梦》中饰田氏

学院第一次开放招收地方戏曲表演、导演艺术人才，她抓住这次机会，考上了中国戏曲学院。本科毕业之际，恰逢当时中宣部提议让这批优秀的戏曲本科人才继续攻读研究生，李仙花再次把握住机遇，在中国戏曲学院继续进修。

李仙花勤奋好学的态度与力求上进的决心，深深地打动了当时在中国戏曲学院任教的教师们，郭汉城、傅雪漪、高占祥等老前辈特别看中李仙花能吃苦的精神。龚和德老前辈每次提到李仙花在中国戏曲学院学习的情景，都会由衷赞叹："仙花真不容易啊！她的孩子出生才一个月，她就从四季春暖花开的南国来到北京，气候不适应，挂念幼小的孩子，然而她是班里练功最勤奋的。"

"当时的中国戏曲学院条件相当艰苦，仙花在广东，无论是家庭条件还是工作条件，处在改革开放的前沿，这是当时难以理解的，她太能吃苦了，在中国戏曲学院进修期间，每天都是第一个到练功房，最后一个离开。"

当时戏曲学院的院长朱文相数次为李仙花提笔撰文："李仙花练功是这些学员中最勤奋刻苦的，她为了考大学和夺梅花奖，早晨骑自行车去校外补习文化课，下午学戏练功。"

排练《改容战父》时，演惯了青衣的李仙花虚心向宋丹菊老师求教，学习这本戏中经典的表演艺术——椅子功。椅子功有很多高难度的动作，李仙花在排练时经常磕伤腿脚，但她展现出传承传统戏曲功夫的热情与决心。她在一米多高的盘龙椅子扶手上，一气呵成完成了"前探海""穿椅僵尸下腰""勾椅蹲步"等一系列高难度形体动作。[3]

练《阴阳河》的"扁担功"时，她强忍腰部与脖子的酸痛，即使双肩红肿起泡、颈背磨破，还是滴着汗水苦练。每一种扁担技巧，她都要练上几百遍，扁担中间缠着的带子，被磨断了三十多条。这两个折子戏的技术难度相当大，可仙花的毅力更强，对舞台艺术创造执着追求、奉献身心的精神鼓舞着她苦学苦练、百折不挠。[4]

在学校的日子，练功已经很辛苦，可到了晚上，她还得继续复习文化知识，直到深夜。平时，她经常因为练功而错过食堂的饭点，饥饿的时候就用方便面草草充饥。因此，落下了难以根治的胃病。[5]

李仙花是当时戏曲学员班里的"南国"小姐，水土不服，感冒腹泻对初来北方的她来说是常事。据当时戏曲学院的院长朱文相回忆："李仙花的勤奋、进取和毅力使我和当时戏曲学院的老师们深为感动。"[6]

"梅风汉苑蕴仙花。"在中国戏曲学院进修一年之后，李仙花克服重重困难考取了中国戏曲学院本科，来自梅州小山村的她收到了来自千里之外首都北京的录取通知书。

当时中国戏曲学院的院长朱文相为了表达对仙花的热烈祝贺，于1993年8月版的《中国戏剧》发表了《耕种南国扬汉帜　香飘玉宇乘海风——致李仙花的一封信》，对李仙花的肯定、鼓励以及期望之情溢于言表："你在学院进修，边学戏，边练功，边刻苦补习高考文化课的情景，仍然历历在目。'世上无难事，只要肯登攀。'诚信斯言之不谬矣……近期，你又荣任广东汉剧院青年实验剧团团长，更马不停蹄地为参加广东省艺术节及进京争取梅花奖而挥汗奋战，加紧排戏。预祝全力以赴，精益求精，稳打稳扎，圆满成功。"

李仙花能够在中国戏曲界绽放华彩，离不开她自身的努力，而这也赢得了中国戏曲界老艺术家们的称赞与注目。

二、改革创新，独树一帜

中国戏曲艺术的传承，最重要的是流派传承。[7] 戏曲中的流派历来备受重视。一个戏曲流派的形成是艺术家的创造过程，它受到社会、时代、环境、文化、物质与机遇等各方面因素的影响。我国著名戏曲评论家傅谨先生在《京剧是否可能出现新的流派》中讲到三方面的因素：这要看是否具有鲜明的个人风格；是否沿袭传统戏曲的演员中心制；是否有大量作品来印证。

龚和德老前辈认为戏曲流派的形成大概有三个要素：一是是否在他的代表作中贯穿着鲜明的艺术特长与艺术特色；二是能否得到圈内外人的认同与追摹；三是是否有比较长久的舞台生命力，有没有公认的传承人，把他这些代表作继续流传下去，并发扬光大，还可以体现在新的创作中。

戏曲理论家朱文相认为一个优秀青年演员成长为表演艺术家，乃六个方面的合力所造就，可谓之"六合"，即天赋、勤奋、机遇、功夫、体验、文化。[8] 以戏剧界诸位专家的艺术标准来衡量，李仙花无疑开创了一个汉剧新流派——"仙派"，"仙派"是在继承传统、博采众长的基础上开拓创新而形成的。

王国维言："一代有一代之文学。"同样，一个时代有一个时代的文艺，一个时代有一个时代的精神。任何一个时代的经典舞台艺术作品，都应该传递时代声音，勇于回答时代问题。李仙花的"三部曲"（指搬上了戏曲电影银幕的三台广东汉剧精品《蝴蝶梦》《白门柳》《金莲》）准确地把握住时代脉搏，承担时代使命，站在改革开放的前沿，发时代之先声。如今已是广东戏剧领军人物的李仙花曾说过："倒也要倒在舞台上！"

广东汉剧电影《金莲》中金莲造型

　　她始终身体力行推动广东当代文艺的大发展，扎根新时代火热的社会实践，随时代前行。她的代表作"三部曲"诚然也不是凭空而出，这需要大量的经典剧目演出经验作为基础。从《花灯案》的一炮走红到《包公与妞妞》的省一级夺冠，从《蝴蝶梦》的完美交卷到《金莲》的大胆尝试，为塑造经典的舞台艺术形象，李仙花竭尽全力。这些舞台经典形象的总和，是李仙花舞台演绎体系和"仙派"的核心。成功的路只有一条，那就是用汗水来筑就。

　　"南国仙花开，剧团放异彩。"李仙花曾为中国戏曲做出了突出贡献，谈到"仙派"，则要从中国戏曲学院搬演被现代史学界誉为"中国第一戏"和"戏曲活化石"的《张协状元》谈起。从剧本自1920年被叶恭绰先生[9]从英国古玩市场购回，至今已经过去了整整百年。

　　当年，重新排演这个具有较高历史价值和艺术价值的剧本，曾是中国戏曲界许多艺术家的梦想。1992年，在郭汉城和龚和德两位中国戏剧界权威人士的支持下，中国戏曲学院于少非先生邀请中国戏曲界二十多位著名专家学者和国内数十名一流戏曲表演艺术家共同排演《张协状元》。同年10月，该剧在北京人民大会堂首演，演出大获成功。

　　在当时的条件下，搬演《张协状元》在表、导、演这几方面的困难都相当大，能够借鉴的资料很少。据导演于少非讲：我第一眼看到李仙花，觉得她的气质像极了王贫女。当确定李仙花出演王贫女这个角色，我很兴奋。导演组之所以最后决定由李仙花来担纲王贫女这个角色，完全是因为李仙花的舞台表演技术水准、她的勤学苦练和聪明伶俐过人的舞台智慧。对于这个角色的舞台阐释，当时没有任何可以参照的脚本，这完全要靠她的悟性。

看着仙花的刻苦练功，我们想尽了一切办法帮助她，当时中国戏曲学院的很多老师都会主动去帮助她。我自己掏钱拜托艺术研究院的同学刻录了早期高甲戏、梨园戏的资料送给她，意在让她一心一意地精细研磨而达到舞台创作的高度。

李仙花为完成这一角色的塑造，下了苦功夫。从她在人民大会堂的表演效果来看，对于高甲戏、梨园戏之"古"，对于南戏之"老"，王贫女之"苦"，仙花悟出了其中的堂奥。我们去爱沙尼亚国家大剧院演出，当时，剧场许多观众都感动得流下了眼泪，"王贫女的命运太悲惨了"！演出结束后，观众把所有的鲜花都送给了李仙花一个人，这让当时的男主角相当尴尬。老一辈戏剧家们，对李仙花的表演都给予了很高的评价。对于王贫女内心世界的塑造，著名戏曲理论家张庚先生认为此次演出，基本上再现了南宋时期戏曲的风貌。

这次演出大获成功。国内数十家新闻媒体相继报道了演出消息，并发表剧评。中国戏剧家协会在当年 11 月为此剧的成功首演召开专题座谈会，与会学者、专家对这次演出给予了很高的评价。《中国戏剧电影报》还将此次演出评为当年戏剧界十大新闻之一。

自首演成功以来，《张协状元》在海外戏曲界及学术界引起广泛关注。1996 年 6 月，《张协状元》剧团应邀去芬兰、爱沙尼亚等地访问演出，2001 年 6 月赴挪威演出，作为国家的文化交流项目，由李仙花主演的《张协状元》走向了全世界。

古老的戏文在舞台上的模式早已遗失于历史的沧海桑田，因李仙花的精湛表演焕发了鲜活的舞台艺术魅力，李仙花也以扎实的舞台表演技能和良好的角色创造能力，很好地塑造了王贫女这一人物角色。[10] 回望近五十年来，李仙花在中国戏曲这块丰茂的文化土壤里，时刻力争突破自己，以新的艺术作品立身，她的舞台创作与广东文艺的发展同命运共呼吸。她的作品既深刻反映了世态人情与社会风尚，又深具广东本土文化特色。她以独特的艺术思想和舞台表演魅力奏响了时代的凯歌，大力推动了广东传统戏剧文化的传承与发展。

创新是文艺发展的生命线。李仙花时刻保持着继承传统、改革创新的意识。她对于传统的继承，并未局限于一戏一师，而是广泛、深入地了解、吸收多个剧种的精华。在中国戏曲学院深造期间，她继承了京剧、昆曲的艺术精髓，并将其与广东汉剧融合，创造出一种具有开创性

在广东汉剧电影《蝴蝶梦》中饰田氏，姜文革饰楚王孙

的风格，这在她的"三部曲"中有很好的体现。从案头走向舞台，是中国传统戏曲的继承与创新中至关重要的一步。如果说，《张协状元》的成功搬演是李仙花为中国传统戏曲迈出这重要一步所做出的重大贡献，那么，她的"三部曲"(《蝴蝶梦》《白门柳》《金莲》)则是引领广东汉剧舞台表演艺术的发展，并开创一个汉剧新流派——"仙派"的重要创作。

"仙派"表演体系的核心在于"改革创新"。综观戏曲中的各个流派，其开创者无一不是深入理解角色，对戏中人物具有自己独到的见解，同时在舞台表演中充分发挥独特性与创造力，最终以精绝的舞台表现与观众达到心灵的共鸣，令舞台上的艺术形象深深扎根在观众的心里。李仙花便是这样的开创者，"三部曲"便是这样打动观众的作品，是广东汉剧在时代创新需求下的大胆尝试，也是"仙派"表演体系发展过程中的一个里程碑。

"三部曲"中的《蝴蝶梦》，经过二十多年的舞台演绎，已经成为广东汉剧院的"看家戏""压箱戏"，锻炼、培养了一批广东汉剧表演人才。其中的经典唱段《快步匆匆往前走》(第一场)《和风小送畦土香》(第二场)、《汲水》(第四场)、《田氏女执斧来劈棺》(第六场)和相应唱段中的经典舞台造型，已成为广东戏剧尤其是广东汉剧戏迷、票友们茶余饭后津津乐道的话题。

1997年11月,《蝴蝶梦》于第五届中国戏剧节荣获曹禺戏剧奖·优秀剧目奖等七项大奖,其中李仙花获优秀表演主角奖。2002年,《蝴蝶梦》再次夺取第十八届中国戏剧梅花奖(二度梅),李仙花成为继"南粤巾帼夺梅第一人"之后,连续两次摘取"梅花奖"桂冠第一人,为广东省、梅州市争得了荣光。随着《蝴蝶梦》多次搬演及捷报频传,这一剧目誉满南粤大地。

关于"京汉两下锅",周育德有过精辟的阐释:京剧、汉剧两下锅,此举很有实践意义,很有学术价值。所谓"两下锅",是指京剧、汉剧两个剧种同台演出,而剧目表演各自保持原状,不相混合;或者是在同一个剧目里使用两种不同剧种的声腔,以产生音乐色彩上的巨大反差,激发特殊的情绪效果。李宏图和李仙花同演《蝴蝶梦》,虽说是两个不同剧种声腔的汇合,但在总体音乐结构上并不会造成太大的反差,因为京剧和汉剧究其声腔而论,本属同一系统——"皮黄腔"系,二者有着亲密的血缘关系。李宏图与李仙花的合作,对广东汉剧小生唱腔的改革有所助益。无论其演出成功与否,都给当代戏曲工作者留下了不少具有研究价值的话题。

编剧盛和煜将"庄子梦蝶"和"庄子试妻"这两个关于庄子的传奇故事熔于一炉,创作了《蝴蝶梦》剧本。从剧情上来讲,京剧《大劈棺》《庄子试妻》、河北梆子《庄子扇坟》、川剧《南华堂》《小寡妇扇坟》等剧目早已做过创新,赋予了这些经典情节在新时代语境下的全新内涵,而湘剧、弋腔、徽剧、秦腔、台湾歌仔戏等不同戏曲种类也曾对这些戏码做出改编。

李仙花明白,与河北梆子、川剧、秦腔比起来,在剧情创新上广东汉剧还是有很多不足之处。可是,作为广东汉剧的"台柱子",她深知"演员中心制"赋予她的责任与担当。在已经具备好剧本、好导演的前提条件下,相同或相似的本子若要获得更高的评价,关键就看舞台表演,其中主演的表现尤为重要。"李仙花表演得不温不火,让人玩味,体现出深邃的意境……其中完整而细致的人物表演,已使这本戏有了成功的迹象,她会获得观众的喜爱的。"[11]

在《蝴蝶梦》中,李仙花以自身对角色的独到理解与独特演绎收获了剧评家的肯定。而在另一剧目《白门柳》的表演中,她延续了"完整而细致"的艺术表现,准确抓住了柳如是的性格特点,传神地诠释了这一传奇女性人物,尽显汉剧独特之美。

柳如是出身风尘,之后从良,在国破家亡之际显示出不输于男子的刚强气节,是中国古代的奇女子。李仙花准确地演绎出这一女性人物身上的"风尘味","半闭眼"的眼神动作尤其传神,而提出八抬大轿的迎娶条件、洞房之夜拔下钱谦益胡须、周旋应对垂涎她美色的田公公,期望"人上人的滋味待我细品尝"等戏码,则显露出青楼女子的圆滑心机,八面玲珑。李仙花用生动、精妙的演绎构建起了一个有血有肉、丰满而有深度的人物形象。

2000年1月14日晚7时30分，在北京长安大戏院，中国首届京剧优秀青年演员研究生班学习汇报演出剧目之一、广东汉剧《柳如是》即将开演，而主角李仙花却因气候骤变和连日演出，突患感冒，咽喉红肿、嗓音沙哑，还在后台打点滴。出于对舞台的热忱，且不愿辜负观众的期待，李仙花坚持上台演出。

在两个多小时的演出中，李仙花全身心投入，唱、念、做、表一丝不苟，几乎看不出身体抱恙的痕迹，只有演出团队里非常熟悉李仙花声音的同事能够察觉她的嗓音略带沙哑。演出结束后，观众为李仙花带病演出的敬业精神和精湛的艺术表演报以持久而热烈的掌声。[12]

刘斯奋的长篇小说《白门柳》曾被改编为话剧、电视剧等其他艺术形式，而依据这一小说改编成的戏曲《白门柳》尤为出色。在笔者看来，这一戏曲形式改编获得成功的关键之一，正在于李仙花的舞台表演。她将柳如是的形象在历史的逻辑中构建起来，呈现出角色丰满而有特色的复杂心绪，将秦淮名妓柳如是的气节、才情与风尘态表现得淋漓尽致。

艺术生产与创造是一段漫长且辛苦的过程，需要耗费很大的心血。而艺术的生命力在于创新，最难的创新是突破自己。黑格尔有言："艺术始于追求，既而到达，最终超越。"对小说《白门柳》的舞台改编已历经两个版本，其艺术形式在不断磨炼和锤打中日臻完善，但李仙花仍不断寻求突破，并定下新目标：把《白门柳》搬上电影银幕。

在勇攀艺术高峰、追求更高艺术境界的过程中，李仙花从未有过退缩。《张协状元》的成功搬演为李仙花赢得了海内外戏曲界的高度赞誉，那时的她，已在中国戏曲界获得了一定的地位。从舞台艺术形象的塑造来讲，她完全可以挑选一些光鲜明朗的角色展现自己大气的舞台风范，但她并不满足于重复自己，毅然决定出演新编广东汉剧《金莲》中的主角"金莲"。

将潘金莲这么具有争议的人物形象搬上舞台，具有很多的不确定性。"金莲"这一角色地位卑微、蛇蝎心肠，该如何通过舞台上艺术化的演绎令这一人物得到观众的认可，这一点让当时的制作团队心怀忐忑。但艺高人胆大，基于坚实的舞台艺术演出功底，李仙花再次以极大的胆识与独具艺术特色的演绎，塑造出一个成功的戏剧角色，赢得了观众的交口称赞。

三、担当旗帜，引领发展

李仙花的成就，离不开她个人舞台技艺的凝练与内心世界的真诚表达，更离不开广东大地优秀传统戏剧文化对她的滋养。在成长成才之后，她不忘初心，自觉担起使命，尽心竭力带领广东汉剧走向繁荣发展。

自出演《状元媒》《燕双飞》《花灯案》等剧目后，李仙花在广东汉剧观众的心目中几乎取代了当时广东汉剧院的院长梁素珍。她成了广东汉剧舞台的中心人物，出演了一大批剧目：《燕双飞》《花灯案》《丘逢甲》《包公与妞妞》《状元媒》《打洞结拜》《王昭君》《林昭德》《徐九经升官记》《秦香莲》《春娘曲》《汉宫怨》《寒衣谜》《貂蝉》等，在这期间她的演艺水平不断精进。

在广东汉剧电影《白门柳》中饰柳如是小生造型

从 1973 年到 1991 年，18 年的时间足以让一位扎根于舞台的青年艺术家积累丰富的舞台表演经验，为她在国家级舞台上朝着更为高远的目标、追求更宏大的艺术梦想奠定基础。在数十年的舞台表演中，她获奖无数，包括广东省鲁迅文艺创作奖、广东省第一届艺术节演出奖、广东省第二届艺术节演员一等奖等，成为广东梨园响当当的"角"。

1991 年，她努力补习文化知识，考上中国戏曲学院，是当年该学校在广东录取的唯一考生。同年 9 月，她在中国戏曲学院接受更为专业的戏曲舞台训练。1992 年 10 月，她在人民大会堂领衔排演《张协状元》，其出色的表演技艺，获得了中国戏曲界专家与文化界领导们的一致认可。

1993 年 12 月，毛泽东一百周年诞辰系列纪念活动在北京举行，李仙花携《包公与妞妞》进京演出，《改容战父》《百里奚认妻》《阴阳河》三折连演，斩获了戏曲最高奖项梅花奖。广东汉剧自新中国文艺大会演后，时隔多年，再次亮相首都舞台，为广东汉剧和梅州人民争得了荣光。

1996 年，李仙花主演的《张协状元》作为国家文化交流项目出访东南亚、爱沙尼亚、芬兰、挪威等国家，以及中国香港、台湾等地区，均获得当地观众的认可与赞誉。据广东汉剧前辈梁素珍回忆，剧团当年在台湾地区演出，演到一半，他们注意到台下许多观众纷纷流下眼泪。演出结束后，这些观众上台拉着李仙花的手，询问梅州的近况。原来，这些来听戏的人都是李仙花的家乡人，他们祖籍在广东梅州，而背井离乡多年，熟悉的家乡曲调唤醒了他们心中对家乡的思念，不禁热泪盈眶。在这次出访的过程中，李仙花亲身体会到中国戏曲作为中国文化的符号，其对游子们内心深处的故乡记忆与故土情怀的召唤力是多么强大。

在中国戏曲学院学习的这段时间，李仙花克服重重困难，拿出在广东汉剧院"戏老虎"的劲头，由专科、本科，一直读到研究生，历时 9 年，是当年广东戏曲界学历最高的表演者。2000 年，以《蝴蝶梦》作为研究生的汇报演出，李仙花为在戏曲学院 9 年的艰苦与努力画上了完美的句号，给在中国首届戏曲研究生班的学习生涯交上了一份优秀的答卷。

后来，她与李宏图同台出演的《蝴蝶梦》飞回了南国，在中国香港进行演出，还让这场戏在新加坡和马来西亚等国家的舞台上绽放。2001 年，李仙花获得第十八届中国戏剧梅花奖的殊荣，填补了广东剧团"二度梅"的空白。同年，她又以最高票数荣获广东省"十大杰出青年"称号。成名之后，她拒绝留京和"下海"的机会，毅然回到客家山乡梅州舞台，为振兴汉剧担起更重大的使命。

"耕种南国扬汉帜[13]，载誉回来话振兴。"2001年9月，李仙花开始主持广东汉剧院的工作。面对汉剧院人才青黄不接的局面，李仙花竭力争取广东省委、广东省政府、梅州市委及市政府的支持，一是争取经费，二是吸引人才，三是着手培养。在梅州市委的支持下，她实行人才引进与培养双管齐下的举措，从湖北文艺团体和专业院校引进一批优秀艺术人才，充实广东汉剧院的人才储备。同时，她聘请名师，对新人进行授艺和行当对口辅导。

2002年，李仙花担任广东汉剧院院长后，已是著名戏曲表演艺术家的她不辞辛苦，早起晚归，亲自带着汉剧幼苗班的小学员们晨起练功，在广东汉剧院掀起了练功和拜师学艺的热潮。为了让徒弟和汉剧幼苗班学员们掌握广东汉剧这一古老剧种的精髓，李仙花和她的工作队伍想方设法，复原了广东汉剧相当数量的折子戏剧本、剧目和表演技术。如今，广东汉剧院的所有青年演员都以李仙花为学习榜样，"仙派"传承人已遍布南粤大地。

李仙花在主持广东汉剧院工作期间，解决了办公和演出场所的硬件难题，从湖北引进人才，开办汉剧幼苗班，重视传统戏与新编戏的发展，深入各地各单位演出。在省文联工作期间，她创办广东梅花戏剧团，团内成员均为广东地区的梅花奖获得者，剧团多次举办戏剧名家大讲坛，演出广东戏剧中的经典剧目，全方位展示了广东传统戏剧的实力。李仙花身兼广东省文艺志愿者协会主席，她经常带队下乡演出，凡事亲力亲为。在这些岗位上她尽职尽责，做出了出色的成绩，为广东汉剧乃至广东戏剧的创造性转化与创新性发展奉献了智慧和才情。

"仙花出梅州，广东兴汉剧。"李仙花在梅州人民的心目中，早已化作了广东汉剧的符号。广东汉剧院处在改革开放的前沿地，自1959年建院以来，一直拥有相当多的海外观众，有些观众小时候就已经在家乡梅州听过广东汉剧，有些观众则是在观看了广东汉剧院的海外演出后被深深吸引的戏迷票友。在广东戏剧不断传承和发展的今天，去广东汉剧院南国牡丹剧场听汉剧，已经成为外出游子回乡探亲过程中重要的一环。

如今，李仙花依然活跃在舞台上，她的艺术生涯之长、成就之高，在广东乃至全国均堪称翘楚。李仙花始终牢记"艺术要为人民服务""弘扬民族文化，促进文明进步""为活跃群众文化生活不断创新"等理念。朱文相院长在给李仙花的信中曾写道："要有群体意识、精品意识、超前意识、开放意识。"从踏入戏剧表演领域到获得卓越成就，已经过了三十多年，而朱文相老院长的嘱托，李仙花始终铭记于心。作为国内一流的舞台表演艺术家，李仙花对汉剧事业怀着无限的忠诚与热爱。

她对艺术抱有执着而崇高的追求，对徒弟们也关怀备至。唯有全身心投入舞台艺术中，才有"台前一分钟"的耀眼光芒；唯有对徒弟们怀着无限的疼爱与关心，才能培养出热爱这门艺术的新一代人才，才能将中国传统戏曲艺术的精华传承下去，才有中国汉剧的千秋万代。

在坚持中国特色社会主义道路的"四个自信"中，文化自信是更基础、更广泛、更深厚的自信。李仙花不懈的艺术追求精神，源于对传统戏剧的自信。正如业内人士的评价："因为自信所以热爱，因为热爱所以执着，因为执着所以坚守，这就是仙花精神。"李仙花屡屡带领广东汉剧绽放华彩，其文化价值已超越了一个剧种、一个区域，这对建构全民文化自信具有重要意义。

但愿"南国牡丹"在"仙派"的浇灌下，在大湾区为中国戏曲结出更为丰硕的成果。

李英

广东省文艺职业学院教授，广东省文艺志愿者协会理事

注释

[1] 傅谨：《2019戏曲：前行在回归本体之路上》，载《中国文艺评论》2020年第1期。

[2] 傅谨：《反映时代风貌，奏响奋斗赞歌》，载《人民日报》2019年10月16日。

[3] 颜全毅：《创造力与超越精神——李仙花的舞台艺术》，载《中国戏剧》1998年2月18日。

[4] 王小蓉：《功夫不负有心人——李仙花排练〈阴阳河〉》，载《广东艺术》1994年第1期。

[5] 李仙花：《女儿当自强》，载《南方日报》2000年12月5日。

[6] 朱文相：《从李仙花上大学说起——兼谈戏曲演员的艺术征程》，载《广东艺术》1994年第2期。

[7] 傅谨：《为京剧流派传承创造新模式》，载《光明日报》2017年7月5日。

[8] 朱文相：《从李仙花上大学说起——兼谈戏曲演员的艺术征程》，载《广东艺术》1994年第2期。

[9] 叶恭绰（1881—1968年），字裕甫（玉甫、玉虎、玉父），又字誉虎，号遐庵，晚年别署矩园，室名"宣室"。祖籍浙江余姚，生于广东番禺书香门第，祖父叶衍兰（兰台）金石、书、画均闻名于时。父叶佩含诗、书、文俱佳。1902年入京师大学堂仕学馆，后留学日本，加入孙中山领导的同盟会，书画家、收藏家、政治活动家。他曾任北洋政府交通总长、孙中山广州国民政府财政部长、南京国民政府铁道部长。1927年出任北京大学国学馆馆长。中华人民共和国成立后，曾任中央文史馆副馆长，第二届中国政协常委。

[10] 郭汉城：《化腐朽为神奇——广东汉剧院演出〈蝴蝶梦〉》，载《中国文化报》2000年1月18日。

[11] 颜全艺：《创造力与超越精神——李仙花的舞台表演》，载《中国戏剧》1998年第2期。

[12] 杨胜生：《李仙花，真不简单》，载《中国文化报》2000年1月18日。

[13] 朱文相、宋丹菊：《耕种南国扬汉帜　香飘玉宇乘海风——致李仙花的一封信》，载《中国戏剧》1993年8月31日。

李仙花广东汉剧
传承与发展艺术研讨会评述

研讨会合影

崔伟　中国剧协原秘书长、戏剧评论家

非常荣幸来参加李仙花广东汉剧传承与发展艺术研讨会，首先我受中国戏剧家协会主席濮存昕同志、中国剧协分党组书记季国平同志的委托，对于这次活动的举办表示热烈的祝贺，对李仙花同志多年来奉献汉剧艺术的敬业精神和取得的成就表示热烈的祝贺，对参会的各位老前辈表示感谢并恭祝各位老前辈身体健康。

在目前全国上下深入学习贯彻党的十九大精神，增强文化自信，推进社会主义文艺繁荣兴盛的特殊情况下，广东省召开了系列广东省表演艺术家的艺术传承与发展的艺术研讨会，在全国都有很大的影响。对于广东省的戏曲艺术包括文化艺术的繁荣发展都有非常重要的作用。特别是举办的曾小敏和李仙花两位戏剧表演艺术家研讨会，在全国的戏曲界都产生了很大的反响，大家普遍认识到广东省的有关领导非常重视戏曲艺术，重视戏剧家的培养，真正地体现了习近平总书记在许多重要讲话中所强调的，"应特别珍惜高端文化艺术人才，高端文化艺术成果""需要当今时代文化大家、文化领军人物"的指示精神。举办这样的戏曲表演艺术家传承与发展的艺术研讨会体现了党和政府对于传统文化、对于艺术家、对于时代文艺发展的重要责任，特别是在增强文化自信，促进社会主义文艺繁荣兴盛方面有着积极的意义，在打造和繁荣地方文化和推出地方文化大家、高端人才方面具有重要的推动作用，倡导文艺要坚持"以人民为中心的创作导向""扎根生活、深入基层""德艺双馨"方面具有重要的示范效应。李仙花同志多年扎根汉剧舞台，十岁开始学习汉剧艺术。经过四十多年的艺术实践，目前不仅是汉剧艺术的一位杰出表演艺术家，同时也是广东省的一位杰出的表演艺术家，甚至是在全国非常有影响的一位中年戏曲名家，此次研讨会不仅展现了李仙花同志艺术上的成就和成果，也体现了我们这个时代，我们这个社会，我们这个国家对文化和戏曲艺术的关心呵护，展现了戏曲艺术从人才到剧目，从艺术发展到创新发展的丰硕艺术成果。

我跟仙花同志也是多年的好朋友，她的很多戏我都看过。在我的印象当中我觉得仙花同志是一位有追求、有责任、有实力、有创新的戏曲表演艺术家，仙花同志的成就非常值得我们学习，她不仅是一位优秀的演员，更是一位具有责任感的文化工作者，也是我们非常值得光荣和骄傲的文联工作者。她继承传统很扎实，她学习汉剧很全面，但是她的创造极具时代精神，她创作的优秀剧目既传承了汉剧或者戏曲传统，同时又把古老的戏曲注入了生机和活力。其一，她所有的剧目，无论是《百里奚认妻》这样的传统剧目，还是《蝴蝶梦》《白门柳》《金莲》等新创剧目都体现了积极向上的思想追求，坚守传统，在传统中融进时代的精神，是戏曲艺术家的艺术追求与责任担当。其二，她的演出剧目内涵丰富，使古老艺术形式有了一种鲜活的文化品位。其三，她的表演精美，使传统的艺术、民族的艺术审美价值在她的传承和创造中体现出一种鲜活的活力。其四，她的艺术风格质朴清新，熔剧种、地域文化及其他地方戏曲于一炉，实际上她的汉剧表演艺术保护和传承了地方文化。总结仙花同志的艺术成就，我觉得应该是多方面的，实际上对她艺术的研究也好，对她艺术的探讨也好，是一个很大的课题。因为今天我觉得不可能有更多的时间，我谈三点令我感受很深的体会。

第一，我觉得李仙花的成功得益于她扎根地方文化沃土，体现了一种自觉的文化担当。现在党和国家那么关心戏曲文化、民族文化，最重要的已经不在于党和国家给我们提供了什么好的条件，而是在于我们的文艺工作者，我们的戏曲人，交上什么样的答卷！满意的答卷也不仅仅在于传承了传统，而是要在传统的艺术中既要弘扬传统，同时更重要的、更需要的是要让当代人喜闻乐见。仙花同志的几出戏都是有非常地道汉剧的传统，有非常深厚的汉剧演唱规律，有非常规范的戏曲的艺术要求，但是她塑造的人物，她展现的艺术品格却充满了活力。事实上，在很多戏曲人的艺术创作中，如何弘扬传统和让当代人在传统中有喜闻乐见的审美收获这个问题还没有根本解决。仙花同志的实践给我们提供了一个非常好的经验。

第二，仙花同志专注执着汉剧艺术的追求，体现了崇高的职责使命，现在政府提供了那么好的条件，戏曲人如果不奋进向上，不把职业当成使命，不把戏看得比天还大，戏曲艺术就不可能产生感染人的力量，就不可能随着时代而发展，也不可能创造出源于传统而优于传统的新辉煌。好的艺术家和一般平庸艺术家的区别就在于：在传统上有没有文化的自觉，有没有一种文化的精神。而仙花同志的艺术实践在这方面也提供了一个典范，她在传承传统与艺术的"两创"（创造性转化和创新性发展）方面有自己的追求。刚才慎部长也说了，一说传统就止步不前，那生命力也是有限的；如果不深入学习传统、掌握传统，那么它的表现力也是非常薄弱的。而仙花同志艺术成就在传承精华的前提下，在艺术的创造性转化和创新性发展方面。她通过汉剧艺术的几出戏使这种艺术的正途得到了一种实践，给我们提供了一种经验。

第三，我觉得仙花同志很重要的一个成功，在于她致力于薪火相传天职，体现了艺术家的崇高和责任。对于李仙花同志的艺术传承与发展研讨，并不仅仅是简单的艺术个体的研讨，也不仅仅是她艺术风格个性化的艺术探讨。李仙花本身既是广东汉剧的领军人物，又是当代中国戏曲的代表人物。她的成功、她的特点、她的成长道路、她的艺术追求，理应成为更多的戏曲人普遍研究、学习和传承的一种艺术正途——通过对名家的树立，对名家的艺术经验和名家时代精神、时代贡献的弘扬，在戏曲界、戏曲表演领域形成一种导向、一种动力，戏曲艺术才能得到充分的发展。因为国家已经把中华文化的繁荣兴盛变成了中华民族伟大复兴的一个重要标准，在这样的情景和时刻下，戏曲人面对的传统，实际上就是当代的文化精神，戏曲人承载的责任就是使优秀的传统在今天得到发扬光大。

回去以后，我们还会继续关注和学习李仙花同志在广东汉剧传承和发展方面的经验与贡献，同时也祝愿仙花同志虽然现在专职副主席的岗位上，但毕竟是位非常优秀的表演艺术家，而现在正是人到中年、年富力强，面临着承前启后大发展的人生际遇和专业际遇，希望继续在广东省文联工作和广东汉剧艺术传承发展方面，为汉剧的薪火相传、为更多广东的戏曲艺术家健康成长做出新的贡献，取得新的成就。

王蕴明　中国剧协原分党组副书记、秘书长、戏剧评论家

很荣幸参加这样一个盛会——李仙花广东汉剧传承与发展艺术研讨会。这个盛会的主题一个是传承，另一个是发展。传承必须要有榜样，发展要有前提。今天为仙花同志作为汉剧艺术的传承与发展做一个榜样、做一个典范，我认为广东省宣传部、省文联举办活动是非常及时的，也非常有意义。在全国文艺界特别是戏曲界，像仙花同志这样"两门抱"（既是官员又活跃在艺术舞台）的艺术家是很少见的，不是唯一也是凤毛麟角，而且"两门抱"都"抱"得很精彩，做出了很重要的贡献，用什么词汇来表达她的特点？我用"文领艺园，艺冠群芳"八个字来概括仙花同志的突出贡献或者我对她的总体印象。"文领艺园"有两大层面：一个是把广东的汉剧这样一个艺术团体继承下来并发展起来，而且经营得很好，同时培养了一批接班人，在汉剧这个层面做了很多工作，取得了很大的成果；另一个是作为省文联主要领导之一在引领、组织全省戏剧工作方面做出了很多有利的工作，取得了很大的成果，在引领戏曲界方面在全国也做出了表率。

她是"二度梅"获得者，她的艺术形成了自己独特的艺术风格，我概括为：学养深厚、勇于创新、文武全才、德艺双馨。我看过她的《改容战父》《阴阳河》《百里奚认妻》《蝴蝶梦》《白门柳》《金莲》等几出戏，我看的武戏比较少，就《改容战父》来说这出戏难度很大，夺"梅花奖"的时候她在北京演出,能够得到许多专家、观众的赞赏是很不容易的,在全国也很有名。她的武戏英武挺拔、稳健潇洒,文戏典雅端庄、清新俏丽,唱腔深情饱满。她之所以文武双全,唱念做打俱佳,跟她的博采众家、学养深厚、勇于创新有很大关系。她本身是汉剧花旦,又学了昆曲、京剧。兼学汉、京、昆,把很多美学积淀很深的古老剧种融于一身,为她的创作提供了坚实的基础。

她演的戏都有特点,塑造了许多个性鲜明的人物形象:在《蝴蝶梦》里面既演少妇又演田氏,少妇俏丽,田氏端庄,都演得很到位。《白门柳》是以刘斯奋先生的长篇巨著做基础改编的。戏曲和小说是两种艺术,她在舞台上呈现戏曲独特的表演方式,表现出柳如是在战乱中出淤泥而不染,巾帼不让须眉。有独特人生价值追求,有自己大德大操,这样的人物表现得非常饱满和深情。《金莲》中的潘金莲这个人物在历史上是一个荡妇,21世纪以来有些作者为她翻案,汉剧《金莲》不是翻案,而是表现了一个在封建社会被蹂躏被损害的女性独特的形象,有丰富的内涵,有独特的艺术价值,仙花将她表现得非常丰满。这一点促使仙花同志能够在戏剧界、在舞台上赢得专家学者们的肯定,她今天在中国戏曲界的地位与成就是实至名归的。

《蝴蝶梦》《白门柳》《金莲》这三部戏都有很高的艺术成就,广东汉剧作为一个"全国"小剧种很不容易,拍成电影产生更广泛的影响非常有这个必要。作为戏剧界的一名老兵,希望在各级政府、有关部门的共同努力下,明年、后年能够再看到《蝴蝶梦》《金莲》搬上银幕。

昨天的晚会我很感兴趣,出乎意料,印象深刻。总的印象是新颖别致,有创意不雷同,做到四个统一:一是历史与当今相统一,整场晚会把汉剧历史沿革再次表现出来,既表现了历史,也表现了当代的艺术内容,做到了历史与当代的融合,这一点很好,编导很有创意;二是将个体和群体的融合统一,主角得到了表现,群演也得到了表现,比如一开场的五个男演员都很耀眼;三是一般和高端的统一,晚会表演了《蝴蝶梦》,学生和老师都得到展现,又突出重点,这个编排也是很好的;四是古典与现代的融合统一,既看到古典也看到了现代,艺术的最高层次是真善美,这个戏达到了美的层次。所以昨天的晚会相当好,给其他晚会提供了一个很好的范式。

最后非常感谢广东省委宣传部、省文联邀请我来参加这次研讨,我感到很高兴、很荣幸,同时我也祝仙花同志还有广东省戏曲界的同志们能够在现在的基础上为进一步弘扬戏曲艺术再立新功,我的发言到此结束。

龚和德　中国戏剧学会副会长、中国艺术研究院研究员

尊敬的各位领导、艺术家、专家、媒体朋友，大家好！

我认识李仙花同志到今天正好二十五年，但是我对仙花同志的认识仍然是很浅的，没有较深入的研究，所以今天只能谈一些非常感性的、直观的想法，向大家汇报一下。

她是1991年到中国戏曲学院进行深造，学导演又不局限于导演，学京剧又不局限于京剧。1992年参加了一出《张协状元》戏的演出。《张协状元》是我国现存最早的南戏剧本，于少非先生做导演，主演是仙花同志，我对这个演出有一个定语：意向性复原演出，是当代艺术家经过对历史资料的研究，以一种想象的方式来演出古代的戏曲。仙花同志演其中的贫女，是一个穷得没饭吃住在破庙里面的女性，她靠张大伯来接济，后来认识了张协。她演贫女给我印象非常深。那次演出以后我曾经写过一篇评论《戏曲从这里起步》发表在《文艺报》上。有一次我见到李仙花，对她说，你是演贫女的，我印象很深，把这篇文章送给你。从此她就知道了我是龚和德，我通过这个戏也知道了李仙花。

她最感动我的是她对学习的坚持和刻苦，她生在南国，南北生活、气候环境有些不同，住在戏曲学院的集体宿舍。食堂伙食没法和她家里比，你看她的形象就知道过的是什么日子（笑）。那时，她刚刚生下孩子一个月，就离开了温馨的家庭，到北国艰苦的集体生活的地方继续学习，这种精神最让人感动。她不但坚持了六年本科的学习，还参加了中国京剧研究生班的学习，这个班是一色的京剧优秀人才，也有极少数非京剧人员，仙花同志就是其中之一。这是当时丁关根部长亲自同意才能参加的，可见她学习的虔诚刻苦感动了部长，所以批准她参加这个研究生班学习。在我的印象当中李仙花是外地的，并且是已有相当成绩的一个艺术学员，却坚持来北京进行深造，孜孜以求。

另外，她丰富自己，是为了丰富广东汉剧艺术，这个是我逐步认识的。她的学习过程也就是追求创作的过程，探讨创作的过程，寻找广东汉剧在艺术上新的增长点的过程，于是就有了三出戏，《蝴蝶梦》《白门柳》《金莲》，这三出戏成熟度是不同的，但是有一个共同点，都有很强烈的探索精神、创造精神、敢冒风险的精神，田氏、潘金莲都是有争议的人物，在历史的舞台上、在小说里都是否定性的形象、被批判性的形象，要重新塑造这些形象，没有勇敢的探索精神做不了，所以她的学习生活是和追求创造的生活结合在一起的，创造了极具探索性、挑战性的女性形象，在我的印象里唱是李仙花的最强项，她声音好，唱腔优美，同时她对自己的形体技巧一点不放松，原来就有一定的根底，而且不断追求，包括排练新戏的时候还要请梁谷音老师来指导，所以我觉得李仙花对艺术的追求真的很了不起。

我感觉到非常荣幸的一件事，她的《蝴蝶梦》我是策划者之一，其中策划领头人是郭汉城同志，在郭汉城同志的家里我们三人共同探讨这个题材，怎么写，请谁来写。探讨出来的结果是重新创作《蝴蝶梦》，重新塑造田氏的形象。当时盛和煜的名气很大，请他很不容易，我用郭老的名义、用仙花同志的诚恳与盛和煜同志联系，结果他慨然同意写《蝴蝶梦》，因为得到他的支持，成就了一出好戏。他给了李仙花一个文本，李仙花给了这出戏舞台生命。这是李仙花第一部代表作，再加上《白门柳》和《金莲》，这是李仙花的三部曲，与她的学习过程和创作过程结合非常紧密。

仙花凭借已有相当成就的艺术作品成了二度梅花奖的获得者，也成了1956年成立的广东汉剧院新一代领导人。另外她除了出戏也出人，她跟她的恩师梁素珍老艺术家一起培养了一批新人，昨天我们看到跟她合作演出田氏的三个演员都相当优秀，同时她还为汉剧艺术解决了硬件建设，改善了剧场。李仙花同志的成就确实是多方面的。

我有几个建议：第一个是希望在拍好《蝴蝶梦》的前提下，继续对李仙花三部曲进行传承和再创造，要把它传下去。不能到她这里为止，要成为广东汉剧艺术的有效积累，必须要以生命对接的方式传承给下一代。昨天我看到了《蝴蝶梦》的传承，我很期待《白门柳（下）》。现在的汉剧《白门柳》是根据刘斯奋老师的小说改编的，"投池"后面的戏还有很多，钱谦益和柳如是的故事还有很多，所以我期待有《白门柳（下）》的出现。还要再好好地打造《金莲》，它的编剧隆学义老师很了不起，也是川剧《金子》的编剧，我希望这三部戏不仅成为李仙花的三部曲，而且成为广东汉剧院艺术的有效积累。

第二个是深入研究汉剧史。在座的康保成教授，他在《文化遗产》上召开了一次关于外江戏和汉剧关系的系列研讨会，有好几篇文章，我还来不及拜读，康保成老师对这方面非常有研究。我希望请康保成老师加强对汉剧历史的研究，再结合李仙花同志自己的文化底蕴、艺术实践经验和领导才能，方方面面做很好的总结，以这一次研讨会作为一个契机，对汉剧艺术几十年的艺术建设和发展历程做一个总结。我对面的李英教授专门研究汉剧艺术，她正在收集这方面的材料，这是完全可以做得到的。当下形势真的非常好，我相信在省委宣传部、文化厅、梅州市委的关怀支持下，在目前特别突出强调要弘扬民族优秀文化，把民族文化当作根和魂，应进行创造新转化、创新性发展，这样一个历史背景下，我相信广东的汉剧艺术会逐步地走出瓶颈，迎来大的发展，如果看到这一天，我相信我们会理直气壮地说："李仙花是广东汉剧乃至岭南戏曲的中坚、名家和功臣。"

刘斯奋　茅盾文学奖得主，文学家、画家，广东省文联原主席

今天来了一批老专家，对汉剧包括仙花同志整个历史成长过程都是如数家珍，对她演的几个戏分析也是非常深入到位，在他们面前我觉得我没有什么要讲的。讲一些印象。我以前也不认识仙花同志，到了省委宣传部、文联工作，接触才多起来，我觉得首先她是一个非常出色的表演艺术家，她对艺术确实非常着迷，精益求精。从青年到中年，一直都不放松。这一点给我的印象是非常深的。刚才视频里老师说她是"戏疯子"，我觉得确实有这么一股劲头，她对汉剧爱得非常深，非常着迷，从开始学习汉剧的时候，一直到现在从来没有松懈过，从来不会因为名气大了，对艺术掉以轻心，随着年龄的增长，更加关心汉剧的发展，对年轻演员的培养都没有放松，一直抓得很紧。更难得的是到了省文联当了专职副主席，不仅是汉剧，还有全省戏曲工作都要面面俱到地关心着。在这样一种情况下，她没有忘记自身的表演，她是表演艺术家，这一点从来没有改变，她始终将表演作为安身立命之本。这是很聪明的，如果转到行政，放弃了艺术，就把自己浪费掉了。所以我觉得她目标很明确，一以贯之的坚持，始终把自己定位为这样一个角色，我觉得对于艺术家这是最聪明的选择，她做到了。

大家刚刚讲那么多，对她的评价都是她应该得到的。我讲一个回忆，汉剧《白门柳》经过相当长一段时间排出来，十几年前在中山大学演出的。那天晚上演出的时候，刚巧碰上了足球世界杯，但是那天演出全场没有一个观众走，都看到了最后。我印象中省委原副书记蔡东士同志来看戏，他本来也想看球，想坐一下就走，让秘书适时提醒他。结果坐下一看，不肯走了，秘书几次提醒他都不肯走。可见这个戏是很有魅力的。当然，这些和改编者以及仙花的表演是分不开的。那次演出到现在已经十几年了，尽管仙花又演了很多戏、很多角色，但是她没有把这个戏放下，她一直在打磨，经过很多年的努力，现在又拍成电影，拍摄过程中的几次审片我都看了。刚才听几位专家还是非常肯定的，从舞台搬上银幕是另外一次的创新，照搬不可能，那是另外一种艺术规律，这个转换还是得到了大家的认可，非常难得。身为原小说作者与有荣焉，我的小说《白门柳》改编过戏曲、话剧、电视剧等，就我本人来说我觉得汉剧改得最好。很多人就把柳如是看成是熟女、才女，品德高尚得就像李清照一样，但她绝对不是李清照，她就是一个风尘女子，很有气节、很有才情，是一个复杂的人物，应该比李清照更复杂一点。几个改编都没有抓住这一点，汉剧就抓住了，抓住了柳如是的风尘态，把这个人物更合乎历史的、合乎角色的复杂心态演绎出来，更丰满、更有特点、更有看头。所以我很感谢仙花同志能这样演。

另外我想讲一下汉剧，汉剧在广东来说是很有特色的一个剧种，是从湖北传过来的外江戏，先到粤东再落户到梅县、梅州，保留了很多中原的唱腔，包括念白等都是北方语系。而现在特别是改革开放以来，大量的人口迁移到广东，成为全国第一人口大省，这么多外来人口，对于他们的艺术欣赏、文化生活来说，汉剧的语言可能更容易令他们接受，刚才慎部长讲他听懂了，仅就满足广东"新客家"的文化需求方面来说，汉剧也应该大力扶持、大加发展，让它成为更加有群众基础的剧种。

黎继德　中国戏剧表演学会会长、《中国演员》杂志主编

我觉得今天是李仙花开花的日子，也是广东汉剧开花的日子，同时也是我们广东汉剧青年一代的艺术家开花的日子。先说一些具体的，第一，昨天晚上的演出，仙花的演出我看过很多，昨天晚上非常高兴她跟她的学生同台，这台晚会是我这么多年看的同一类型的晚会里面相当棒的一台。最主要的在于创意，在于形式，是从来没有见过的。她和她的三个学生分别表演了经典剧目《蝴蝶梦》最精彩的折子和经典唱段，组成了一台别开生面的晚会。与此同时她有非常好的构思，比如她在这当中表现了汉剧不同的行当，同时介绍了汉剧的历史，介绍了汉剧这个剧种的艺术特点，这几个衔接当中不是一个简单彩唱，或者几个清唱，甚至几个折子，而是一个完整的艺术构思，这是用心的，是一台完整的有很高艺术水准的演出。当然在这里面，我非常高兴地再次看到了仙花的精彩演出，当年在长安大剧院看她的两台大戏《白门柳》和《蝴蝶梦》。那个时候相对年轻一些，现在毕竟还是进入中年了，但是昨天晚上我觉得她的表演风采依旧，唱得依然那么优美，韵味十足，她的身段、水袖、长袖都那么优美，我看那个场面不仅仅是简简单单一个技术技巧的展示，同时也表现情感，展示汉剧独特的艺术，我觉得真是非常不错，那么漂亮、年轻、矫健、优美。还有，就是看到她的几位学生也非常好，仙花同志不遗余力地培养后人，我觉得仙花同志这个成就真是非常好。所以我对昨天晚上的晚会评价很高，目前看过的类似晚会大概只有三四台可以与之相提并论的，所以我觉得印象非常深。第二，就是今天看到了广东汉剧电影《白门柳》。对在舞台上看不到的很多东西有了更深的体会，比如在这个电影里面用了特别多的特写镜头。演员有特写镜头是很恐怖的，但是仙花不怕，非常多的大特写，一般戏曲演员做不到。在这里面我也看到仙花对柳如是这个人物独到的表演。她含蓄而悲放，妩媚而刚烈，她将人物刻画和技术技巧有机地结合在一起。第三，通过柳如是人物的塑造体现了她的表演风格，柳如是这个人物的表演对于艺术家是非常不容易把握的，但在这个电影当中我看到了李仙花在镜头前，在电影上的她的另一种美丽。

我觉得要谈仙花对汉剧的意义有几点是必须要谈到的，第一，要谈到仙花对汉剧的现代意义，汉剧是有着三百多年历史的古老剧种，如何在今天继续往前走，继续发展，就是我们常说的"戏剧现代化"的问题，当一个剧种自觉地已经不满足于这个剧种的特点、优点乃至优势的时候，哪怕往前走半步，这个时候剧种就真正是往前发展了，这个就是艺术家的文化自信，就是艺术家的文化自觉。李仙花对汉剧的现代化是具有这样一种文化自觉、文化自信的。我相信将来提到李仙花的时候会提到她的三部戏，这个就是她的代表剧目，是李仙花在汉剧现代化发展当中的旗帜。仙花对于广东汉剧的推动是不容易的，不一定是冒身家性命的危险，但是可能冒着名誉毁灭的危险，可能冒着指手画脚，遭到批判的危险，这需要理性、智慧、毅力、耐力和承受能力，说到底还是自信，坚决的文化自信。这是仙花对汉剧传承和发展当中非常重要的，必须谈到的一点。

第二，也是非常重要的，就是仙花对人才的培养。正如昨天晚上所呈现的，这些演员真是好演员，都出来了，仙花也应该感到高兴，她把对汉剧的全部积累包括她的认识、理解、技术技巧、人物刻画、剧目创作等，都要传给他们，教给他们，这些学生们就在这当中成长，他们是汉剧未来的领军人物，将来他们就是五个李仙花，八个李仙花，十个李仙花，二十个李仙花，这个是汉剧兴旺发达的基础。不是仙花自己走一架独木桥，而是大家一起走阳关大道，这个阳关大道是浩浩荡荡的汉剧的后备人才、后继人才。将来可能就是一朵梅花，两朵梅花，一朵仙花，八朵仙花。

第三，李仙花对中国戏曲的启示。一是刚才讲的文化自信，我们中国的戏曲一定要自信，尤其是今年，在全球化背景下，在中国逐渐走向世界舞台的时代情况下，我们中国戏曲一定要文化自信，对中国文化，对中国戏曲自信。二是一定要勇于创新，我知道我们的理论界会比较保守，保守也没有什么不好，但是我觉得更应该创新。传承与发展重点要落到发展上，发展是最好的传承，所以仙花关于勇于创新这一点是走在前面的。三是中国艺术家不管多大年纪永远要勤学苦练，这种精神不能丢的，因为这个就是戏曲的看家本领，没有这个是不行的，向更多的前辈大师们学习。否则有好剧目在舞台上根本不可能呈现出来，呈现不出我们认为那样非常美的东西，现在很多剧院团年轻人都不练功了，所以我觉得这一点是非常重要的。

刚才讲今天是仙花同志开花的日子，是汉剧开花的日子，也是汉剧这些年轻艺术家们开花的日子，其实我知道广东汉剧不仅仅是我们岭南的艺术，不仅仅在南国有影响，在全国也有很大影响，希望李仙花将来开得更加茂盛，希望广东汉剧将来开得更加茂盛，希望未来的这些年轻的优秀的艺术家们开得更加鲜艳！

倪惠英　广东省文联副主席、省剧协原主席

今天非常荣幸也非常高兴能够参加李仙花广东汉剧传承与发展艺术研讨会，我刚才一直听很多前辈、我们的中国戏剧专家做了很精彩的发言，我觉得仙花是非常幸福的。我为她感到骄傲，同时也很激动，为什么？我在想，我们召开这场研讨会，特别是刚才慎部长说到，确确实实作为一个艺术家，我们强烈地感到戏剧发展春天的到来。我们艺术工作者真的很幸运能够生活在当下这样一个伟大的时代，政府从中央到地方对传统戏剧高度重视，为我们提供了一个建功立业、展示才华的大好平台，我真的感到非常幸福。我也为她感到幸福，仙花确实是我们广东戏剧界一位非常杰出的表演艺术家，特别是今天我们也听到了大家的发言，看了仙花片子的介绍，这让我们重新去品味或者去回顾，去看一个名家大师是如何锻造出来的。今天这个总结不是仙花一个人的事，我最大的感受就是，从她的身上我们去了解、去认识到如何培养名家大师，他们有今天的成绩是怎么得来的。换句话说，钢铁是怎样炼成的。刚才这个片子虽然不长，但是我觉得拍得真的很好，我觉得这个研讨会，这个成果要成为我们艺术界、我们的艺术工作者学习的案例。

仙花天生丽质，也有骄人的艺术天分，嗓子好，形象好，但是确实也看到三分天赋，七分努力，就像仙花在片子里面说的，她从小就有艺术目标，她的定位很确定，她能够有今天的成绩，一般人是不容易做到的，她很早就在自己的领域有成就了，老师也都说她非常棒，按照一般演员的想法可能就这样继续走下去。成一个角，就不需要再到中国戏曲学院读本科，再继续读研究生了，但她能够沉得下来在那里读了八年，八年的时间是什么概念？正因为她有着这样的追求，就像海绵一样在中国最高的戏曲学府，在艺术海洋当中，她拼命地去汲取营养，当然其中也包括她的苦练，练到晕倒，练到撕裂，椅子功、折子功、扁担功等，练到得心应手，背后是多少的汗水付出！所以我觉得在这一点上，首先，我想到，"梅花香自苦寒来"在她身上体现得很充分，她的成长应该为我们的接班人树立了一个非常好的榜样，应让更多的接班人去了解、去认识，去掉那种浮躁。说实在的，现在整个社会环境生活条件太好了，你叫大家那么苦去练是很难的。我觉得这种精神在习总书记提出的"工匠精神"的当下，要把仙花这样的名家大师树立成当下年轻人的、未来的接班人的学习榜样，应该更好地宣传此次研讨会，让更多的接班人和戏剧工作者去了解、学习，学习这种强烈的事业心和强烈的文化自觉，这种强烈的文化追求，就学习这种清晰的人生目标和对艺术高品位的追求。她这种厚积薄发，就是因为她有着这样的开阔视野，对她后面的艺术创作提供了很高的平台。仙花有着很高的艺术审美品位，她的很多作品像各位前辈所说的，无论是她的《蝴蝶梦》还是《白门柳》《尘埃落定》《金莲》，我们都看到她对艺术的这种追求，这样一种守稳求变，即在传统的基础上，全面吸收汉剧传统的表演艺术精华，然后去大胆地借鉴京剧、昆曲各种艺术的精华，融会贯通，而且还有一个时代感，这种时代感就是习总书记提出的对传统文化的"创造性转化和创新性发展"。

正如各位专家刚刚说的，仙花这么多年来对艺术的追求和艺术成就确实是有目共睹，从演员的角度，我觉得仙花是一个很有艺术感染力的演员，她出台确实是光彩照人，有着非常好的嗓子，有一点我非常敬佩她的就是，她调到省文联，岗位转变但却不忘初心，一直在追求艺术理想。到今天有了这样的成就，仍然还在找老师学习，到现在还去老师那里上课优化唱腔，在这一点上我真的非常佩服她，佩服她对艺术的这种痴迷，对艺术的这种执着。保持着一种一往情深的追求，我真的非常敬佩，这是她能够有这样的成就的重要原因。

对于她的戏我是这样看的：看一个成熟艺术家的表演，不但要看她的基本功和身段，"四功五法"对她来说已经非常熟练、得心应手了，除有着非常丰厚的扎实的基本功之外，更重要的就是她对艺术的表演，对艺术的理解，对艺术的理念追求上。从她的戏品当中，从她塑造的人物，要能够准确表达角色，在舞台上对人物的细腻情感表达。她的身段优雅、优美，在舞台上声情并茂、激情地绽放，她是一个出台就把所有观众的眼光都集中到她身上的演员，很有舞台魅力。

仙花对汉剧的贡献,就像刚才继德老师所说的,确实是在汉剧发展史上留下了浓墨重彩的一笔。虽然到了省文联的岗位,但是我感觉到她对汉剧事业一直痴心不变,一直在不断地关心、推动汉剧事业,以汉剧事业的发展传承作为己任,现在广收门徒,悉心指导,为汉剧培养一批又一批接班人。我也祝福她在汉剧方面继续追求她的理想,实现她的梦想,她是一个对艺术有梦想的人。所以我也期待她的一生,或者她的艺术人生越走越宽,最后一句话:不忘初心,砥砺前行,再创艺术辉煌。

张广武　广东汉剧传承研究院院长

尊敬的各位领导,各位专家,今天能参加这个研讨会我感到非常荣幸,也非常高兴,同时也要感谢省委宣传部、省文联给予我们广东汉剧传承研究院这么好的机会,让我们在羊城畅谈我们传统的广东汉剧,还有在这里又听到了这么多高水平的专家给我们李院长这种艺术的总结与肯定,同时我在里面又吸收了很多今后汉剧传承发展的宝贵经验,这个是对今后汉剧传承发展非常重要、宝贵的财富。

李院长已经在汉剧院工作了很长时间,我跟她共事也有十多年的时间,所以我主要是代表剧院在两个方面谈一下仙花主席的事迹和她为汉剧所做出的贡献。

第一,作为一名演员。仙花主席十岁进入戏剧学校,以优异的成绩毕业分配到广东汉剧院,她的努力得到了广东汉剧著名表演艺术家梁素珍老师的特别关爱。在20世纪八九十年代,汉剧主要市场在农村,我们经常下农村基层演出,是非常艰苦的,每次都能看到李院长帮她师父扛背包、架蚊帐,那时候她还很弱小,所以梁素珍老师非常感动。当然,感动的不仅是这点,每一次梁院长排戏和演出的时候,她都在旁边认真地看。这里有一个真实的故事:一次梁素珍老师在演出的时候,突然头晕不能上,因为演出马上就要开始了,改戏都来不及,这时候仙花主席说:"让我来,我能上!"大家都说:"你根本就没有排练过你怎么能上?"她说这个戏经常下乡演出,梁素珍老师已经演出很多,她已经把所有的台词、台位、唱腔背得滚瓜烂熟,大家还是持怀疑的态度,但是梁素珍老师坚持说仙花是可以上的!那晚演的是《闹严府》,整场演出非常流畅,圆满成功,获得了观众的热烈掌声,得到了我们剧团全体人员的认可。从那一刻开始,仙花主席就进入了汉剧院年轻人重点培养的梯队。事后梁素珍老师也说当天她非常担心,也怕演砸了,因为是她的学生!仙花主席非常努力。她十九岁就到中国香港、新加坡演出，获得了非常大的轰动。她之所以能在这么年轻的时候获得这么大的荣誉，就是她的努力、她的执着结出的硕果。本来她成名成家，可以过上很美满的生活，有家庭了，有事业了，又有孩子了，但是那种对艺术更高追求的决心，对艺术不断追求的梦想，时刻萦绕着她，所以她又说服家人，到北京读书，一读就是八年，那种辛酸、辛苦是用语言无法表达的。我记得老师和同学跟我们所有去北京的同事们说起，周末要找她就到排练场找她。通过这八年不断地努力，也结出了丰硕的成果，她先后获"一度梅""二度梅"。这不但是她个人的荣誉。这也是让我们广东汉剧，也让客家人的大戏——广东汉剧走到了全国的大舞台上，广东汉剧在中国戏曲这个大格局下找到了自己应有的一席之地，让更多的人了解了汉剧，喜欢汉剧，对广东汉剧的传承发展做出了巨大的贡献。

　　仙花主席始终没有忘记剧院的传帮带工作。她说，她一步一步地成功离不开老师对她的培养，她现在已经达到了一定的艺术高度，她还要反哺，要把自己学到的东西，把自己的实践上升为理论，再把理论运用到实践中去，把传帮带的精神一代一代往下传。所以，她到嘉应大学上汉剧的欣赏课，给汉剧幼苗班去上课，不管演出多么辛苦，她都会抽时间到那里上课，还有，在汉剧院收了一帮年轻人做徒弟，所有演出过的戏都传给他们，这是很难得的，因为戏曲界有一句老话："宁愿送人十亩地，不愿教人一出戏。"为什么？教会徒弟饿死师父，仙花主席说，演员戏演得好，人品才能更好，才能成为一个真正的艺术家，能够成为真正人们尊重的艺术家，所以我学再多也不是我自己的，我要让这个戏，要让更的演员能够演，要让更多的人能够成才，为汉剧事业传承发展做出贡献。这一点是我们整个汉剧院心里最感动的，她把所有的演技都教给了下一代，甚至下下一代徒孙，这是我们作为一个演员应该学习的榜样，还有李主席调到省文联以后，做了领导，但是她始终没有放弃舞台，没有放弃汉剧，每次回到我们汉剧院的时候，也是我们汉剧院最热闹的时候，每天晚上练功场的人满满的，每个人都想主席回来了，让她多做一点示范，多做一点教导，让大家可以吸收到更多的表演技巧，让艺术水平有一个质的飞跃，所以每次她回来，我们排练场是最热闹的，场面也很感人。这个是仙花主席作为一个演员对于我们汉剧的贡献。

　　第二，作为一个剧院的院长。我现在也是广东汉剧院的院长，我感觉离她的要求还很远，但是我已经有了目标，要朝着这个方向一步一步前行。跟着李院长的脚步，跟着正确的方向，不断地努力，让我们的广东汉剧更好地传承、创新、发展。主要是四个方面：一是硬件设施方面。老剧场场地很小，上面是盖瓦的，每次下雨的时候会掉雨点，偶尔会掉一些瓦片下来，条件非常艰苦，没有练功场，要练功只能在舞台上，演员翻跟头的时候不小心踏到舞台板里面连脚都弄断了。梅州经济条件比较艰苦，每一次领导想改变练功场，都因为经济的局限、影响力的局限一直难以实现。后来仙花主席当了院长以后，经常去要钱、找资金，有人说：仙花，你脸皮怎么这么厚？她说，你们不要笑我脸皮厚，因为我仙花去跟企业跟上面组织要钱不是为了我个人，是为了广东汉剧院，是为了广东汉剧的传承发展，她说："我理直气壮！"所以通过她不断地努力，通过她的成绩感动了很多企业家，广东汉剧院终于在2008年建成了漂亮的练功中心，搬进了新的排练场——一个非常亮堂的演出、生活、工作环境，这为广东汉剧发展打下了坚实的基础。所以我们市领导也说："当时没有仙花要来的第一桶金，就没有现在梅州的教育基地。"广东汉剧院现在已经成为梅州一道亮丽的风景线。二是人才培养方面。2006年，仙花主席听到黄石汉剧团解散了，去那边要到十六个二十多岁的年轻人过来顶了汉剧人中青年缺失的档，但是她发现还是不够，汉剧要有未来，必须要有更小的苗子才能把汉剧的人才培养变为一个梯队的发展，这样才能踏实，才能健康地往上发展。所以她又通过自己的努力，打动了市委市政府，同意拨款办成了第一届广东汉剧幼苗班，当时有五十个人，二十个男的、二十个女的，还有十个乐队员，这五十人就是昨天晚上看到的舞蹈演员，这样就为广东汉剧院培养了足够的青年幼苗，有了这些，我们又举办了第二届幼苗班，去年又招了第三届幼苗班，所以有了一个好的开端以后，我们汉剧以后就可以代代有新人，就可以薪火相传，永葆活力。汉剧院目标是传承创新谋发展，出人出戏出效益，出人，我们采用请进来、送出去的方法，不仅请我们的老艺术家教课，还请中国戏曲学院、上海戏剧学院包括广州有名气的专家、老师同行教戏。送出去就是把条件比较好的年轻人送到中国戏剧学院去深造，去读书，通过这样请进来、送出去，让我们汉剧人才的表演水平得到了质的飞跃，所以我们获得了很好的成绩，这些都是李主席的人才战略起到了非常重要的关键作用。三是非常重视传统剧目的复排。在李主席的领导下，汉剧院经过短短的十年，我们复排出四十多台传统剧目，包括《秦香莲》《花灯案》，创排新的剧目二十多台，所以她是传承和创新并举，传承不能丢，创新也是发展的一个途径，所以我们是传承创新相结合，创造了一系列的新的剧目，如《白门柳》《尘埃落定》《金莲》《蝴蝶梦》等一大批新编剧目，让汉剧焕发出新的光彩。四是市场方面。李院长和整个中层干部特别重视演出市场，她教我们不但要经济效益，更要社会效益，要社会效益和经济效益相结合，所以我们搞了广东汉剧进学堂、进社区、进农村、进基层、进军营，让更多的人了解汉剧、喜欢汉剧，能够走进汉剧的剧场，这样我们广东汉剧就得到了更好的传承和发展，在我们梅州甚至在广东都有很大的影响，我们一直要办下去，直到永远。

最后，我有一个感触，李院长能够有今天的成就，能让广东汉剧在这个新时代中不断地继续前行，不断地继续发展，就因为她自信。这就是文化自信。对我们汉剧的自信！因为自信所以她热爱，因为热爱所以她执着，因为执着所以她坚守，这就是仙花精神，也是我们汉剧人的精神，这种精神将激励着我们一代一代的汉剧人不忘初心，砥砺前行，让我们中华优秀的传统文化，我们客家人的戏———广东汉剧能够代代相传，永葆活力，谢谢！

康保成　中山大学中文系教授、博士生导师、当代戏曲专家

我是仙花的粉丝，广东汉剧院每次来广州演出凡是我知道的都会去看，特别是知道有仙花来做女主角的时候一定去看。我是做戏剧史的，我们正在对广东汉剧历史做进一步的研究，我手上有一个项目，我现在想广东戏剧受北方戏剧的影响很大，这个是不争的事实。乾隆年间，我们在广州已有了外江梨园会馆，现在有十几个碑刻放在那里是铁证如山，那个碑刻里面所说的外江戏剧，有江西班子、安徽班子、湖南班子，还有一个是从我的老家河南来的班子，这个外江戏是广义的外江戏，凡是广东以外都把它们称为外江戏。到了光绪年间，那个外江戏又有一个梨园会馆在潮州，潮州又有好几个碑，梨园会馆的旧址现在还保存着，那个外江戏指的就是我们今天所说的广东汉剧，这两个外江戏不能混为一谈。我们今天看到的广东汉剧和京剧很近似，因为也是皮黄，于质彬老先生曾经写过《南北皮黄戏史述》一书。

我们现在所说的广东汉剧这个外江戏就是皮黄南传保存下来的一个丰硕果实。这个硕果由于有了广东汉剧院，有了李仙花，有了这么好的剧目，当然还有其他的条件，才能够成为广东第三大剧种，粤剧、潮剧、汉剧才可以并称。说是并称，实际上从业人员和观众要比粤剧少得多，也比不上潮剧，特别是从业人员简直是唯一。从非遗的保护角度要特别珍惜这一株"南国牡丹"。在海陆丰我们还存有西秦戏和正字戏，这两个剧种也是号称用"戏棚官话"来演出，但是你认真听一听的话就知道，已经很大程度上"再进化"了。它们"再进化"程度比不上粤剧和潮剧。关于粤剧的"再进化"上次开会和惠英主席也聊到。梆黄是粤剧的传统、是灵魂，这是不能丢的，我怎么听出来里面还有黄，还有梆子，还有皮黄，因为它"再进化"了，已经是一个粤调的梆黄，所以，北方人听不懂粤剧。老是用京剧的皮黄去找它，但是找不到，在哪里找到？在广东汉剧里面找到了！汉剧太像京剧了，但是又不是京剧，器乐伴奏、念白、唱腔是别开生面的。广东汉剧自成特点，和湖北汉剧不一样，和北京京剧也不一样。那一年搞第二批非遗公示，我一看文化部网站公示，广东汉剧是扩展项目。扩展到哪里？跟在湖北汉剧后面，我说这不对，我不知道这是评议的，就打电话找到了文化部，我说这个不对，广东汉剧和湖北汉剧不是一个戏，怎么搞到湖北汉剧扩展版？湖北汉剧不带湖北俩字。可以说是汉剧没有问题。社科司负责人很高兴地采纳了我的建议，他说这样，正式公布的时候独立出来。我在想，西秦戏和正字戏号称也是北方过来的，用戏棚官话演唱，为什么没有发展到像广东汉剧这样的声誉能够影响全国，能够和粤剧相并称，就是因为少了好的、精彩的剧目和优秀的演员。

刚才对仙花的艺术讲了很多，我都很同意。我想简单说一下，第一，仙花的表演做到了形与神的完美结合，技巧和人物的完美结合，我强调这一点，因为这是戏曲发展的一个正确道路。正如王瑶卿把青衣、花旦、刀马旦的唱、念、做、打、舞的特点融汇起来一样，任凭薛平贵在门口怎么说他的十八年来艰辛，柳林春纹丝不动，后来梅兰芳开始搞一系列革新，当然还有齐如山的帮助，这个革新是对的，因为观众是买账的。谭鑫培在他的回忆录里说，他和梅兰芳合作演到这个地方的时候他描述："我唱到这里一般不应该有掌声，为什么有掌声？原来是给梅兰芳鼓掌。"在谭鑫培唱的时候。梅兰芳动起来了，观众接受了，观众觉得不应该那么呆板地听着，应该有动作。我最近看到一些学者写的论文，批评中国戏曲 50 年代走过的路，认为是走错了，我认为不对。我认为是走对了，我最近在《文艺研究》发表了一篇反驳性的文章，是替梅兰芳讲话，其文也是指出我们中国戏曲发展的道路。我觉得仙花和在场的倪惠英等几位，作为我们广东第一流的戏曲演员、艺术家，能够和国内一流演员平起平坐的也就是他们几位，整体上说我认为，广东戏剧水平不一定能够和中国京剧院相比，但这几位太宝贵了。

第二，仙花的几个代表作《蝴蝶梦》《白门柳》《金莲》的人物性格都比较复杂，不单一。过去年轻人不喜欢看戏的原因之一，除了节奏慢之外，就是脸谱化，人物性格是固定的，坏就坏到底。但柳如是比较复杂，她也很市侩的，攀高枝，东林领袖后来又做了官。她要享受尚书夫人的滋味，但是到最后在民族气节的问题上又理智了。又如潘金莲，给她翻案是很不容易的，我看的是初稿已经觉得演得真是到家了。仙花演得淋漓尽致，哭诉处有很长的唱段，真的不容易，她专门挑战有深度的题材，性格复杂的人物，这一点是仙花的特点。其他的关于幼苗班，我只说一句话，就是梁素珍老师评价，去年李英带我们去采访梁素珍老师，她对创办幼苗班大加赞赏。

理论是晦涩的，艺术之树常青，我们是外行。一天到晚做案头工作，象牙塔不接地气，这个很不好，做戏剧学的要接地气。谢谢大家！

嵇兵　广东汉剧院培训部主任

我是仙花老师的大徒弟，当年也是仙花老师把我从湖北省汉剧团引进到梅州，才得以继续在戏曲艺术演艺道路上追求自己的理想。我最幸运的是能够拜李仙花老师为师，能够得到她长期悉心的指导，曾经有人问我："你作为李仙花的徒弟，在她身上究竟学到了什么？"我毫不犹豫地说："人品和戏品。"因为我记得2006年9月调到广东汉剧院，第二个月正好有第五届广东省戏剧演艺大赛，我当时真的没有任何准备参加这个比赛，是师父鼓励我，还专门安排作曲老师把我参加的剧目改成广东汉剧，一个字一个字、一句一句耐心细致地教我，从咬字到行腔、念白、表演、韵味，真的是无微不至。因为我刚来确实不了解，毕竟湖北汉剧有别于广东汉剧，师父花了很多心思。再说当时师父作为院长，事务非常繁多，没有更多的时间来教我，但是她只要一有空，不分白天晚上和周末，利用一切空余的时间教我，让我非常感动，也根据我学到广东汉剧的特点，师父又把她的代表作《花灯案》《蝴蝶梦》《金莲》《白门柳》《尘埃落定》，折子戏《阴阳河》《改容战父》等剧目毫无保留地传授给我们这几个徒弟。

在学习的过程中，师父从眼神、手法、身段到步伐"苛刻"要求我们，不断鞭策和鼓励我们。师父多次教导我们，"艺术是神圣的，最讲究的就是实力，来不得半点虚假的，拼的就是实力"，所以师父在舞台上一颦一笑，一招一式，都是我们要学习和模仿领悟的教材剧本。师父除了在专业上教导我们，在生活上也给予我们更多的关心。特别是对从湖北来的这些人，有一次演大戏《尘埃落定》，因为要参加全国的演出一连演二十场，我又感冒，师父就亲自熬粥送到后台，逢年过节她一定会叫上我们十五六个人去她家里吃饭，甚至自己掏腰包请我们吃饭，让我们感觉到家的温暖。因为当时父母都不在身边，师父不愿意让我们感到在梅州是外地，她让我们感受到这是我们的第二故乡，这让我非常感动。所以我更加坚定我要在梅州扎根，要好好传承广东汉剧，这一点师父对我们影响很大。

师父也经常告诉我们：学做戏要先学做人，以德为先，只有德才能走得更远。所以在师父身上我学到了对艺术精益求精、执着追求，对生活知足常乐、以德为先的精神。作为新时代戏剧人，我们深感肩上责任重大，我们一定要以师父为榜样，做"德艺双馨"的演员，把师父传授给我们的剧目和做人的道理，也传授给更多的年轻演员，让广东汉剧能够代代相传。所以在这里，我们要感恩师父教我们的一切，对我们的关怀，感谢您对广东汉剧无私的奉献，在这里跟您说一声："辛苦了。师父我们永远爱您！"

李英 广东文艺职业学院教授

我发言的题目是"一生只做一件事"。我原来是广东梅州嘉应学院一名普通教师，与广东汉剧相识相伴十六年，今年9月来到省文联下属的学校——广东文艺职业学院。很幸运是仙花老师一曲《白门柳》把我带进了广东汉剧这个艺术大门。2002年的冬天，一位同事带我去广东梅州东郊厂老汉剧院观看了李仙花老师的《白门柳》。听着熟悉的曲调，耳边响起锣鼓声正如儿时的记忆浮现在眼前，这不是我家乡的汉剧吗？后来，我也与仙花有很多亲密接触，她告诉我："我的广东汉剧与你小时候听的常德汉剧有很多相似之处，恭喜你，你找到了家门。"2004年的春天，我把我的课题申报文本交给仙花姐姐，希望她能给我提供宝贵的意见，与其说是她的那份感动，更不如说是对我的鼓励与支持，我总是觉得仙花姐姐对我有热切的期盼，这也让我在学习与研究广东汉剧博大精深演艺文化的同时，充满着激情。时至今日，一部《白门柳》电影在广州试演，正好十五个年头，回想仙花姐姐对广东戏剧的执着追求，在她美好的韶华里，又会有多少个十五年呢？所以她终身只为广东汉剧做这样一件事。

为什么说只做一件事？我拜读过刘斯奋老师的剧本，据我所知这是刘老前辈唯一的一部长篇小说，所以改成这样戏曲剧本。我们的国学老师陈寅恪也曾用生命最后的十个年头来考证《柳如是别传》，从卑微的身份发现人性最闪亮的品格，这是"艺术来源于生活而高于生活"的体验。也因为三部曲的大胆尝试与冒险，我小心翼翼地在电影院请教过仙花姐姐，我说："仙花老师，您演过《蝴蝶梦》，又演了《白门柳》，之后又演《金莲》，我想知道，出演这样敏感的角色，您心里是怎么想的？"仙花老师笃定地回答："艺术性是不朽的，这容我一生去追求。"李仙花老师对艺术至真至高至美的追求，也将是我以后学习、研究和评论戏曲的一面镜子。

能追无境之景，始成非凡之艺
——评李仙花表演艺术

王琴 徐青

广东汉剧《金莲》中饰演金莲

李仙花是当代广东汉剧旦角代表性人物，获第 11 届中国戏剧梅花奖、在第 18 届梅花奖评选中荣获"二度梅"，是当代广东汉剧剧坛上出类拔萃的文武花旦兼青衣，声名鹊起于海内外的一位表演艺术家。一颗对艺术执着挚爱之心，让她内心纯净、心无旁骛，一路向前追逐艺术之光，迈向艺术的最高殿堂。

李仙花十岁考入梅州戏剧学校，六年的戏校学习打下了坚实的戏曲基本功。在广东汉剧院，拜广东汉剧著名的表演艺术家梁素珍为师，以戏带功，一大批汉剧优秀的经典剧目如《状元媒》《昭君行》《打洞结拜》《秦香莲》《花灯案》《闹严府》《二度梅》《林昭德与王金爱》《翁媳会》《春娘曲》《齐王求将》《拾玉镯》《柜中缘》《百里奚认妻》《宇宙锋》等为李仙花打下了汉剧唱念做打的基本功。

在《花灯案》一剧中李仙花以闺门旦跨花旦的表演将剧中的陈彩凤少女的娇羞神态装扮得传神，第一场中的"观灯"，以轻盈流水般的小花旦云步优美传神的亮相，配合佳节鼓乐笙歌出场，观众心驰神往随着她喜逛古代羊城元宵花街灯景。第二场"揭帏"，陈彩凤要与一见钟情的秀才王大儒相会，赴"东山月上，城隍庙旁"之约，被严父困在书房连夜攻读，表现其情窦初开躁动不安的心绪。当她开始意识到隔着帏帐后面的教书先生可能是自己观灯邂逅的俊俏郎君时，机灵地求证大胆地追求，李仙花运用汉剧传统表演程式将活泼俏皮的陈彩凤演绎得惟妙惟肖。

《包公与妞妞》"包公牵驴"一场中，用天真俏皮的动作、甜润柔美的唱腔、洒脱自然的舞步，刻画了一个纯真、善良、活泼而又身受凌辱的女性。《憾恋》改编于传统戏《打洞结拜》，将原红净与青衣的唱功戏改成了武小生与花旦的唱念舞并重，李仙花饰演的赵京娘突出其"纯""真"，对赵匡胤由初见时的惊恐慢慢过渡到信任，"千里送妹"由感激慢慢转入敬佩、爱慕。"贪夜追兄"塑造了一个敢于大胆追求爱情的少女形象。

此一期属于李仙花表演艺术上的"少女"时代，多以花旦应工，俏丽、活泼、纯真是其本色，充满着喜剧的张力和明亮的色彩，刻画人物细腻、唱腔甜美婉转，唱念做舞并重。

1991年，李仙花来到中国戏曲学院学习。1993年中国戏曲学院复排南宋戏文《张协状元》，作为中国现存最早、最完整的戏曲剧本，没有任何表演形式可倚，只能凭借有限的文字资料加以推断。李仙花冒着酷暑骑车奔波于各大图书馆，设计南戏的表演形式和唱腔。从服装到化妆尽量还原南宋女性的风貌：全白素净的脸庞，脸颊上两边各圆形红晕，嘴唇中间微点朱唇，短促的眉毛，圆形的发髻，棉麻的服装，体现南戏的质朴、细腻和典雅的风格，唱腔是古腔古调，昆重带南调，采用蹀步、雕塑般造型，木偶式的手势和肢体动作，尽量呈现南戏的古朴古韵。其表演显示其创造性和开拓性，带给人耳目一新的印象。

李仙花在深得汉剧真谛的基础上，还向其他剧种学习借鉴。向京剧宋派传人宋丹菊老师学习"宋派"经典《改容战父》《扈家庄》，向王小蓉老师学习京剧《天女散花》《贵妃醉酒》《霸王别姬》《阴阳河》，向沈世华老师学习昆曲《百花赠剑》，向昆曲大家梁谷音学习《游园惊梦》《寻梦》《思凡》等经典剧目。

《改容战父·斩情任侠》是文武戏，李仙花在饰演武旦万香友时候，既要体现出其阳刚之气，又不失女儿家的柔媚，在宽仅十厘米、高一米的盘龙椅扶手上完成"前探海""穿椅僵尸下腰""勾椅踔步"等高难度形体动作，身段、眼神、脸部表情中又要体现出人物的娴静之美，刚柔并济运用椅子功、翎子功，使表演张弛有度，表演既要体现出技巧，又要有情有戏。在唱腔处理上李仙花采用广东汉剧特有行当红净和旦角混合行腔的拖音唱法，在甜美柔润的旦腔中

广东汉剧电影《白门柳》中柳如是造型

揉入净行的刚劲高亢，展现了主人公别具的风采和狭义的心肠。

李仙花还恢复了《阴阳河》中失传已久的"扁担功"。《阴阳河》是京剧表演艺术家于连泉演出的代表剧目，其中的"跷功""扁担功""鬼步"是此剧的特色和价值所在。

此一期是李仙花以开放包容的谦虚之心向表演规范、程式多样、剧目丰富的京昆等大剧种学习，向有着丰富的表演艺术经验的前辈大家学习，取长补短，化为己用，从而丰富了自身的表演技巧、舞台表现力以及对人物的刻画能力。

新世纪伊始，李仙花完成了她在中国戏曲学院从本科到研究生阶段的学习，其后她演出了《蝴蝶梦》《白门柳》《金莲》，这三部戏可以说是女性戏剧三部曲，从不同的侧面表达了对女性命运的思索。

《蝴蝶梦》实现了"京汉的联姻"，京剧、汉剧同属于皮黄声腔剧种，在近似而又相异音乐声腔中，让观众感受到"同中有异，异中有同"的别样韵味。剧中男女主角分别一人饰二角，跨行当表演，也给演员的表演留下了更多可塑的空间。在剧中李仙花饰演活泼爽朗的扇坟女，以花旦应工，另一角是恬静端庄的庄周之妻田氏，以青衣应工。两种角色，李仙花在"动"与"静"中把握了其特色区分：扇坟少妇以爽脆的京白道白，唱腔借鉴了京剧《辛安驿》中的【南梆子】音乐，欢快跳跃，虽身着素缟，但粉扇遮面，踏着轻盈的小细步上场，丈夫新故，但却急欲择偶再嫁，动作语言中体现她热情火炽、活泼、没遮没拦的舞台形象。当扇干坟土，少妇随即卸去白纱，表演中融入歌舞的成分，将扇坟少妇欢欣雀跃之心溢于言表。而在处理田氏的表演中，在舒缓悠扬的音乐中，田氏唱念做都突出她大家闺秀的风范。在接下来的"汲水""成亲""劈棺"等场景中，李仙花非常细腻地塑造一位在严酷的礼教中恪尽妇德，但内心真切的温情让她一点点冲破礼教的藩篱，表达了对真情关怀的渴望，在情与理的冲突中，田氏一点点放下了礼教的矜持，尊乎内心人的天性。田氏深夜汲水，楚王孙殷勤相帮，她的温存话语慢慢融化了田氏的惊疑、躲闪，也激活了田氏内心封闭已久的真性情。在接过楚王孙递过的手帕时，田氏反观庄子平时对自己更多的是"礼多于情"冷淡的"夫妻相见如宾"，不似眼前这位翩翩公子的多情体贴。此时的田氏已双眼盈满泪水。"大劈棺"是高潮，李仙花采用了"文戏武唱"的方式，融合了汉剧青衣、花旦和刺杀旦的表演技艺，使戏高潮迭起。在"劈棺"的处理上，刻画了一位弱女子为心爱之人不得已而为之的痛苦情状，"欲将死者救生灵，究竟是恶还是善"，运用了碎步、磋步、翻扑、乌龙绞柱等多种表现手段表现田氏的焦躁不安，手上水袖翻扑飞转，烘托出紧张的气氛。由二十名演员扮演的黑蝴蝶上下翻飞，与田氏摆出各种造型。李仙花在激烈的动作中由大段的唱腔，且歌且舞，高亢激昂，动人心魄，无声嘶力竭之感，显示了深厚的功力。劈棺时，庄周现身，田氏猛得一甩斧，整个人横向飞出，跌在"蝴蝶"身上，又翻滚在地，一套动作一气呵成，干净利索，令人目不暇接，达到强烈的戏剧效果。当田氏得知这一切都是庄周设下的"人性"考验，感到眼前"丈夫"的荒诞和对自己毫无感情的戏弄，表现出愤怒、决绝。李仙花运用了汉剧红净、花脸、小生，将"龙、虎、凤"三种唱腔结合，"纵是勘破时也晚"，唱出了田氏的悲愤之情："我本有灵有性平凡女，有情有爱有尊严。"

与《蝴蝶梦》的哲思性探讨不同，《白门柳》充满着烟火味世风民情。秦淮河畔，才貌双全的江南名妓柳如是爱慕诗文一流、才华横溢东林党魁首钱谦益，不仅是他的才情，更多的是他反对阉党阮大铖祸国殃民的一股文人清流。李仙花反串儒雅小生出场，扮相俊美，头戴纶巾，一身青衫翩然而上，折扇挥处，风流倜傥潇洒的英俊书生，举止文雅豁达，器宇轩昂，让观众领略到李仙花塑造人物的多面性。继而转身，帷幕拉开处，呈现的却是一位艳若桃花，柔情默默，风情万种的国色佳人。柳如是与钱谦益才情相通，琴瑟和鸣，她在钱谦益身上不但寄托了自己的人生理想，也寄予更多的政治期待。但钱谦益的软弱、虚伪使柳如是的道德理想轰然坍塌，她以死名节。李仙花很好地把握了柳如是对钱谦益由敬重、爱慕到失望的情感线，表现出一名风尘女子的民族大义、民族气节。

《金莲》是一部完整意义上的对女性命运探讨的汉剧作品。李仙花饰演的潘金莲凸显她的"媚"和"俏",这是她不幸生活的起源,也是她辗转生活的唯一可凭之资。李仙花的表演恰恰体现出一种对女性命运的悲悯之情。

此一阶段是李仙花表演日臻成熟,形成自己独有风格的时期。对于题材的选择,她更注重立意的开掘,内涵的多重、文化的底蕴,深层次的思辨、哲学和社会人生的思考。在表演上,多重积淀后她已驾轻就熟,多角色的转换、多行当的跨越、多声腔的融合、多剧种的借鉴,丰富了广东汉剧的表演、剧目、音乐,改良了广东汉剧的行腔声腔。其表演不仅是广东汉剧表演技艺的呈现,更是其人文关怀的表达。

王琴
广东省艺术研究所一级艺术研究员、戏剧戏曲学博士

徐青
广东汉剧院一级编剧、广东汉剧院副院长

参考文献:

1. 吴善忠:《李仙花的表演艺术》,《舞台与银幕》1995年第18期。
2. 李仙花:《表现少女的纯真——扮演赵京娘一角的体会》,《嘉应日报》1989年12月11日。
3. 王小蓉:《功夫不负有心人——李仙花排练〈阴阳河〉》,《广东艺术》1994年第1期。
4. 李仙花:《继承、借鉴、创造——我在〈蝴蝶梦〉表演上的探索》,《广东艺术》2000年第4期。

百尺杆头跨世纪星光耀璨越千年

为广东汉剧青年表演艺术家李仙花题

己卯年金秋高占祥

第三篇
仙花论艺

子曰："君子食无求饱，居无求安，敏于事而慎于言，就有道而正焉，可谓好学也已。"圣人之言用在李仙花身上再合适不过了，她就是一位典型的好学派、实干派、创新派。从艺五十年，她无时无刻不在学习借鉴，集众家之长而又独出机杼，自成一家，然而她的追求并未止步。近年来，总有业界同人建议她举起汉剧振兴的大旗开宗立派，她每每莞尔。她说，流派的形成是水到渠成的事儿，不必急于求成。在不断探索汉剧这个古老剧种当下的多种可能性的同时，她已经着手汉剧传承和创新的经验总结。

继承、借鉴、创新
——我在《蝴蝶梦》表演上的探索

李仙花

对于当代戏曲演员来说，继承前辈艺术家留下的宝贵财富，和兄弟剧种交流，向影视、话剧、音乐、舞蹈等各类艺术学习借鉴至关重要。同时，更需要有胆识和能力，把学来的东西加以融合吸收，才能创造出自己的剧目，自己的角色。我深深体会到，处理好继承、借鉴、创造三者关系，多方面地进行表演实践和理论探索，是当代青年戏曲演员所应具备的思维方式和艺术素养。

广东汉剧《蝴蝶梦》研讨专家合影，前排左起：著名编剧盛和煜，中国剧协原分党组成员、书记处书记霍大寿，李仙花，戏曲理论泰斗郭汉城夫妇、中国艺术研究院研究员龚和德夫妇；后排左起：汉剧前辈谢仁昌，广东汉剧院原副书记张佩芳，《中国戏剧》原副主编安志强，广东汉剧院原副院长郑松章，京剧名家宋丹菊，广东汉剧院艺研室原主任吴善忠，广东汉剧院办公室原主任罗保沪

随着在首届中国京剧优秀青年演员研究生班的深造,我更深悟到超越精神和表演上的创作力,是提升一个演员档次的关键。作为一名研究生,我渴望能成为一个有文化底蕴并富于创造力的演员。因此,我选择排演剧作家盛和煜的新作《蝴蝶梦》,这是一个充满哲理意味和人文关怀的诗剧。我在戏中扮演两个截然不同的女性形象——女主人公田氏与"扇坟"少妇。这样富有挑战性的人物塑造,促使我用几年所学的专业知识,多年打下的表演基础去分析、去体验、去表现,进一步体会到继承、借鉴和创造相交融的思维,乃是戏曲表演艺术活力之心源。

《蝴蝶梦》在宋、金时代院本及元杂剧、明清传奇中,以此为题材写戏不下十数种。盛和煜的《蝴蝶梦》则以平淡幽默的笔调,重新演绎了这个故事,别具韵味。剧中的庄周倡导"齐生死"的自然顺生,但在遭遇"扇坟"少妇后,却要试探妻子田氏:庄周犯了个可怕的"较真"错误,他为了证明自己对人世的勘破,对夫死妻变节的不在乎,就设下圈套让田氏钻,于是出现了"幻化""汲水""成亲""劈棺"这一系列的变故。田氏自然而然地顺着庄周设下的圈套往前走。庄周则把圈套越缩越紧。因为他内心男人的醋劲、猜忌与自己追求的洒脱在对峙搏斗,逼着田氏最后去"劈棺"。一斧下去,庄周解脱了,他终于悟到连老婆都可以潇洒送走,但经历了残酷的人格试验的田氏却愤而指责庄周并离开了他。

将这么一个富有哲理意蕴和人生况味的戏搬上舞台,它要求演员塑造人物更加真实和丰满,是个很大的挑战。戏中的我饰演的两个人物,一个是春情荡漾、妩媚俏丽的"扇坟"少妇;另一个是端庄贤淑、温顺可爱的田氏,两个人物前三场中交替出场,甚至是同一场中换两次妆,表演难度不小。我力求处理好行当与人物的对位和突破问题,把握性格反差,有层次地细致刻画人物性格,合理运用传统表演手段去塑造人物。

戏曲非常重视歌舞审美的表现,因为这种形式不仅是故事和人物的载体,本身更富有张力意境和内涵,同时,形式是支撑起剧目的一个重心,而行当、程式则是形式中的一个重要内容。田氏和"扇坟"少妇分别用青衣和花旦行当来处理,两者鲜明对照,就能收到很好的戏剧效果。

表演和声腔在继承传统的基础上,还借鉴了一些现代歌舞的表现手段。人物未上场,一声明丽的闷帘导板,已收先声夺人之效。在观众期待的目光中,"扇坟"少妇身着素缟,粉扇遮面,以轻盈的小细步上场,塑造了一个没遮没拦、热情火炽、爽朗活泼的舞台形象。当少妇见庄周替她扇干坟土,惊喜地高喊:"干——了!"随即卸去白纱,手舞足蹈,糅入欢快的新疆舞姿,用"动"态表现"扇坟"少妇的性格特色,使她那伶俐乖巧、欢快雀跃情绪,溢于言表。另外道白用的是以爽脆见长的京白，唱腔借鉴了京剧《辛安驿》中的"南梆子"音乐，显得欢快跳跃。而女主角田氏的出场，则和"扇坟"少妇相异，反差鲜明地给观众一个"静"的感觉。在悠扬舒缓的音乐中，田氏的唱腔动作都显出她恬淡质朴的性格，既与"扇坟"少妇区分开，又对随后剧情发展、田氏遭际的情感变化起了很好的反衬作用。

《蝴蝶梦》的人物塑造，戏曲的双重体验与表现比较清晰，使人物形象转变为观众心中的意象，观众在审美过程中体悟了戏的哲理意蕴和人生况味，这是一种心灵的渗透，而不是教条式的宣讲。很多剧目有时不能给人太多回味，主要是堆砌剧情，让外在的戏剧冲突掩盖了情感的内涵。《蝴蝶梦》则是诗情统率剧情，以诗化风格营造意境，也就有了更大的表现空间。尤其是第六场《成亲》，通过田氏捡楚王孙所赠的手帕这一细节，我运用张弛有度的节奏，拢住观众的目光，引起他们的审美期待，造成一定的审美冲击力。

演员塑造人物、表演唱做还要注意一个问题：内容与形式的关系。前面已经说到，形式是支撑起剧目的一个重心，有时候很多戏曲剧目只追求形式上的花哨和繁复，却不管是否入情入理。我以为，好的表演形式乃至一些高难度技巧能大大提高戏的可看性，但一定要服从于戏情戏理。

最后一场"大劈棺"高潮戏，我这么设想：这场戏各个剧种经常演出，里边有很多观众爱看的形式。我演新的《蝴蝶梦》，应适当借鉴和创造出一些符合戏理的动作技巧，以免过于直白地体现主题、内容，使戏显得太温。因此我选择了"文戏武唱"的方式，融合了汉剧青衣、花旦和刺杀旦的一些表演技巧，借此使戏高潮迭起，吸引观众。对"劈棺"这一心理过程的处理，我不是简单套用以前刺杀旦表演技巧，而是用几番细致的动作表现一个弱女子硬着头皮向前的痛苦情状，运用碎步、蹉步、翻扑、乌龙绞柱等多种表演手段表现田氏的焦躁不安，手上的水袖翻扑飞转，烘托气氛的紧张。二十名由演员扮成的黑蝴蝶上下翻飞，与田氏摆成各种造型，田氏在大段唱腔中抒发自己内心真实的情绪，最终下定决心"劈棺"。我演的田氏猛地一甩斧子，整个人横向飞去，跌在"蝴蝶"身上，又翻滚落地。这一套动作一气呵成，让观众目不暇接，以达到强烈的戏剧效果。

近些年来，舞台创造手段越来越丰富，舞美灯光、音乐等作为表演的重要辅助手段，与表演共同成为富有魅力的舞台语汇，舞美灯光的巧妙运用，不仅是气氛的体现，也是台词的另外一种表达方式，对于人物心理的表达和揭示具有点染传神的作用。而音乐则蕴含了唱腔、过渡曲、行动伴奏乐曲、意境音乐等多种表现手法。有时音乐不需有很多唱词、念白相间，却同样能表现人物复杂的情绪。另外，演员可借鉴的艺术门类也越来越多，像戏曲声乐，把科学的发声方法与戏曲演唱有机结合起来，我跟唐银成老师学习声乐，就获益匪浅，感到科学的发声方法给自己的演唱插上了翅膀。演员不只是一个孤立的表演者，而是综合艺术的体现者。这样，演员的表演空间也得到了延伸。我非常注意音乐、舞美等艺术手段的运用，它们的创新能推动表演的创新。

广东汉剧属于皮黄戏，辅以大板、昆腔、小调，构成严谨的板腔体结构，具有旋律流畅、文静幽雅、韵味别致的特色。在《蝴蝶梦》一剧的唱腔和音乐设计上，我注意充分把握剧种音乐的基调，却又有突破。像前面谈过的第一场"扇坟"，借鉴了京剧《辛安驿》中"南梆子"的跳跃式音乐，而"劈棺"一场中，田氏得知自己所遭遇的不过是庄周设下的圈套，心中充满了悲愤和绝望，这时如果简单套用传统花旦唱腔是不适宜的，在作曲协助下，我将汉剧红净、花脸、小生，"龙、虎、凤"三种唱腔结合起来，使"纵是勘破时也晚"这个唱段更加悲愤动人，更加符合田氏的心声。

《蝴蝶梦》参加第五届中国戏剧节共获得七项优秀奖，我个人也荣获优秀表演奖，但还是感

广东汉剧电影《蝴蝶梦》，饰演田氏

到有些不满意。排演此戏对古老的广东汉剧有了新的冲击，但我觉得这种冲击力度还不够大，也暴露出剧种、剧团及演员某些方面的薄弱。个人的表演水准也需要向更高层次冲刺。当时，我就读首届中国京剧优秀青年演员研究生班，同学们都在考虑毕业作品，我忽然萌生了一个想法：排演《蝴蝶梦》，是本着继承、借鉴、创造多元并举的念头在表演上下功夫的，现在何不把借鉴的力度加大，干脆来一个"京汉两下锅"！

京、汉虽是两个不同的剧种，但在总体音乐唱腔板式结构上，二者有着亲密的血缘关系。京剧作为传统深厚，一直在创新发展的前沿阵地的国粹大剧种，与汉剧合演，两者之间的借鉴与吸引，肯定更能激发演员表演上的提高，对汉剧剧种也是极其有益的。

在提出这个想法后，我得到了学院和省、市领导及广东汉剧院同仁的支持，于是与研究生班同学、北京京剧院著名小生李宏图合演《蝴蝶梦》，他演周庄、楚王孙，唱京剧老生、小生，我演"扇坟"少妇和田氏，唱汉剧花旦、青衣，在原先表演的基础上，我更进一步向京、昆剧种学习，中国戏曲学院宋丹菊老师，上海昆剧团梁谷音老师的指导，给了我很大的帮助。李宏图作为一个优秀的京剧演员，他和我演对手戏，对我来说也是个很好的学习机会。

《蝴蝶梦》"京汉两下锅"于1998年年底在广州友谊剧院演出后，专家级观众给予了好评，肯定了"京汉两下锅"这种演出方式，对剧种之间横向借鉴，革新创造起到了积极作用。同时，有关专家也认为这次京、汉合作的探索，为广东汉剧事业开辟了一条新路，通过这次尝试，也引起我对广东汉剧今后发展道路的深入思考。

总之，《蝴蝶梦》不论是汉剧演出，还是"京汉两下锅"，它的每一次演出，都是我对于表演上探索的实践，我珍惜这种机会。同时，我也意识到，一个青年演员，必须具备继承、借鉴、创造三者融合的戏剧观念，才能增强胆识，从而坚持出人出戏走正路。

（编者注：此文为作者的研究生毕业论文，原文约8000字）

原载《广东艺术》2000年第2期

中国文艺报专访

—— 广东汉剧电影白门柳 | 李仙花

2000年，荣获第十八届中国戏剧梅花奖"二度梅"

"我目前正忙于制作广东汉剧戏曲电影《蝴蝶梦》和创作广东汉剧电影《白门柳》（下集）。《蝴蝶梦》去年进行了拍摄，现在正在紧张地进行后期制作，争取尽快与广大观众见面。《白门柳》（下集）也正在紧锣密鼓地推进中。"当被问及接下来的演出或排戏计划时，广东省文联专职副主席、著名广东汉剧表演艺术家李仙花如是说道。日前，根据刘斯奋曾获茅盾文学奖的同名长篇小说改编的广东汉剧数字电影《白门柳》在京展映。该片演绎了"秦淮八艳"之首的柳如是与江南名儒钱谦益的传奇姻缘和人生故事，再现了明末清初一段风云四起的历史，表现了爱国情感、家国情怀和民族精神的宏大主题。《白门柳》由中国戏剧梅花奖"二度梅"获得者李仙花饰演柳如是。为了解《白门柳》背后的创作故事以及柳如是这一人物的精神品格，本报专访了李仙花。

记　者： 在您看来，汉剧与《白门柳》这部"茅奖小说"结合之后，其独特的艺术魅力是什么？

李仙花： 广东汉剧电影《白门柳》的魅力在于将刘斯奋原著的精髓神韵具象地还原在戏曲舞台和电影

银幕上，使观众能更形象地感知原著小说创造的艺术世界，也为广东汉剧这一剧种增添了一部优秀剧目，这是汉剧和小说结合后最大的艺术魅力。由于一出戏的演出时间只有两小时左右，我们在改编原著时，一是尽量尊重并保留原著的情节内容和思想内核，一切改编都以原著为基础；二是深度开掘原著内容，大胆创新表现形式，根据剧本的主题表达强化了钱谦益和柳如是的矛盾冲突；三是围绕两人的情感走向，表现了国破家亡和爱国之情。总体来说，我们尊重原著，努力从内容和主题上对这部名著进行开掘与升华，实现电影实景的具象与小说文本的抽象的有机融合。

记　者：这部戏有哪些地方特别打动您？作为中国戏剧梅花奖"二度梅"获得者，您的代表作非常多，为什么会选这部戏作为您的首部戏曲电影？

李仙花：小说《白门柳》内涵丰富、思想深刻，是广东的艺术瑰宝，具有永恒的艺术价

在广东汉剧电影《白门柳》中饰柳如是

值。小说展示了明末清初的社会动荡,知识分子与秦淮名妓的历史命运,艺术视野开阔,是一部大开大合、雄浑壮美的史诗巨作。有了扎实的文学基底,广东汉剧电影《白门柳》在艺术质量上就有了保障。《白门柳》中的柳如是这个人物很打动我,不管在爱情上还是政治上,她都是一个独立的个体,更像是一个现代女性,她身上的爱国情感和民族精神也让我敬佩不已。之所以选择这部戏作为我的首部戏曲电影,是因为刘斯奋先生的这部名著写的是国仇家恨、民族大义,这种宏大题材是我们广东汉剧比较擅长表现的,与广东汉剧的品格相符合,而且也适合搬上电影大银幕。

记　者: 摄影机前的表演与舞台表演有所不同,为适应电影拍摄,您在表演上做了哪些艺术处理?

李仙花: 这次拍摄电影,确实感到电影表演和舞台表演的区别很大。我在两个方面进行了处理。一是增加了生活化的动作。戏曲是虚拟性和程式化的,而电影是写实的,在戏曲表演中我们习惯借助程式化的动作,把一些戏剧情景虚拟化地表现出来。但电影不行,这部电影是实景拍摄,剧中人物的动作要偏向生活化,有些地方用程式来表现就有些奇怪。二是表演上注重节制含蓄。在戏曲舞台上,演员距离观众比较远,演员要进行夸张与变形,观众才能捕捉到演员表演上的一些细节变化。但是戏曲电影有远景也有近景,如果表演上也夸张与变形,银幕上就会呈现演员龇牙咧嘴的表情,破坏了戏曲的写意性,反而不美了。所以我在电影中的表演是节制的、含蓄的,努力把自己最美的一面呈现给观众。

记　者: 在您看来,实景拍摄的戏曲电影的潜力或者未来应该是怎样的?

李仙花: 近几年许多戏曲电影都采用实景拍摄,实景拍摄有助于实现"一片一格",即每一部戏曲电影都可以根据自己剧种特质、演员表演特点、剧本内容和主题来确定自己的影片风格,或写实、或虚拟、或虚实结合,实现电影风格的多元化。实景拍摄也能为观众提供更加真实、更生活化的电影场景,更富有电影的艺术质感,更符合当下观众尤其是年轻观众的审美需求。同时,实景拍摄也能减少资金投入。但实景拍摄的关键是要找到电影写实与戏曲写意的最佳结合点,把戏曲的特质和电影的特质进行有机融合。用实景拍摄,不能因为过"实"而消减了戏曲的写意之美和程式之美。戏曲电影说到底艺术形式是电影,表现内容还是戏曲,还是应该老老实实地把戏曲艺术的舞台程式和美学规范精彩地表现出来。我想今后采用实景拍摄的戏

《贵妃醉酒》造型

曲电影会越来越多，虚实结合的矛盾也会更加突出，这更有助于我们探索和解决这一问题，这是实景拍摄的最大潜力。

记　者： 您在片中饰演的柳如是度过了二十年的光阴，您是怎样具体把握她的年龄变化的？

李仙花： 主要是根据人物的年龄和处境，来把握整个人的精神状态。柳如是一出场，还是个少女，又是"秦淮八艳"之首，她渴望爱情，又透着一股傲气。我要演出她少女的娇柔妩媚和冷傲。比如新婚之夜，柳如是要拔钱谦益的胡须，这就很符合她的年龄。我有意演出活泼欢快的戏剧效果。中间部分，柳如是年龄渐长，丈夫钱谦益多次身陷政治旋涡。年龄和处境决定了柳如是不再是一个活泼开朗的少女了，在政治危机中她沉着冷静、忍辱负重，面对钱谦益她款款深情、无怨无悔。所以我要演出她政治上的沉稳和爱情上的坚决。钱谦益选择厚颜降清，国破了、情灭了，柳如是不愿苟且偷生，唯有选择投池殉国。这不是一般程度的痛，是一种"哀莫大于心死"的痛，是超越了悲伤的万念俱灰，是足以摧毁一个人的绝望，这对戏曲演员的表演来说有些难度。我更多是通过神态、眼神等去表现这个阶段的柳如是，表演上是克制的，不能太过，重在表现人物的精神状态，努力营造一种压抑、哀伤、绝望的戏剧氛围。

记　者： 柳如是在影片中有一场哭戏的特写，这在传统舞台上，是不可能出现的，您认为这种感情的实景呈现是怎样的？

李仙花： 柳如是劝钱谦益一起投池殉国、死节为民，但钱谦益却"变节成叛臣"，柳如是黯然神伤、泪流不止，最后毅然投池。戏曲舞台上没办法表现这样的特写，戏曲也有特定的程式动作来表现哭，这里要真哭、真流泪，对戏曲演员来说是个不小的考验。流泪这一动作打破了戏曲传统，是人物内心情感的外化。联系柳如是的人生遭遇，她此时的流泪包含着万般复杂的情感，她的情感像大海深处的急流一样汹涌，但表面上又是平静的。我刻意用默默流泪来表现柳如是，即使是一滴泪也能映照出柳如是的情感世界，让观众一看就知道她身体里包裹着情感的急流，而且必须要宣泄出来。这其实是在给随后的投池蓄势，投池以及投池前的大段痛诉，正是她情感急流的喷薄而出，这使得剧情达到了高潮，也使得剧情节奏感更强。

记　者： 您认为《白门柳》想要传达的价值观是怎样的？它对当代社会的意义是什么？

李仙花：《白门柳》要传达的价值观是家国情怀和民族精神，这一点在柳如是身上有着鲜

广东汉剧电影《白门柳》剧照

明的表现。在择偶上,她选择了钱谦益,不仅是因为钱谦益的文坛地位,还有钱谦益的政治作为。她把自己的政治理想和爱国深情寄托在了钱谦益的身上。钱谦益厚颜降清,又胆小拒绝投水殉国。国破了、情灭了,政治理想也不复存在了,她唯有选择投水殉国。投水殉国正是她爱国主义和民族精神的极致化表达。影片中的爱国精神,能激励广大观众的爱国情感,能很好地涵养社会主义核心价值观。

回望，感激
——献给梅花奖创办三十周年 | 李仙花

作为一名从艺近40年的戏曲演员，一路走来，我感到无比欣慰。我从小就是超级"戏迷"。冥冥之中，我今生似乎就是为汉剧而来。

广东汉剧院的同事们都叫我"戏痴"。1978年我从梅州艺校毕业，成为广东汉剧院一团的演员。初入剧院，我得到梁素珍老师的厚爱并有幸拜在她门下，我立志要做一个像师父那样唱得好，将无数艺术形象演绎得惟妙惟肖的好演员。于是，我将师父在台上的一招一式看

在眼里、记在心上。十八岁那年春班演出，在梅县上演传统经典大戏《林昭德与王金爱》，师父突感身体不适，无法如期登台。在这个紧要关头，台下观众开始起哄，剧团上下心急如焚。我怀着忐忑的心情自告奋勇："师父，让我试试吧，这出戏我都记下了！"师父一听大吃一惊，我自己心里也清楚这出戏中王金爱的戏份很重，角色难度太大，唱词和表演虽然记住了，但在从来没有排练过、没有合过乐的情况下来表演是很冒险的。救场如救火啊！虽然没有十足的把握，但我必须一试！于是，我一咬牙、一跺脚，再三请求师父，最终她也出于无奈答应了，可整个团的人心都提到了嗓子眼儿。结果整场戏下来我居然一字没差，顺利完成了演出。正是这次"救场"让我一炮而红。从此我在广东汉剧的舞台上崭露头角。经过十多年的磨砺和师父的谆谆教诲、手把手言传身教，我先后主演了《花灯案》《包公与妞妞》《张协状元》《阴阳河》《百里奚认妻》《改容战父》《贵妃醉酒》《王昭君》《齐王求将》《丛台别》《宇宙锋》等几十部大戏。

家人说我是"戏疯子"。我从小进艺校学习，文化底蕴不够深厚，所以我一直有一个梦想，就是能到中国戏曲的最高学府进一步深造，再上一个新高度。恰逢其时，1991年，中国戏曲学院首次来广东招生。得知这个消息我兴奋不已。身怀六甲的我，虽然已经行动笨拙、腰酸腿肿，可为了不错过这次入京求学的机会，我毫不犹豫地报了名，随即投入紧张的系统复习。当时，正逢酷暑，孕妇本来就怕热，我挺着大肚子通宵达旦、埋头苦读，一坐几个小时后头晕目眩。经过连续数月的艰苦备战，终于如愿以偿。但考后未及一周我便提前分娩。真正的考验是在两月后拿到录取通知书之时，别人眼中的"双喜临门"却让我愁肠百结——抛夫别子？还是弃戏绝念？作为一个母亲，抛下嗷嗷待哺的儿子是何等的愧疚！作为一名年轻演员，我又如何割舍得下自己的艺术梦想！怎么办？我该怎么办啊？！庆幸的是，父母和丈夫给了我最有力的支持。

在中国戏曲学院，老师和同学们都说我是"戏魔"。几年来，我固守汉剧之本、博采众家之长，有幸得到了京剧宋派传人宋丹菊、王小蓉教授，昆曲梁谷音、沈世华教授的言传身教。常言道，转益多师，此言不虚。很多舞台实践中的疑惑都不攻自破，我的汉剧表演艺术不经意间上了一个崭新的层面。1993年，第十一届中国戏剧梅花奖即将举行，我的老师和同学都鼓励我去参加，我想自己还是个在校的学生，哪有实力跟来自全国的优秀演员同台竞技啊？可以说，梅花奖对那时的我来说是高不可攀的。然而老师和同学一再督促，我抱着试一下也未尝不可、"接受检阅便无比光荣"的轻松心情报了名。没想到在备战的过程中却状况迭出。有一天，我独自在大排练场练功，当我单腿站到椅子背顶部练习高难动作时，一不小心从椅背上摔了下来，左腿关节韧带撕裂，撕心裂肺的痛让我当场昏迷。更让我没想到的是，即将演出之际得到儿子重病已住院三个月的消息。那一刻，我真的要崩溃了，我决定放弃比赛立刻回到儿子身边。但这时，汉剧院八十多人已经到位，演出的档期也已经定好了，我虽挂念儿子但也不能置单位的支持和老师的期望于不顾啊！经过激烈的思想斗争，最终我留了下来。但是由于心情焦虑，我又病倒了，嗓子全哑了！在台上我掩饰着自己沉重的心情，运用科学发声法吃力地表演完《百里奚认妻》《改容战父》《阴阳河》三个折子戏，一回到后台便抑制不住痛哭一场！同学说，那一晚我的表演堪称完美，扁担功、椅子功等绝活儿让观众赞叹不已，掌声响起三十多次，但是我唯有苦笑，我的心早就飞到儿子那儿去了！再次让我没想到的是，结果公布，我居然梅花高中！

在就读首届中国京剧优秀青年演员研究生班期间排练《蝴蝶梦》，我忽然萌生一个想法：何不把借鉴的力度加大，干脆来一个"京汉两下锅"？因为，京、汉虽是两个不同剧种，但在总体音乐唱腔板式结构上，二者有着亲密的血缘关系。京剧作为传统深厚、一直在创新发展的前沿阵地的国粹大剧种，与汉剧合演，两者之间的借鉴与吸引，肯定更能激发演员表演上的提高，对汉剧剧种也是极其有益的。提出这个想法后，我得到了学院和省、市领导及广东汉剧院同仁的大力支持，于是与研究生班同学北京京剧院著名小生李宏图合演《蝴蝶梦》。我同时饰演"扇坟"少妇、田氏两个角色，展示汉剧花旦、青衣两个行当的功力，难度极大。为把角色演绎得尽善尽美，我学为所用，第一次大胆设计声腔，在发挥原先汉剧表演之优的基础上，取京、昆剧种之长，为我所用。演出后，在中国戏曲界引起强烈的反响。专家和观众给予了高度评价，肯定了"京汉两下锅"这种演出方式，对剧种之间横向借鉴、革新创造起到了积极作用。1997年，《蝴蝶梦》一举拿下第五届中国戏剧节七个奖项，创造了广东汉剧有史以来最辉煌的成绩。同时，我也凭借《蝴蝶梦》和《白门柳》再次登上了梅花奖的领奖台，斩获了"二度梅"的荣耀。那时真的是干劲十足、意气风发，满心只有广东汉剧、戏剧舞台，随着年龄的增长才发现自己的身体被严重透支。两度"夺梅"我都因受伤打封闭上场，甚至在排练场上险失性命，现在的腰伤、腿伤、胃病都是练功房和舞台的"馈赠"。我想，或许这是戏曲演员的独特成长经历，也只有那样的付出才配得上"梅花奖"三个字！

戏剧同人们说我是"戏狂"。夺得"二度梅"后，正值我从中国首届京剧研究生班毕业，北京、深圳的多家单位向我伸来橄榄枝，我再次面临去留的抉择。2001年，我义无反顾地回到了家乡梅州主持广东汉剧院工作，担负起广东汉剧院党委书记、院长的重任。那时的广东汉剧院，经费捉襟见肘、危房四处耸峙、各类人才匮乏，正在生死边缘挣扎。为改变汉剧院一穷二白的面貌，我骑着自行车四处"化缘"。但是，要从根本上解决剧院的生存问题，必须从人才这个根本抓起。于是，我从湖北招聘了一批优秀汉剧演员，又通过"以老带新"的方式，为优秀青年演员的成长开辟快车道；同时，开办"幼苗班"，招收了五十名汉剧娃，培植后继人才。有了人，就要出作品，我主抓了《蝴蝶梦》《白门柳》《尘埃落定》《黄遵宪》等几部大戏，一方面使传统优秀剧目得到了抢救、继承和创新，另一方面也扩大了剧院的影响。同时，为了留住人才、稳定人心，我不断向省、市政府申请资金，经过几年的奔走呼号，2008年，广东汉剧院终于告别了20世纪60年代摇摇欲坠的危房，新的办公大楼依山傍水、拔地而起，与之配套的剧场、生活楼也相继落成，并且实现了剧院全额拨款，演员们没有了后顾之忧。

新的岗位上，大家说我是"戏骨"。正当广东汉剧院喜迁新居之时，我还没来得及在自己的新办公室坐一坐，就被调往广东省文联担任党组成员、专职副主席。组织给了我更高的职位，我也对自己有了更高的要求。有人说，你已经功成名就了，就安心当当官，别折腾了。我无从争辩，但是我心里知道，我永远是一名戏剧演员，而不仅仅是一名普通官员。2010年，在我的精心策划和多方努力下，广东汉剧院创排新戏《金莲》，由我领衔主演。尽管这个题材得到了褒贬不一的评价，但是我认为将这"第一奇书"去其糟粕取其精华地搬上舞台，是有着极其重要的学术意义和舞台价值的。整出戏我演得很苦，因为要体验一个被侮辱、被损害、被异化的扭曲心灵着实不是一件轻松的事儿；同时我也觉得很过瘾，那大胆热烈的告白、恣肆酣畅的控诉，将广东汉剧唱腔的优势发挥得淋漓尽致。如果有机会，希望能给更多观众呈现这个不一样的潘金莲。

两度荣获中国戏剧梅花奖，让我拥有了太多的鲜花和掌声。大家叫我"戏痴"也好，"戏疯子"也罢，"戏狂"包括"戏骨"也行，我都当作大家对我这个热衷于戏剧事业的老演员的褒奖，也是赋予我的更多责任和使命。艺术之路，何其修远。我们戏曲演员当以梅花精神自勉！

原载《中国戏剧》2014年第2期

文艺志愿服务要赢得人民更多喝彩

李仙花

在文艺的春风里，文艺界热情高涨、气象更新。作为一名戏剧工作者同时也是广东省文艺志愿者协会主席，我深切地感受到近两年文艺界"百花齐放"的同时，回馈人民的热情空前高涨。而广东省文联、广东省文艺志愿者协会更是将"面向人民、服务人民"作为自身的神圣使命，在广东文艺和广东人民之间架起了欢乐的桥梁，把"文化惠民、文化为民、文化乐民"落到了实处。

与中山大学学子们在一起

广东省文艺志愿者协会自2014年5月成立以来，以"深入生活、扎根人民"主题实践活动、"到人民中去"文化惠民活动、"百家千场艺术讲座下基层"等活动为主线，开展了上千场文艺志愿服务活动，参与艺术家上万人次，受惠群众百余万人，并在不断的实践中探索出一条创新之路。

首先是创新文艺惠民活动队伍结构。在全省范围内积极组织体制内和体制外、多个艺术门类的老中青文艺工作者，组建文艺志愿服务团（队）一百零五个，在全省创建"广东省文联文艺志愿服务者创作基地"二十三个，"广东省文联文艺志愿者服务基地"十个，开展了到新丰、南沙自贸区、清远、东莞塘厦、湛江农垦建设集团等近百场"到人民中去"广东省文联文艺志愿惠民演出，参与活动的文艺家两千多人，受益群众近百万人。

值得一提的是，广东省文艺志愿者协会充分依托各省级文艺家协会长期坚持开展的品牌活动，整合各艺术门类固有资源，将"送欢乐下基层""书法进万家""戏剧进校园""曲艺进万家""摄影大篷车""舞者展风采"等品牌活动，提升到志愿服务的要求上来进行，赋予了新的内容和内涵。通过以上活动，组织各门类文艺名家进军营、进学校、进基层、进农村、进企业、进监所，开展慰问演出活动。在元旦春节期间，组织书画志愿者赴全省各地开展多场新春送"福"进万家活动，深入基层为百姓送"福"、送春联、送家训。这些活动体现了以人民为中心的文艺工作导向，使高品位上档次的文艺活动惠及千家万户。

文艺志愿服务要受到百姓欢迎，需要不断创新文艺惠民活动方式。广东省文艺志愿者协会以文艺志愿者小分队的形式，按照"惠民+服务+采风"的模式，广泛开展文艺惠民演出、展览、学习体验、采风创作、文艺支教、专家讲座、辅导交流、文艺结对子、文艺培训等文艺志愿服务。确立了"三个一百"的目标，一是由省文联、省文艺志愿者协会领导班子分别带队，组织了文艺家、文艺工作者和文艺志愿服务者分赴全省最基层的革命老区、少数民族地区，军营学校、厂矿车间、村镇社区等百个基层采风点开展惠民演出；二是选派百位文艺家到各文艺采风点担任名誉村长，共建文艺采风惠民基地；三是组织百位文艺家与百名青年艺术苗子签订结对子培养计划。

按照"扶贫既要扶智、更要扶志"的指导思想，既是把"文化"送到乡村各家各户，也是把"文化"永远地"种"到了乡村土壤里。新丰县下黄村、塘村是广东省扶贫办落实给广东省文联的第一批、第二批扶贫点，我们在扶贫中注意拓宽思路，发挥文联的人才优势，把文艺支教和志愿服务很好地结合起来。文联机关干部与村里一百三十五位贫困儿童结为帮扶对

参加文艺志愿演出

象,作为他们的"爱心父母",捐钱捐物,关注孩子成长,督促孩子学习,真正解决了这些困难家庭孩子的上学问题。广东文艺职业学院的青年老师和大学生多年坚持利用暑假义务支教,给孩子们培训书法、美术、舞蹈、唱歌、计算机等。在全省少儿美术作品展中,村里选送孩子的作品,不但入展了,还获奖了。

不断创新服务基层工作机制是广东省文艺志愿者协会一直思考的问题,在与广东省委宣传部共同主办的"百家千场艺术讲座下基层"活动中,推进了广东艺术教育与艺术普及工作。两年来,广东省文艺志愿者协会开展了近千场讲座活动。讲座根据各地基层群众的实际需求,以"点菜"的形式由群众选择,用最直接的方式了解基层群众口味,给基层群众最适合的文化"名菜",将群众最渴求的文艺知识送到他们身边,普及艺术基础知识,提高艺术鉴赏能力,力求实现"供需对接"。具体做法是省文联将文艺家名单和课题下发各地,由各地结合实际申报授课文艺家和授课时间,再由省文联根据各地申报情况与文艺家沟通联系,最后反馈基层给予组织实施安排。讲座内容突出知识性、公益性和实效性,还灵活采取"讲座+文化惠民演出""讲座+艺术家采风"等"套餐"的形式,进一步丰富活动内容。讲大家最喜欢、最感兴趣的艺术内容,深受各地群众欢迎,成为老百姓普及艺术基础知识,提高艺术鉴赏力,传播健康文化的新平台。

文艺志愿服务走进乡村小学课堂

  文艺志愿服务要与网络信息化建设结合起来。随着社会信息化程度的不断提高，我们逐步迎来了全民网络的时代。为适应社会发展的新变化，广东省文联党组书记程扬高度重视，广东省文联对广东文艺网进行全新的改版升级，充分利用网络的特点，探索文艺志愿服务网络化的新方式。一是整合各门类文艺资源，以文字、图片、视频、音频等形式通过网络、微信平台等来展示。二是通过网络来加强文艺志愿服务队伍的发展与管理。目前，广东省文联已有十三个协会开通了微信公众号及二维码认证，所有活动均可以在微信公众号中看到，大大提高了宣传与沟通作用。

  习近平总书记指出："要把满足人民精神文化需求作为文艺和文艺工作的出发点和落脚点，把人民作为文艺表现的主体，把人民作为文艺审美的鉴赏家和评判者，把为人民服务作为文艺工作者的天职。"因此，文艺志愿服务工作任重而道远，相信在中国文联、中国文艺志愿者协会的领导下，广东省的文艺志愿服务一定会为广大人民送去更多的精神食粮，赢得人民更多的喝彩。

原载《中国艺术报》2017年2月8日

关于汉剧传承发展的思考 | 李仙花

非常感谢中宣部文艺局、中国剧协、湖北省委宣传部给全国汉剧提供了这么宝贵的机会，对优秀作品进行展演，针对剧种传承与发展进行如此高规格的专题研讨会。我代表广东省文联、广东省剧协以及广东汉剧工作者对本次会议的主办方表示衷心的感谢！

党的十九大以来，党和国家高度重视传统戏剧艺术、将戏曲的传承与发展上升到文化自信的高度，全国戏曲的发展都乘上了时代的东风，致力于"创造性转化，创新性发展"。近年，在"振兴广东汉剧"指示精神的引导下，广东汉剧界备受鼓舞、群情高涨。相信其他兄弟院团也有同样的感受。作为一名从艺将近五十年的汉剧人，我无时无刻不为汉剧的传承与发展忧虑、思考、展望。借此机会，与全国的专家、同行分享我的几点想法。

一、发展汉剧的优势和意义

一是传承中华民族优秀传统文化的重要载体。 汉剧旧称楚调、汉调，首创皮黄合流，至今已有四百多年的历史，其曲牌有四百余首，剧目丰富，号称八百余出。汉剧擅演历史题材、英雄传奇，饱含着孝悌忠信礼义廉耻等中华优秀文化传统，具有独特的审美价值。在中国戏曲发展历史上，汉剧为京剧的形成做出过特殊的贡献，对川剧、滇剧、桂剧、湘剧、粤剧、赣剧等地方戏曲剧种也有不同程度的影响，是研究戏曲板腔体系、戏曲音乐结构演变的重要史料和进行艺术创新的资源。此可称之为历史优势。

二是打造区域特色文化的有效抓手。 面临传统文化回归、文旅融合的新趋势，旅游市场给戏曲发展带来了新机遇。成为各地在打造各自文化品牌、阐述人文内涵的重要内容和载体。全国很多地方陆续将传统戏曲与旅游地标相结合，推出了一系列令人耳目一行的文旅融合的示范

2021年3月，"全国汉剧艺术研讨会"合影.

项目，在文化惠民、弘扬传统文化方面做出非常积极的尝试，如广州市在广州塔举办的"名家周末大舞台"。在这种形式的文旅融合方面，汉剧具有较为明显的优势，它的舞台语言用湖广官话、押中州音韵，通俗说就是"唱得是普通话"，对于一般观众而言没有语言障碍，无论是进剧场、进校园、进景区都十分便利，对于焕发城市新活力、促进文化产业集群发展也十分有利。这可称之为现实趋势。

三是对外文化交流的靓丽名片。以广东汉剧为例，以粤东、闽西、赣南为主要活动地区，在海外，如新加坡、印尼、泰国、毛里求斯等，在香港、澳门、台湾，都曾经有汉剧班社组织。粤港澳大湾区"人文湾区"建设和与"一带一路"沿线国家文化交流中，可以说，汉剧具有天然优势。我曾多次带领广东汉剧院、广东梅花戏剧团到欧洲、澳大利亚、日韩进行文化交流访问，不管是华人华侨还是当地居民，对汉剧艺术都十分欣赏！特别是在新加坡、东南亚有大批客家人后裔，汉剧就是他们的乡音、乡愁。汉剧完全可以承担起讲好中国故事、联络海外华人华侨的文化重任！这可称之为符合国家战略需求。

二、汉剧的现状不容乐观

五四运动以来，汉剧受到新思潮、革命战争乃至自然灾害的影响，在新中国成立前夕就已经呈现出颓败的迹象。新中国成立后，汉剧发展曾迎来一个高峰，在全国产生较大影响，涌现出湖北的吴天保、陈伯华，广东的黄桂珠、黄粦传、梁素珍等名角。1960年秋，周总理备下家宴，邀请参加全国旦角名演员讲习班的陈伯华和袁雪芬、红线女到家中做客。总理对陈伯华大师说："汉剧源远流长，对京剧和许多剧种都有过很大的影响。全国13个省有汉剧，这个古老的剧种是有发展前途的。"20世纪90年代，在全国戏曲发展艰难的大环境中，广东汉剧院创作了《蝴蝶梦》《白门柳》等几出大戏，我本人也因此获得了"中国戏剧梅花奖·二度梅"，在全国产生了一些影响。但是"一枝独放不是春"，21世纪以来，在昆曲、京剧、粤剧纷纷申报世界非遗成功，京剧、豫剧、越剧、黄梅戏、评剧号称"五大剧种"在全国产生较普遍影响的环境下，汉剧的影响力、传播力、知名度似乎在不断减弱。究其原因，我想主要有以下几点：

一是缺乏高度的剧种自信。"内因是事物变化发展的根据，是事物发展的根本原因"。面对汉剧目前存在的一切不如意的现状，我们首先要从自身寻找原因。汉剧的历史贡献、现实影响被低估，从根本上来讲是我们没有自觉奋力为剧种鼓与呼，缺少名角儿、名戏，缺乏对于优秀人才和剧目的大力宣传以及宣传的平台，汉剧太低调了！

二是缺乏人才培养的高等学府。人才是事业发展的关键。在本科生、研究生遍地走的当下，我们的汉剧演员却只有中专文凭，能够到中国戏曲学院拿到本科学历的简直凤毛麟角，而一旦有棵值得送到北京培养的好苗子，又要承担一去不返的风险。人往高处走，这是我们无法苛责的。要反思的是为什么我们不够高、不够强、不够留住人才的吸引力！

三是缺乏持续有力的政策和资金支持。目前，我们汉剧的五个分支——湖北汉剧、广东汉剧、闽西汉剧、湖南汉剧、陕西安康汉调二黄五个分支。除了湖北汉剧在省会城市武汉，是全省当之无愧的、具有代表名的大剧种（还有个国字头的京剧与其并驾齐驱）；广东汉剧号称广东"第三大剧种""客家人的大戏"，然而偏居梅州山区，各级财政的投入力度远不及粤剧、潮剧。其他三个兄弟剧种的情况料想也不会太乐观。

三、对于汉剧发展的几点建议

人才是事业发展的关键，政策和资金是保障。对于汉剧的传承与发展我有以下五个方面的建议：

一是"造血"，建立汉剧人才培养的本科院校。目前，汉剧从业人员主要来自各地艺术中专，如武汉市艺术学校、梅州市艺术学校、安康县汉剧学校等。近年来，有些地方政府、艺术学校联合，不同程度地采取校企合作等方式，开设了一些定向培养的项目，开办了个别大专班，这对于加大汉剧传承保护力度、满足当地对汉剧人才的需求具有积极意义，可以说是解燃眉之急。然而，从事业长远发展来看，这无疑是杯水车薪，要为汉剧发展提供源源不断的新鲜血液就必须结合汉剧生存实际、院团发展实际、人才需求实际，制订合理的短期、中期、长期教育规划，最终形成从戏曲启蒙教育到中专、大专（高职）、本科、研究生层层递进的人才培养体系。从汉剧振兴的目标和汉剧发展的现状出发，我呼吁借助粤港澳大湾区国家战略的东风，在广州参照中国戏曲学院建设一所以汉剧教学为主的本科院校，相信这将对汉剧乃至全国戏曲人才培养格局产生深远影响，同时也将助力人文湾区建设、培养高素质的汉剧观众群。

二是"输液"，成立以汉剧繁荣发展为宗旨的基金会。目前，汉剧团经费的主要依赖于当地政府财政扶持，加上多数剧团难以在市场中盈利，资金的匮乏成为制约剧团人才、剧目、管理、市场拓展等方面发展的重要制约因素。因此，汉剧的发展首先要得到当地政府的高度重视，加大财政投入。与此同时，也要由政府或者相关部门主导，剧种领军人物牵头，充分发动社会有识之士积极参与，成立国家、省、市各级基金会，广泛吸引社会资金，用于资助汉剧发展、创新、保护、传承，扶持艺术人才建设，促进艺术普及，开展对外文化交流，全面推动汉

在"花开戏码头，正声传戏韵"汉剧名家名段演唱会上演唱汉歌《沁园春·雪》

剧文化事业发展繁荣。

三是"筑巢"，在省会城市建设汉剧院团。 区位劣势是影响汉剧发展的主要因素。目前，五省汉剧只有武汉汉剧在省会城市，其他基本都地处市、县，剧种影响力、人才吸引力、文化辐射力非常有限。以广东汉剧院为例，地处梅州，位于广东东北部，与福建省、江西交界。由于山多距离远，经济增长很缓慢，2018年GDP约1110.21亿，排在广东省第17，是倒数的位置。据相关报道，2018年，梅州人口540多万，流失达到了115万，超过五分之一，留在本地的年轻人越来越少，这就意味着广东汉剧的人才来源和观众都在急剧减少。加上薄弱的财政支持和不太便利的交通，对于全国优秀编、导等"外援"人才的吸引力也较弱，因此，目前广东汉剧编、导、演、舞美、音响、化妆、设计等各部门人才整体匮乏。从剧团现有人才来说，流失非常严重，目前，广东汉剧的中坚是2001年湖北黄石汉剧团解散时一次性引进的20多名演职员，其中部分优秀演员陆续北上、转行或到广州发展。院团体制改革更令原本薄弱的剧团雪上加霜——原有135个编制被压缩到75人，因此，20年来广东汉剧院不但没有高端专业人才的引进，反而原有基础都在削弱。幸运的是，我在2005年招收了50名"汉剧幼苗"，培养的优秀人才已经逐步走到舞台中间。俗话说，种下梧桐树，引得凤凰来，因此，在加大现有院团的人才培养和引进、资金投入和政策支持之外，如果能从国家或者省里层面给予高度关怀，在广州、福州、西安、长沙乃至北京，对标国家京剧院、北京京剧院建制成立汉剧院团，那将为振兴汉剧起到强大的助推作用。

四、"树典"，推举能在行业发声的代表。 从院团角度来说，戏曲是角儿的艺术，一台大戏，要有"角儿"，一个院团，要有"腕儿"，观众往往就是冲着"名角"的声望走进剧场的。因此，剧院要时刻注重"角儿"的打造，不断培养和推介有实力的演员夺取"梅花奖"。从汉剧传承发展的层面来说，汉剧要树立行业的标杆、领军人物，要多培养一些"梅花奖""白玉兰奖""文华奖""中国文联德艺双馨艺术家"，各级政府、院团要以强烈的剧种意识，将德艺双馨的优秀中青年汉剧人才不遗余力地推介到全国平台，帮助他们在全国的平台上争取发声的机会。希望接下来，我们很快能在中国剧协主席团，乃至全国人大代表、政协委员里，看到汉剧人的代表。

五、"齐鸣"，五省合力推动事业发展。 中山大学康保成教授的一句话我非常赞同，叫做"本生一元，花开五朵"。近年来，在中宣部坤明部长和各级领导的高度重视下，五省汉剧交流越来越频繁，合作越来越密切，影响不断在扩大。特别是在2021年元旦戏曲晚会上，五省

在《2021年新年戏曲晚会》上与湖北、湖南、陕西、福建汉剧名家共同演绎《龙凤呈祥》

汉剧首次合演《龙凤呈祥》，在中央电视台大放异彩，得到了戏剧界同行的高度认可。目前，五省汉剧共同申报世界非物质文化遗产稳步推进。这次，又得到中宣部和中国文联、中国剧协的关怀，在此相聚，共同交流、共话未来，接下来，希望我们五省汉剧情同手足、形成合力，继承好中华民族优秀传统文化遗产，传好汉剧传承发展的接力棒，为汉剧振兴做出应有的贡献！在此，我郑重表态，如果汉剧界有任何需要我做的、我能做的事情，我将不遗余力、全力以赴！

祝愿雍容华贵的汉剧牡丹，迎着新时代的和煦春风深情绽放、再吐新芳！

高标逸韵君知否
梅花清气满乾坤
——庆祝中国戏剧梅花奖四十周年 | 李仙花

中国戏剧梅花奖创办四十周年了，可喜可贺，献给梅花奖创办三十周年的文字仿佛昨天才写完，一转眼又十年啦。借机回顾自己的艺术人生，似乎与"梅"有解不开的缘分。"梅"是我的出生地，"梅"是我的历练场，"梅"是我的幸运花，"梅"是我的座右铭。

今年国庆节期间，我的母校——梅州戏校迎来了五十周年校庆。作为学校第一届学生，也作为广东汉剧第一朵"梅花"，我代表校友发言，喜悦、庆幸、自豪、感恩……无数种情绪涌上心头，那一刻，我几乎要流下眼泪。我也是一位从艺扎扎实实五十周年的"老艺术家"了啊！

我出生在梅江河畔，五岁登台、十岁入梅州戏校，因为入学年纪小，第一次毕业时还是个"童工"，不得不从头再上一次。因此，两届六年科班学习的童子功，奠定了我求学求艺道路的基础。无论毕业进梅州广东汉剧院当演员还是去中国戏曲学院进修导演本科、成为首届京剧研究生班的一分子；无论是在梅州市做广东汉剧院的书记和院长，还是到广东省文联担当全省文艺工作者的领头雁；无论是两次获得中国戏剧梅花奖，还是被推选为全国三八红旗手、中宣部"四个一批"人才、全国十七大党代表，扎实的基本功、吃苦耐劳的不断追求卓越的心，都让我这个梅山里走出来的"客家阿妹"信心满满。

日暮诗成天又雪，与梅并作十分春。1993年，我在中国戏曲学院脱产读本科时，凭借广东汉剧传统折子戏专场《阴阳河》《改容战父》《百里奚认妻》和大戏《包公与妞妞》，夺得第十一届中国戏剧梅花奖"一度梅"榜首，那简直是做梦也没想到的结果。2001年，我又以在首届京剧研究生班的毕业大戏——京汉两下锅的新编戏《蝴蝶梦》和广东汉剧《白门柳》再次摘得第十八届中国戏剧梅花奖，媒体宣传说是"广东首位"云云，我可真没想那么多。我只是如此地感恩，在我求知若渴的学生时代，便得到了汉剧大师梁素珍，京剧大师王小蓉、宋丹菊，

在广东汉剧《章台青柳》中饰柳如是，万瑜饰钱谦益

在广东汉剧《章台青柳》中饰柳如是，毹兵饰朱姨太（右），黄耀达饰老族公（左）

昆曲大师梁谷音、沈世华等老师的厚爱和指导；我只是如此地庆幸，在最美好的青春年华，将汗水和泪水挥洒在了练功场，将斗志和勇气付给了戏剧梦想；我也有那么一点自豪，在懵懵懂懂中，将个人的艺术成长描绘到了国家和时代发展的宏图中，在国泰民安、百花齐放的新时代实现了自己的价值！

正因为如此，"梅花奖"的高标逸韵不断提醒我、鼓励我，无论何时都要不断学习、创作、创新、创造。2008年，组织把我从梅州调到广州，到广东省文联担任专职副主席。不少人为我惋惜，认为我应该留在剧团、留在舞台。但正像多年前我在产后不足两个月就远上北京读书八年，毕业后谢绝北京、深圳抛来的橄榄枝又回到梅州山区，这次我也果断地服从了组织的安排。我相信自己，相信只要汉剧在心中，到处都有我的舞台。

有志者，事竟成。在广东省文联工作的十五年间，我的创作从未止步。广东汉剧《金莲》搬上舞台并获得第十三届中国戏剧节剧目奖和优秀表演（主角）奖。随后，在广东省委宣传部的大力支持下，广东汉剧《白门柳》《蝴蝶梦》《金莲》相继拍成了戏曲电影，填补了广东汉剧历史上半个世纪的银幕空白。2022年7月，我卸下了行政职务。就在当月，几乎无缝衔接到广东汉剧《章台青柳》的创排中去，领衔饰演柳如是。这部戏是我的代表作广东汉剧《白门柳》的姊妹篇，是我对柳如是这个人物形象的一个完整交代，也是我带领黄丽华、廖雅鸣等徒弟全身心投入传承教学的实践剧目，更是我对自己从艺初心的重新确认和回归。

与来自全国的文艺志愿者一起走进澳门濠江中学

"与党同心 与人民同行"广东省文艺志愿者走进博罗县惠民演出

连续两年的7月和8月，我都在排练场上度过了梅州最炎热的夏天，也在排练场上庆祝了六十岁和六十一岁生日，但我心中暗喜，因为发觉自己就像那句网络流行语说的一样，"出走半生，归来仍是少年"。经过不断地打磨提升，今年8月、9月，广东汉剧《章台青柳》先后在梅州、武汉、广州、东莞四地演出，并成功入选广东省艺术节终评演出名单，得到专家们高度评价，认为"该剧是广东汉剧创新性发展创造性转化的典范，对广东汉剧艺术传统和李仙花表演艺术经验的传承堪称教材，是一次具有学术价值的创作"。我心惶恐，唯有不懈努力，而我真诚而又迫切的目的，无非是将自己五十年来的艺术经验分享给我的伙伴、徒弟和学生们，为汉剧的传承与发展尽自己应有的义务。

一朵忽先变，百花皆后香。从学戏的那天起我就相信自己是为汉剧而生的人，"梅花奖"的肯定让我更加坚定，而在广东省文联分管戏剧家、电影家、电视家和文艺志愿者等协会工作的经历，让我的视野更加宽阔，责任更加厚重。今年9月5日召开了中国文艺志愿者协会第三次全国代表大会，我当选为副主席，我想这是更大的鼓励和鞭策。我定当做一头垦荒牛，不忘初心、矢志传承，为了广东汉剧艺术薪火相传；我定当做一只领头雁，不遗余力鼓与呼，为了广东戏剧更加美好的蓝图；我定当留一段梅花香，不负众托投身文艺志愿工作，为了百花回报沃土，为了艺术奉献人民。

原载2023年10月《中国戏剧》杂志公众号纪念"梅花奖"创办40周年专栏

李仙花艺术年表简编
1973—2024

1973年
报考梅县地区戏剧学校汉剧班，演唱一首《阿佤人民唱新歌》

1978年
梅县地区戏剧学校毕业，分配到广东汉剧院

初次担纲主演《状元媒》饰演柴郡主，受到好评

1979年
参演新编汉剧《王昭君》，参加广东省专业戏剧巡回观摩演出并随广东省慰问团慰问对越自卫反击战参战部队

在下乡演出广东汉剧《林昭德与王金爱》时，临时救场，得到梁素珍大师分外青睐

1980年
主演华侨题材现代戏《燕双飞》，饰演丽莎，获梅县地区专业文艺调演，获个人演员奖

主演大型汉剧《花灯案》，饰演陈彩凤，一举成名

1982年
6月，随团赴香港演出，演出汉剧《花灯案》，轰动香江

主演广东电视台录制的广东汉剧电视艺术片《花灯案》（上下集），供全国十六个省市交流

1983年
7月，随广东汉剧院赴新加坡演出，主演汉剧《花灯案》

1984年
9月，主演汉剧《丘逢甲》，饰演高山英，参加第一届广东省艺术节，记个人一等功

1985年
11月，参演汉剧《丘逢甲》，参加文化部全国戏曲观摩演出

1986年
主演汉剧《包公与妞妞》，饰演张妞妞，获第二届广东省艺术节表演一等奖，戏剧界评论她"声色艺俱佳""活灵活现而极有分寸"

1987年
荣获广东省中青年戏剧演员"百花奖"

1988年
正式拜汉剧大师梁素珍为师

1989年
主演汉剧《憾恋》《义子登科》参加第三届广东省艺术节

主演汉剧《义子登科》参加闽粤赣三省首届艺术节

1990年
11 随广东汉剧院赴新加坡文化交流，演出汉剧《包公牵驴》

1991年
9月，入中国戏曲学院进修导演专业

1992年
10月，在人民大会堂演出中国戏曲学院学术复原剧目——南戏《张协状元》，饰演王贫女，获得全国戏曲界、学术界极高赞誉

1993年
9月，入读中国戏曲学院导演系本科

12月，作为纪念毛泽东同志一百周年诞辰演出之一，在北京儿童剧场举办"李仙花演出专场"，这是广东汉剧自新中国成立后的第四次进京，由中央电视台直播。以经典折子戏《百里奚认妻》（饰演杜氏）《阴阳河》（饰演李桂莲）《改容战父》（饰演万香友）和大型汉剧《包公与妞妞》获得观众、专家赞誉，荣登第十一届中国戏剧梅花奖"榜首"

1994年
7月，主演《阴阳河》，参加广东省戏曲表演研讨会（汕头点）观摩演出

参演庆祝建国四十五周年戏曲晚会，演出《长袖舞》

参加纪念梅兰芳、周信芳诞辰一百周年演出，演出广东汉剧《阴阳河》

1995年
参演中央电视台春节戏曲晚会，演出广东汉剧《齐王求将》，饰演钟离春

1996年
4月，被授予广东省优秀中青年专家称号

应邀赴芬兰、爱沙尼亚访问演出南戏《张协状元》

10月，作为首届中国京剧优秀青年演员研究生班学员，继续在中国戏曲学院深造

1997年
4月，赴台湾作文化艺术交流。赴台湾作文化艺术交流，演出《秦香莲》《徐九经升官记》

主演广东汉剧《蝴蝶梦》，饰演田氏、扇坟女，获第五届中国戏剧节优秀剧目奖及表演、编剧、导演、舞美、服装、唱腔设计等七个优秀一等奖，并获广东省第六届鲁迅文艺奖。被戏剧泰斗郭汉城先生誉为

"化腐朽为神奇"之作

被广东省委宣传部评为广东省"跨世纪之星"

1998年
策划创排广东汉剧《白门柳》

1999年
3月，首届中国京剧优秀青年演员研究生班毕业。

主演《白门柳》，饰演柳如是，参加广东省庆祝建国五十周年戏剧展演

2000年
创排"京汉两下锅"《蝴蝶梦》，参演中宣部、文化部主办的"迎接新世纪——中国首届京剧优秀青年演员研究生班汇报表演"。凭"京汉两下锅"《蝴蝶梦》、广东汉剧《白门柳》获第十八届中国戏剧梅花奖"二度梅"

2001年
被共青团广东省委员会评为"广东省十大杰出青年"

2002年
5月，赴香港参加香港艺术节，演出"京汉两下锅"《蝴蝶梦》，京汉合璧，惊艳香江

12月，策划、导演并领衔主演的广东汉剧《白门柳》获第八届广东省艺术节七项大奖和鲁迅文艺奖

2004年
4月，被共青团中央办公厅评为"全国乡村青年文化名人"

主演的广东汉剧《白门柳》获广东省第五届"五个一工程奖"

2005年
8月，被评为享受国务院特殊津贴专家

11月，广东汉剧《尘埃落定》搬上舞台，饰演卓玛

12月，广东汉剧《白门柳》参加第九届中国戏剧节并获得优秀展演剧目奖

2006年
3月，被广东省妇联评为"南粤巾帼十杰"并获广东省三八红旗手标兵

7月，在中山大学演出广东汉剧《白门柳》，引起轰动

2007年
收嵇兵、黄丽华为徒。

参加首届青年京剧研究生班十周年汇报演出，主演《宇宙锋》

2008年
3月，被全国妇联评为"全国三八红旗手"

3月，被广东省文化厅认定为广东省级非遗项目广东汉剧代表性传承人

12月，举办李仙花从艺三十五周年演唱会

2009年
12月，被评为全国宣传文化系统第四批"四个一批"人才

2010 年
策划并领先主演广东汉剧《金莲》，饰演金莲

2011 年
4月，策划成立广东梅花戏剧团并担任团长

11月，广东汉剧《金莲》获第十一届广东省艺术节优秀剧目特别奖、优秀表演奖

12月，广东梅花戏剧团首演两场"梅花迎新戏曲晚会"

2012 年
1月，广东梅花戏剧团为省人大代表及政协委员演出

5月，广东梅花戏剧团"纪念毛泽东同志《在延安文艺座谈会上的讲话》发表七十周年戏剧晚会暨广东文艺志愿服务团授旗仪式"

2013 年
9月，带领广东梅花戏剧团赴北京举行专场演出，庆祝中国戏剧梅花奖创办30周年活动

11月，广东汉剧《金莲》获第十三届中国戏剧节优秀表演（主角）奖

2014 年
5月，当选广东省文艺志愿者协会首任主席

9-10月，带队广东梅花戏剧团赴法、荷、德三国进行文化交流展演

2015 年
1月，收徒廖雅鸣、梁思敏

10月，策划并主演的广东汉剧电影《白门柳》在苏州开机

12月，广东电视台岭南戏曲频道拍摄广东戏剧名家大型系列电视专题片《红梅飘香》开播，首播《逐梦而来——广东汉剧名家李仙花》

2016 年
2月，参演广东春晚《南粤梨园花争俏》

6月，参演"追梦百年——广东省庆祝建党95周年戏剧晚会"

2017 年
10月，带领广东梅花戏剧团赴澳大利亚悉尼、墨尔本和新西兰基督城、奥克兰开展系列文化交流演出

12月，举办"大梦如歌——李仙花师生广东汉剧专场演出。同时举办"李仙花广东汉剧传承与发展艺术研讨会"

2018 年
6月，策划并出演"大道如斯——回眸广东戏剧四十年"专题演出

9月，参加中央电视台戏曲频道《璀璨梨园戏曲演唱会》岭南专场，演出《蝴蝶梦·汲水》

12月，广东汉剧电影《白门柳》获"广州大学生电影节"最受观众喜爱的"非遗"电影"金穗奖"

2019 年
1月，广东汉剧电影《蝴蝶梦》在河北廊坊开机

1月，参加广东卫视春节联欢晚会，演出《如梦令·梨园春色》

6月，参加"濠江之春——澳门与内地艺术家大联欢"，与粤剧、黄梅戏、川剧等名家演出《戏曲联唱》

10至11月，广东汉剧电影《白门柳》在梅州、广州、北京三地首映。同年获第二届中国戏曲电影展优秀戏曲电影奖

12月，参加《东方汉歌——广东汉剧振兴发展戏曲晚会》，演出《白门柳》选段

2020年

6月 参加广东首档4K电视综艺《艺脉相承》录制

2021年

1月，参演中央电视台《新年戏曲晚会》，代表广东汉剧与湖北、闽西、陕西、湖南汉剧名家共同演绎《龙凤呈祥》

4月，参加全国汉剧艺术研讨会暨优秀作品展演系列活动

7月，策划并主演的广东汉剧电影《金莲》在广州增城1978电影小镇开机

10月，领衔"汉风客韵——广东汉剧名家名段音乐欣赏会"

12月，参加庆祝中国戏曲学院成立七十周年晚会，表演广东汉剧《王昭君》

2022年

6月，连任广东省文艺志愿者协会新二届主席

7月，被评为全国学雷锋文艺志愿服务"时代风尚——最美文艺志愿服务组织者"

8月，"广东戏剧名家李仙花汉剧工作室"在广东汉剧传承研究院揭牌，收徒管乐莹、徐尚楣

2023年

8月，主演广东汉剧《章台青柳》，饰演柳如是，梅州首演

9月，当选中国文艺志愿者协会第三届副主席

9月，广东汉剧《章台青柳》广州演出，是第三届粤港澳大湾区文化艺术节"舞台艺术精品巡演"之一，也是中国剧协庆祝中国戏剧奖·梅花表演奖创办四十周年系列活动之一

2024年

3月，策划创排古汉调《牡丹亭》，饰演杜丽娘

6月，广东汉剧电影《金莲》首映

6月，举办"南国牡丹真国色——李仙花汉剧艺术五十年"系列演出、研讨活动

后记

在中国文学艺术界联合会第十一次全国代表大会、中国作家协会第十次全国代表大会开幕式上，习近平总书记强调："新时代需要文艺大师，也完全能够造就文艺大师！"

李仙花是德艺双馨艺术家的代表，也是政治过硬、熟悉文艺工作、能够同文艺工作者打成一片的文联领导干部。在她从艺五十周年之际，《南国牡丹：李仙花》一书由中国戏剧出版社出版，这是广东省委宣传部、广东省文联大力支持的"广东戏剧名家传承"系列工程的重要成果。在本书的编辑出版过程中，得到了中国剧协领导的亲切关怀和中国戏剧出版社、广东汉剧传承研究院同人的全力帮助，在此一并致以衷心的感谢！向长期以来关心支持广东戏剧的领导、专家、媒体致以诚挚的敬意！

由于诸多因素局限，书中收录的文章肯定未能涵盖李仙花艺术生涯中所得到的海量关注和评论，难免遗珠，而收录的文章（资料、图片）也仍有编辑不够圆满之处，恳请诸位作者、文中所涉专家包涵、指正，争取在以后的工作中不断完善。

广东省戏剧家协会
2024 年 5 月